教育人類學

（第二版）

劉玉玲◎著

序

　　人類學的建立是有其歷史淵源、有理論根據的。人類學理論的形成，可以分為兩方面來說明：一為歐洲大陸取向；一為英美國家取向。人類學是研究人的科學，其研究的範圍包括「人」本身及其所創造的文化。人類學的重要貢獻是打破人們「我族中心主義」的迷思。人類學者在世界各地對許多族群深入了解後，發現文化之間固然存有差異，但卻無優劣高下之分，人類學者由接觸世界各種族群後所產生的平等意識，是對世人最大的貢獻。

　　教育學本身的建立，是根據人所處的環境與實際的中心問題而建立的。這些問題往往是根據教育的情況而定，教育可以有限度地解決人的某些問題。許多人類學家致力於人類學的研究，提出許多有價值的理論，使人在了解自己方面有幫助。教育過程在於掌握「人的改變」的法則，教育既然以人為對象，那麼就會涉及以研究人為主的人類學，使教育學與人類學發生關聯。近年來教育學者與人類學者共同體認到兩學科之間的合作有很重要的意義，所以教育人類學的成為人類學領域中的一個支科也就逐漸明顯化了。教育學研究的對象是人及人的活動，人類學研究的對象也是人及人的活動。因此兩者有許多相通的地方，只是其出發點及研究的目的不同而已。所以在研究教育學時，常常會引用人類學的理論，使在教育的過程中更能了解人。

　　教育人類學者的核心概念是脈絡（context），認為教育需放在社會的脈絡來理解，教育的發生、功能和目標，都和社會系統、教育機構的文化行為相關。遇到教育問題，人類學者比較不會根據某些特定情境特定角度作解釋，而會從較寬廣的、全面的社會文化脈絡來看待問題。人類學者使用的研究方法為民族誌研究派典（ethnographic paradigm），著重於社會文化脈絡的探究，人類學家探討事件被人們

加諸的意義，檢視的範圍包括該文化系統中的給予者和接受者。隨著時代的演變，民族誌研究的發展，也從傳統民族誌到詮釋民族誌，呈現出人類對知識建構的辯證、反省、批判的動態過程。

　　人類學的重要概念之一就是文化，人類學研究有關文化的研究幫助我們追溯風俗制度的起源、發展並解釋其功能，增進對文化連續性、持久性及其一致性的理解。所以本書的第 4 章將介紹文化演進的觀念，第 5 章將說明文化與人類學習的情形，人類並不是每件事都能學會，而且也不是每一個有良好意圖的教育措施，都會有良好的結果。

　　傳統的教育研究對於班級教室的活動常以「視為當然耳」的態度來認可它。但由於學校文化的不同，師生互動、教學研究自然受到影響，第 7 章有相關的探討。

　　人類學對異文化之研究對當前的思想和行為另有一重要的意義。過去有許多學者認為各民族的文化曾經系統性地或按部就班地努力將自己與其他的文化分同別異。但事實上在之前的數十萬年間，地球上的人類數量一直不多；許多小群落在彼此隔絕中獨立過活，所以他們在長時間的環境條件下自然而然地個別發展出本身的特色而變得各不相同。李維史陀希望我們不要認為這樣的情況本身是有害的，或者這些差異應該要被破除。事實上，差異是充滿生機的，唯有通過差異，人類才能有所進步。

　　近十年間，台灣教育界在民主化與本土化的思潮帶動下掀起了一股多元化教育（multicultural education）的改革浪潮。了解多元文化教育是兼攝文化差異與機會均等的教育，以破除優勢族群的同化霸業，提供弱勢族群的教育出路。相關議題將於第 9、第 10 章探討。Levi-Strauss（1963）認為人類文化在差異的表象下有共同的特質，人類彼此間基本的和普同的特性是人們真實的天性。神話、夢、象徵儀式、人類的性觀念、婚姻、家庭於第 11 章至第 14 章有相關的探討。

　　綜而言之，二十一世紀教育人類學的發展，不僅繼承傳統，同時

也有更廣闊的發展。就理論的層面而言，理論的接合不再只限於哲學和人類學，社會人類學、醫學人類學、心理學人類學、象徵人類學、神話人類學研究成果的累積，教育人類學將更進一步發展出與社會學、心理學以及其他學科理論的連結。教育人類學的性質已不僅是應用人類學的一支，它可以發展成為一個以科際整合的觀點，研究教育問題的新領域。

　　教育人類學在台灣的發展，是直到民國 77 年政治解嚴以後才得到大環境的幫助，而加快了發展的腳步。解嚴後台灣轉型為多元文化社會，各種族群尋求在台灣社會發聲，整個社會才開始重視異文化、跨文化的了解和對話，因此教育人類學的課程開始在大學設置，尤其為使未來教師具有跨文化教育觀，師範院校大多開設這類課程。展望今後，我們社會邁入二十一世紀、人與人間的接觸更加密切之際，想要加深文化間的了解、發覺學習和瓶頸、為教育問題提供更多解決方案，教育人類學的理論和方法相信一定可在這許多方面做相當貢獻。

劉玉玲

目　錄

第1章

人類學的建立

　　早期有關人類學理論的形成，有兩大體系在探討，一為歐洲大陸；一為英美國家。歐洲大陸體系，以德國為例，德國對於人類學的研究，最早是承襲於希臘的觀念，意謂研究人的學問；這門學問最初是用自然科學的方法，來探討人類形體上的特徵，是屬於生物人類學的範疇。但是經過謝勒、克拉格斯、顏西三人的影響，逐漸將生物人類學轉變為哲學人類學。德國教育人類學的內涵是為建立一個「人的理想圖像」。所以德國的教育人類學認為教育的對象是人，而要教育人，必須先了解人，如不了解人，又如何教育人呢？所以要了解人需要借重人類學的知識（詹棟樑，1986）。

　　英美教育人類學的內涵中很重要的部分是「文化」。教育人類學者關心的首要課題是社會的文化如何透過家庭、學校、社會機制一代一代地傳衍下去。在英美教育人類學的範疇中，「文化」始終是討論的核心，有許多關於教育與文化的探討文章，將教育與文化作緊密的結合。英美教育人類學者認為教育的內容，也就是所謂的「課程內涵」，是和該社會的風土民情緊密結合。所以整個社會化的過程，包含從出生、成長至死亡的整個歷程都在文化的氛圍下進行，所以教育人類學研究的重點是該社會的成人如何將社會的進行模式透過教養傳遞給下一代，關心「文化傳承」的過程。

第一節　人類學的哲學基礎

壹、西德早期人類學哲學家代表

　　人類學（anthropology）的建立是有其歷史淵源及理論根據的。人類學的名詞最早是來自希臘文，它是由兩個字所組成的：a'nthropos 與 l'ogos，其意義為：人的理論。希臘文的人類學一詞最早出現

於亞里斯多德（Aristotle, 384-322 B.C.）的著作《倫理學》，書中對人類學所下的定義爲「人的轉變」。以下介紹幾位對人類學哲學概念的建立有貢獻，且在其他領域也爲大家所熟知的學者，分述於後：

一、卡斯曼

對人類學之哲學概念的建立最有貢獻的人首推卡斯曼（Otto Casmann）。他主張人是身心的合一，認爲人類學首先探討的是人的心靈的理論，其次是人的身體。他重視人類學的心理學。

二、康德

康德（Immanuel Kant）是著名的哲學家，也是著名的人類學家，被稱爲「人類學之父」，因爲他從實用的觀點去研究人類學，並採用有系統的方式去研究。康德認爲人的知識的理論，必須作有系統的研究，是人類學的重要課題之一。他認爲人類學的研究不僅要採取「生理的觀察」，而且也要採取「實用的觀察」。他尤其重視「實用的觀察」，而認爲人類學必須採用實用的觀點去研究，這樣才有成效。

人的知識的使用，是人類學研究的一部分，尤其人類學是一種「世界知識」，其獲得知識的起點爲學校，再由學校予以推廣。在世界上的每一種事物，不管是動物、植物、礦物，甚至世界各國的人民，皆是研究的對象，也是知識的來源。這些知識，有些是理論的世界知識；有些是實用的世界知識。有些人類學知識的開展的方式是透過旅行，但也有一些學者並未曾旅遊，只是透過讀遊記的描述來呈現不同的人類知識。因此，研究人類學所欲獲得的知識，包括「普通知識」與「地區知識」。康德認爲研究人類學，其輔助材料爲：世界史、傳記、戲劇與小說。這些材料不但是經驗的、眞理的，也是性格的、虛構的。然而，在各種情境中，總是爲人安排了各種角色，容許人表現其夢想的圖像。這一些有助於對人的了解。

康德認爲人類學所研究的內容爲：

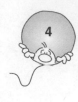

(一)個人的性格

　　人的性格的研究可以從下列三方面來進行：(1)從天性方面：康德思想與孟子相同，都認爲：「人有一顆善良的心」，他可以實際去行善；(2)從性方面：從生理學的觀點去了解人，可以獲知性情具有複雜性，因爲性影響人類的生活能力、身體運動、感情、欲力等；(3)從思想的性質方面：康德認爲兩性的性格是探討兩性之間性格的差異，以及兩性的結合。女性的身體構造比男性的身體構造更有藝術，只是男性的力量大於女性。不過兩性在社會中必須做家庭結合，如此才能促進文化的進步。

(二)民族的性格

　　「民族」係指在某一土地上的一群人，他們的集合與形成具有完整性。這一群人有共同的支源，其集合被認爲具有公民的完整性。如果一個國家由一個民族所組成，稱爲民族國家（nation）；如果一個民族是一群野蠻的民族，他們沒有國家，稱爲黎民（Pobel）。每一個民族有其所屬的性格，這種性格具有內在自由的力量，可以對抗外來有關於民族性格的影響。然而，民族有一些性格並不因戰爭而發生改變，稱爲「無法改變的性格」，那就是語言，例如法國的語言是「普通的保守語言」、英國的語言是「最流通的商業語言」。有一些自然環境的現象，如土地與氣候可以影響民族性格的改變，居住的環境也是影響性格改變的原因，因爲人爲了要適應環境而作改變。

(三)種族的性格

　　種族是民族的擴大，一個民族是由相同的種族所構成。例如白種人包含很多個民族。一個種族來自一個相同的枝幹如漢族。存在於種族之中的，有生活的本質，這些本質加以特殊化，因此，每一個種族都有其性格，且其性格由其本身所創造，有能力據以向可接受的目標追求完美。康德對於人類學的研究，開始採用比較種族的性格，亦即比較的方法，這在當時是很進步的方法。他比較歐洲各民族的民族性，並且比較語言，找尋出其特性。這給後來的人類學研究奠定了很

好的哲學根基。

三、布魯門巴赫

　　布魯門巴赫（Johann Friedrich Blumenbach）對人類學的貢獻是在科學的研究方面，而康德是在哲學的研究方面。康德在 1775 年舉行有關人類學的講演，而布魯門巴赫也於同年在哥廷根大學採用解剖學的方法，研究不同種族的頭蓋骨及頭腦的軟體部分。他是採用自然科學的方法來研究人類學，其方法為首次用比較型態學的方法來研究人，也就是比較人體的特徵。布魯門巴赫最先使用解剖學的方法來比較各種族身體的不同特徵，因此與康德在德語系國家共同被稱為「人類學之父」。

貳、英國人類學哲學家代表

　　英國的泰勒（Edward Burnett Tylor, 1832-1917）是現代人類學的建立者，在英語系的國家裡，被稱為「人類學之父」，他的名著《原始文化》（*Primitive Culture*）於 1871 年出版，建立了他在人類學領域的地位。如與康德及布魯門巴赫比較，則晚了九十六年之久。按時間的先後秩序來論誰是「人類學之父」，則應首推康德與布魯門巴赫；如用「田野研究」（field study, Feldforschen）的方式來比較，則應首推泰勒，因為泰勒到處旅行，而康德與布魯門巴赫並沒有到處旅行，尤其是康德，從未離開過他的家鄉寇尼斯堡。

　　在 1855 年時，泰勒二十三歲，由於健康惡化的關係，接受別人的建議，到處去旅行。 1856 年的春天，他到了古巴。有一天，他坐在公共汽車上，同行的旅行者亨利‧克利斯提（Henry Charisty）是一位考古學家與人種學家，對墨西哥民族頗有研究，泰勒受其影響，而決定從事人類學方面的研究，他們兩人到達墨西哥從事田野研究。在 1865 年，其著作《人類早期歷史研究》（*Researches into the Early*

History of Mankind）出版了。到了 1871 年《原始文化》 一書出版，成為重要的研究，該書採取達爾文（Charles Darwin, 1809-1882）的進化理論觀點。

　　泰勒注意到文化發展的事實面及文化接觸層面，他認為有關於對人類的了解，是建立在「基本的同屬性」以及他對於一些問題的思考，和提出人類如果在體質構造上是同屬於一個種屬，心理狀態具有統一性，那麼他如何發展出今日社會、文化上的差異？這些差異背後是否存在著更基本的相似性？其動力是什麼？這些一連串的問題在理念上頗有見地，所以會被稱為「人類學之父」。

第二節　人類學理論的形成

　　人類學理論的形成，可以分為兩方面來說明：一為歐洲大陸對於人類學的研究；一為英美國家對於人類學的研究。

壹、歐洲大陸人類學理論

　　歐洲大陸對於人類學的研究，最初是用自然科學的方法，來探討人類形體上的特徵，是屬於生物人類學的範疇。不過由於謝勒、克拉格斯以及顏西等三人的努力，逐漸將生物人類學轉變為哲學人類學，其立論根據如下：

一、人類學邁出自然科學和確定人的意義

　　人類學較早是利用自然科學的方法來進行研究，但是它是經由自然科學的協助，然後再邁出自然科學。歐洲大陸早期的人類學者認為，人類學是研究人在時空延展中的自然歷史，所以其理論有：(1)普通人類學，即人類生物學；(2)特殊生物學，即初始的解剖學、生理學

與病理學的研究；(3)人類型態學，即人類學上的人種學研究。但也有人類學者將自然科學的人類學與其他相同的科學連接，提出了：人類學的定義就是人的理論，如人類學家費雪。

二、人類學就是人的理論，並與精神科學發生關聯

人類學是西洋古代思想家們努力探求的學問，其目的在解答「人是什麼」的基本問題，指出人之異於禽獸的特點是人有人性。宋巴特（Sombart）將「人的理論」分為：(1)人性論：在探討人之所以為人的特性，是由於個人、社會及文化三方面的彼此相互影響；(2)人類觀：西方自古以來有兩個「人類觀」思想之歷史演變，一為視人就是人，一為視人等於動物；(3)民族論：在闡明人性在個人及民族形成上之表現，並兼論民族之興亡與世界各民族之異同；(4)生成論：在說明個人人格及整個人類之歷史生長的進程；人性、自然、文化三種力量之共同匯合，形成「精神」，宋巴特從這四種觀點探討人性。（詹棟樑，1986）。

三、人類學就是人的科學或人的研究，並建立生命哲學

狄爾泰重視生命哲學，而生命哲學與人類學或哲學人類學有密切的關聯性。他於 1875 年提出了「人的研究」及「人的科學」的理論，被學術界認為是影響深遠的理論。狄爾泰有關人的科學或人的研究，其重要內容為：人誕生在歷史中，每一時代有其時代的理想。社會與國家共同促成這些理想的實現，自然科學與道德和政治學成為促進歷史發展之重要的輔助工具，有助於解決人類的實際問題。人的生活過程與精神活動歷史是互相配合的，因為精神活動是表現於生活之中的。人是生活在時間與空間之中的，因此產生了世代的觀念。

人的行為是一種複雜的組合，包括遊戲、感情、知覺、能力等，行為的表現是一種互動，從互動中去了解人的行為。任何一種科學的研究，都要有方法與原則來作為引導，對於人的研究也不例外。狄爾

泰認為對於人類的科學的研究，應該採用綜合的方式，即對於每一獨立部分之間的關係，都要弄清楚，作綜合的研究分析。人具有認識的能力，因此有兩個重要的本質：一為精神現象；一為對自然的認識。人的知識的獲得是經由外在的生理感官，與內在的心理能力發生結合而形成的。人有很重要的特質，那就是「不完美性」，促使人去追求更高一層的知識。道德、法律、經濟、政治可作為人的實際生活的指導；語言、藝術、科學則有助於提升人的精神生活；人的意志的交互作用，成為生活的舞台。所以狄爾泰認為人類學就是人的科學或人的研究，並建立生命哲學。

貳、英美國家人類學理論

　　歐洲大陸對於人類學的研究，是受希臘的影響，偏重在於研究人的學問，這是狹義的解釋；英美國家則對人類學採用廣義的解釋，也就是將人類學的研究範圍擴大。我國文化人類學家林惠祥認為人類學這個名詞在美國與英國方有擴大的意義；在歐洲大陸大都仍用狹義的解釋，把人類學當作專門研究人體的科學。至於文化的研究，在歐洲大陸把它歸入人類學範圍內，卻另用「民族學」（ethnology）來指稱這種研究。所以我們應當先認清這些名詞的意義。

　　現在試將歐洲大陸與英美所用的名詞的異同用圖 1-1 表示。英美所謂人類學是廣義的；其中分為體質人類學（physical anthropology）（生理人類學）與文化人類學（cultural anthropology）二部分。歐陸所謂人類學是狹義的，等於英美的體質人類學，而其民族學則等於文化人類學。歐陸與英美的學者為什麼關於人類學這個名詞會有廣義與狹義的差異呢？這與研究的主題有關。人類學的研究，在歐陸傳統上是以生理人類學為出發點，尤其是人類學之父布魯門巴赫曾創用測量形狀的方法來區分人的頭顱，這種方法影響到後來研究人類學的趨勢；英美對於人類學的研究，比歐陸起步晚，但當歐陸學者致力於人體解

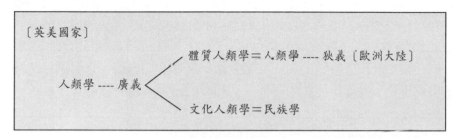

圖 1-1　英美國家與歐洲大陸對「人類學」的定義

資料來源：作者整理。

剖學研究的時候，英美的學者們卻開始在整理他們所得到的有關各民族的風俗習慣的資料，他們討論人類的社會生活、物質文明、人種分布，顯然異於歐陸當時所謂的人類學。

一、英國人類學理論

自從英國的人類學者普理察（J. C. Prichard, 1786-1848）在 1843 年出版了一部綜合大著：《人類自然史》（*The Natural History of Man*）後，始把研究人的學問範圍擴大，依他的意見，人類學是各種原始民族的描述，以及他們的生理與文化的研究。普理察的這種意見，是將研究人的學問的二大部門──生理與文化二者結合起來，成為一個全體。依據他的意見，人的分類應當依照各種性質──心理學的性質、地理學的分布以及民族習慣等，所以便用人類學名詞做這種綜合的學科的名稱。從此以後，這種意見便成為英國人類學家的共同觀念。

英國人類學家對於人類學有許多精闢的理論，主要有：

(一)佛雷策的理論

佛雷策（James Frazer, 1854-1940）是英國人，被封為爵士，他的重要著作《金枝》（*The Golden Bough*）成為人類學的奧德賽（anthro-pological *Odyssey*），也就是最偉大的作品之一。在書中認為現代人類

與原始人類的相同還多於其相異。人類學的研究要建立系統，從「禁忌」（tabu）與「圖騰」（totem）入手，尤其要強調人種的研究，了解從「野性」與「野蠻」到「文明」與「文化」的過程。這種過程是緩慢的進化，產生了複雜的產物。人類學的研究就是希望能夠了解與把握那些文明與文化的產物。

(二)馬列特的理論

馬列特（Robert Ranuph Marett, 1886-1943）認為，人類學是沉浸於演進的觀念之全部的人類史，以在演進中的人類為主題，研究在某時代某地方的人類，肉體與靈魂二方面皆加以研究。

馬列特是佛雷策的朋友，他強調在人類學的研究方面要重視人性，而人性中最重要的是理性，而人類是由非理性進化到理性的，人性可由影響而改善）。

(三)馬凌諾夫斯基的理論

波蘭裔的倫敦大學人類學教授馬凌諾夫斯基（Bronislaw Malinowski, 1884-1942）認為，人類學是研究人類及其在各種發展過程中的文化（culture）的科學，包括人類的軀體、種族的差異、文明（civilization）、社會構造以及對於環境之心靈的反應等問題之研究。

馬凌諾夫斯基被譽為當代最偉大的人類學家之一，對人類學的研究有很大的影響，因為他建立了人類學的功能學派，在人類學的田野研究方面是採用「參與觀察」的方法。這位獲得數學與物理學博士學位的人類學家，主張對於人類學的研究要採用客觀的方法。人類學是一部「人類自然史」，包括史前時代與有史時代，以及野蠻民族與文明民族之研究，但其重點係在史前時代與野蠻民族。他用歷史眼光去透視人類學歷史性質，因為人類學是要研究人類歷史上的事實或活動，所以所用的方法是歷史的方法。

馬凌諾夫斯基在西太平洋進行田野工作，他的著作《南海舡人》（*Argonauts of the Western Pacific*, 1929），研究初步蘭島（Trobriand Island）人的社會組織、宗教巫術、經濟貿易。馬凌諾夫斯基在異文

化的研究，發現殖民統治及教會設計的西方體制的教育不見得適合當
地人，有時候甚至違背當地風俗，以至於使人民產生厭惡背棄的心
理。他們認為，人類學者對當地第一手的研究所獲得的有關人類行為
和制度的科學知識，可以應用在教育政策的制定和教育行政的規劃
上。

二、美國人類學家的理論──探討部落的文化發展

(一)韋士勒的理論

　　人類學家韋士勒（Clark Wissler, 1870-1947）說：「人類學是研
究人的科學（the science of man），包含所有把人類當作『社會的動物』
而加以討論的問題。」（Wissler, 1923）又說：「人類學是一群由探索
人類起源而生的問題之總名。」（Wissler, 1923）因此，我們可以制定
人類學的定義為「人類自然史」（或是一種科學），努力歷史所不及的
地方，期於重新發現人類的起源，及其在洪荒之世，即所謂「史前時
代」之嬗變的境遇。他本身是哥倫比亞大學的心理學家，但同時也是
開發文化區域概念的美國考古學家。

　　他在《哥倫比亞百科全書》（*The Columbia Encyclopedia*）中又
說：「人類的起源，有些是地質學的問題，但人類的存在與否，與其
說是從遺骸去斷定，毋寧說是常由其『文化的活動』（cultural activi-
ties）的遺留物或副產物去斷定。例如由某地層中發現了破石器、壞
獸骨等物，便當由人類學家審察其物是否人為的，並推論那種人類所
有的文化是怎樣；關於該地層的年代及狀況，應當請問地質學家，至
於文化的問題和地質學家全無關係，完全屬於人類學家的領域。」
（Columbia University, 2002）

(二)鮑亞士的理論

　　人類學家鮑亞士（Franz Boas, 1858-1942）是道地德國人，他在
德國完成學業，在海德堡、波昂、基爾等大學研究，獲有數學與物理
學博士學位。他反納粹，他的書籍在基爾被納粹黨人燒毀，因而逃往

美國，以研究印地安人語言出名。他最重要的貢獻便是始創歷史的觀念及方法。對於人類學的概念認爲是在研究一種民族的文化。他說：「人類學在研究一種民族的文化。也是在其有限歷史地理家鄉內（historical geographical homes），著眼於其對物質環境、四周文化，以及文化各方面的許多錯綜複雜的心理連結等的關係。」（Boas, 1955）

他於 1896 年的科學會議中，提出了一篇極爲有名的論文：〈人類學比較方法的限制〉（"The Limitations of the Comparative Method of Anthropology"），指出：文化因素之間的相似，並不需要用歷史的連接與歷史的起源來證明，更重要的是要做實際的研究，去發現文化發展過程的一致性。科學的探求始於特殊文化因素的歷史起源，以獲知在不同文化之中如何維護自己的文化。

(三)克魯伯的理論

克魯伯（Alfred Louis Kroeber, 1876-1960）從事於人類學的研究凡六十年，曾在其大著《人類學》（*Anthropology*, 1948）中說道：「今天是人類學的時代。」（Today is the age of anthropological science.）又說：「人類學主要研究超有機體，即文化爲主。」他曾舉一個譬喻說：黑人的厚嘴唇與黑臉孔是遺傳的，可以用生物學的原理來說明；但他們也會唱美國的歌，做浸信會的教徒，雨天也懂得穿外套，這也是遺傳的嗎？若不是，那便不得不求之於別種解釋了。他認爲文化現象是超有機的、超個人的及超心理的。

(四)米德、潘乃德的理論

米德（Margaret Mead, 1901-1978）試圖將心理學帶入研究文化的領域，並把重點擺在小孩如何受到文化的薰陶。潘乃德（Ruth Benedict, 1887-1948）則將她在人本學科方面所受的訓練帶入人類學。她認爲文化可以發展出各種有潛力的屬性來表現其風格，正如個人發展的人格形式般。根據潘乃德的說法，隨著時間演變，與主導意識衝突的屬性將會逐漸被淘汰，直到整個文化系統達成一致爲止。

如果再將英美對於人類學的研究領域作一比較的話，可以得知：

英國是偏重於社會人類學（social anthropology）；美國是偏重於文化人類學。英國早期的人類學家，採取旅行研究的方式，配合其海權擴張的意圖，因此所研究者往往是初民的社會圖騰與禁忌或其社會變遷等，研究對象並不在國內，而是在遙遠的國外；美國是新興的國家，許多人類學家是在歐洲受完教育再到美國從事研究，採取研究的方式為國內研究，配合美國政府對印地安人的政策，因此所研究的為印地安人的文化及其文化變遷，研究的對象在國內。

　　就是在歐洲大陸，德法兩國近年來對於人類學的研究，所走的路子也不同。法國走的是結構人類學（structural anthropology）的路子，其代表人物為法國巴黎大學的教授李維史陀（Claude Levi-Strauss, 1908- ），從語言結構來研究人類學，尤其是神話和原始社會的語言的研究；德國走的路子是哲學人類學（philosophical anthropology）和教育人類學（educational anthropology）兩方面。

參、教育人類學的比較研究——英美系統與德俄系統

　　教育人類學這門學科在國外雖然從 1954 年即開始有關鍵性方向上的確立，然而台灣的教育人類學仍屬於起步階段，近年來由於多元文化觀點的倡導，這門學科始逐漸受到重視。對於「教育人類學」這樣的定義其實是有些基礎上的困難，主要是因為德俄系統與英美系統下的「教育人類學」內涵並不相同。

一、英美國家對於「教育人類學」的研究

　　英美教育人類學的內涵是「文化」，社會的文化如何透過家庭、學校、社會機制一代一代地傳衍下去是教育人類學者關心的首要課題。

　　George D. Spindler and Louise Spindler 是英美教育人類學的重要人物，他們將重點放在學校中弱勢族群間的互動關係，並以此場域作

為重要的文化傳遞場所，並且對於學校中的教育民族誌之研究探討與方法方面有很大的貢獻（1987:17）。George D. Spindler 在 *Education and Cultural Process: Anthropological Approaches*（第三版）一書中詳細解析英美教育人類學界的發展趨勢，其中學校民族誌與個案研究目前為人類學家常用的研究方法。此外其他學者如鮑亞士、馬凌諾夫斯基、米德、潘乃德、J. A. Battlec、Paul J. Bohannan、Walter J. Lonner、C. Camilleri、Harry F. Wolcott、Solon T. Kimball、John U. Ogbu、Dorothy Eggan、John A. Hostetler、James A. Banks 及 Jerome Bruner 在教育人類學研究上都有許多重要的論述。

在英美教育人類學的範疇中，「文化」始終是討論的核心。教育與文化是緊密地結合在一起的。教育的內容，亦即「課程內涵」是和該社會的風土民情緊密結合的，整個社會化的過程，包含從出生、成長至死亡的整個歷程都在文化的氛圍下進行。某社會的成人如何將社會的進行模式透過教養傳遞給下一代，亦即所謂「文化傳承」的過程是教育人類學研究的重點，其中文化傳遞的內涵與方式以及教與學的歷程始終是被關注的。

人類學家研究文化，研究文化的內涵，也研究一個民族如何把他們的文化傳遞給下一代，以及這種傳遞方法產生了什麼特別的效果。許多人類學家將不同民族教育他們下一代的資料放在泛文化的背景（cross-cultural perspective）中作比較，如此可以對一般的教育理論做一客觀的評價，在教育人類學研究的範疇中，常常思考的問題包括：文化傳遞的過程為何？教養者想教些什麼？受教者學習到什麼內容？什麼人負責教？受教者如何學習？在什麼場域內學習？透過什麼管道學習？等人類傳遞文化過程的相關議題。

二、德國與俄國的教育人類學研究

德國教育人類學內涵是為建立一個「人的理想圖像」。德國文化學派狄爾泰在 1875 年提出〈人的研究〉的論文，做了以下主張：

「教育的對象是人，而要教育人，必須了解人，如不了解人，又如何教育人呢？所以要了解人需要借重人類學知識。」德國教育人類學家克蘭普（Wolfgang Kramp）與荷蘭教育人類學家朗格威爾（Martinus Jan Langeveld）兩人共同主張：「教育就是人的改變的幫助（可塑性），相信『完美教育系統』的存在之可能，培養人成爲世界公民。」（詹棟樑，1986）即視教育的本質便帶著相當濃厚的形塑個人內在價值的動機。

　　德國的教育人類學首先透過對於：人是什麼、人的圖像與本質爲何、人的存在與本體論、人的生活與目的論等概念來建構「教育人類學」的基本概念，而將人視爲是教育的主體，爲一研究的對象。德國人類學家博爾諾夫（Otto Friedrick Bollnow）在他的一本《教育人類學》的書中（1999:31，引自張雯，2002）對於「人類教育學」與「教育人類學」所做的區別：「前者可以理解爲在人的存在的廣泛範圍內的教育；後者則是從教育角度探討人的整個生活。」從這裡可以看出德國的教育人類學系統是希望從「教育」的角度切入去了解人。這個企圖和英美系統從「文化」角度去理解個人生存於文化氛圍中所面臨的教養環境是不同的切入點（吳天泰，2002）。

　　德、俄的教育人類學學者以哲學爲其探索精神，思考人類本質中可教育的可能，在生物的基礎上，動物靠著「突變」來適應多變的自然環境，而人類則主要藉著精神與心靈上的成長以取代身體上的改變，來適應外在的自然環境與人文環境。

　　俄國的教育人類學者康·德·烏申斯基在其《人是教育的對象——教育人類學初探》之著作中對於教育人類學的建構與德國系統較爲接近。他從生理學與心理學的角度切入去了解人的特質。烏申斯基認爲（1993:5，引自張雯，2002）：「如果教育學希望從各方面去教育人，那麼它就必須從各方面去了解人。」他認爲人類的神經系統發展程度是不同的。有些人的聽覺器官發展得較好，而一些人的視覺器官發展較好。……如果一個兒童的視覺器官敏感度高，他會有較多

的潛能成為詩人和畫家，而不是成為數學家和哲學家。」他的教育觀點是偏向因材施教的方式，並將教育人類學的觀察作為教學時的參考。因此這個俄國的教育人類學者將重點放在「如何教？」、「教什麼？」問題的探討上。要了解人類的教育與學習行為，需先明白心理思維，所以在心理層面上，烏申斯基從心靈的角度嘗試了解人的意識，他認為人類意識是瞥見心靈世界的唯一窗口，研究教育人類學是為了教育一個人朝向更幸福的路邁進。

三、德俄系統與英美系統的比較

　　吳天泰（2002）綜合歐美國家教育人類學的論述，比較出下列概念：

　　就研究前提而言，英美的教育人類學對於「教育」的定義是從「人」對於教育的態度出發，透過各文化對「教育」的理解，進一步理解人類如何透過「教育」塑造個人成為集體文化的成員。德俄的教育人類學相信「完美教育系統」的存在可能性，教育的目的是培養人成為世界公民。

　　就學科建構而言，英美的教育人類學是以「田野研究」為主要的取向。德俄的教育人類學則將研究「教育學」及「哲學」的方法論和概念納入整個理論發展史的架構之中。

　　就研究目的而言，英美的教育人類學家重視了解教育「人」的過程，對於族群文化的詳盡記錄，並透過全貌觀（holistism）了解其原貌，試圖透過原始社會的「民族誌」記載解讀人類從原始進入文明的過程。德俄的教育人類學則強調「人的本質」，研究如何透過人的可教育性而改變人的本質，為人類帶來幸福。

　　就研究假設而言，英美的教育人類學偏向於建立在不同環境下所形成之不同文化背景，即「分殊性」（differences），即從泛文化的角度做比較上的探討。德俄的教育人類學偏向於建立在共同的「人性」上，即對於人類「普同性」的思考。

就研究問題而言，英美的教育人類學主要問的問題是：(1)在不同族群社會中，人如何在那樣的文化脈絡下「成為一個人」？（how?）(2)人類在什麼時間（歷史）背景下塑造出那樣的文化系統？（when?）(3)人在不同環境下會建立出什麼不同的適應系統？（where?）德俄的教育人類學主要所問的問題是：(1)人是什麼？（who?）(2)人的本質上與動物有什麼不同？（what?）(3)為什麼人具有可教性？（why?）

所以英美與德俄系統的教育人類學在研究的前提、學科的建構、研究的目的、研究的假設以及研究問題上，出發點不同，但對於整個教育人類學未來發展的趨勢有更清楚的脈絡可茲遵循，人類的教育概念與理念的實踐更有清楚的輪廓來設計與規劃，使立意好的教育方案可行性更高。

第三節　人類學的範疇

壹、人類學的範疇

人類學是研究人的科學，其研究的範圍包括「人」本身及其所創造的文化（李亦園，1992a）。所謂的人包括遠古的人及現代人；所謂的文化包括遠古的文化及現代的文化，也包括「原始人」的文化和「文明人」的文化、自己的文化以及他人的文化。

我國人類學者李亦園認為人類學的範疇包括生物科學、人文學、社會科學、行為科學。人類學是研究人如何從人猿的共祖進化為現代人，以及研究人類如何適應不同的環境而形成種族的差異，所以人類學是生物科學的一支。人類學研究人類的文化，研究人類的思想、語言、藝術、神話、儀式等，所以是人文學（humanitics）的一支。研究人類文化的文化人類學家常把人類看作是社會動物，比較不同社會

中人類的不同生活方式，所以人類學是社會科學（social science）的一種。近來，人類學家研究文化是如何塑造人類的行為，因此人類學家認為人類學是行為科學（behavioral science）的一門基本學科。所以人類學在科學體系中的地位如圖 1-2 所示。

　　在台灣，教育人類學是一門在發展中的學科領域，要了解教育人類學必須先了解人類學。社會科學的各學科如心理學、社會學、經濟學等也都是在研究人類的行為，以下介紹其他相關領域的學門，如體質人類學、文化人類學。（圖 1-3）

一、體質人類學

　　體質人類學是從生物學角度來研究人類的體質變化。台灣的人類學者李亦園（1993）、美國文化人類學者 R. Keesing（1986）的研究指出，體質人類學家從靈長類和古人類的化石骨骸，建構出人類從猿類進化到人猿，再進化到人類的演化序列。他們也從現存的靈長類動物，研究人與人猿間的關係，以及人類文化和社會組織的原型。

二、文化人類學

　　廣義的文化人類學包括：史前考古學（prehistoric archaeology）、語言人類學（anthropological linguistics）和民族學（或稱社會人類學）。史前考古學是以原子時代的科學方法探究古代人類的遺存，他們主要研究的是沒有文字紀錄的民族，從中獲得考古學資料，幫助我們了解遠古人類文化發展的歷程。語言人類學研究的是無文字民族的語言，他們對語言的結構設計、語言與其他文化層面的關係特別感興趣。

　　民族學主要是在研究部落民族的文化史，而社會人類學則是在尋找人類社會行為和文化的科學性通則，這兩個分支則構成一個狹義的「文化人類學」領域，它主要是對世界上各種人類文化和社會從事比較研究（李亦園，1993；Keesing 著，于嘉雲、張恭啟譯，1986）。

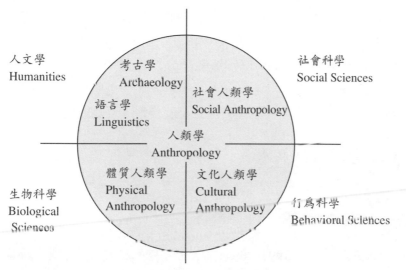

圖 1-2　人類學在科學體系中的地位

資料來源：李亦園（1992a）。

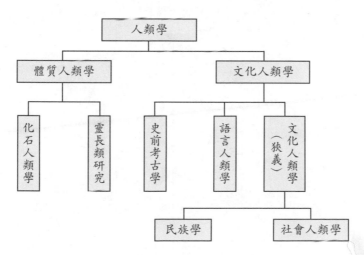

圖 1-3　人類學與其他社會科學學科之相異處

資料來源：李亦園（1992a）。

另外有些人類學家再加以細分，分成哲學人類學、生物人類學、醫學人類學、心理人類學、社會人類學、文化人類學、神學人類學、教育人類學（詹棟樑，1986）。這些細分的人類學稱為「區域人類學」（region anthropology），教育人類學是人類學這個大區域的一個小區域，需以其他人類學作基礎，發生交互作用，互為關聯。（圖1-4）。

貳、人類學的特質

一、人類學的特質

根據李亦園（1993）的看法，人類學的特質主要是在其兼顧到人類的「生物面」和「文化面」，研究是人類學的一個主要特質，它是重視整體性、全貌性理解（holistic approach）的學科。例如體質人類

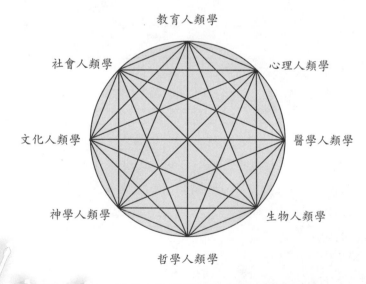

圖1-4　教育人類學與其他人類學交互作用

資料來源：詹棟樑（1986）。

學是從人的生物面下手，企圖了解人類在大自然之中是如何演變過來的，他和動物有什麼淵源、有什麼不同；文化人類學則從人的文化面著眼，探討人類脫離猿類成為獨特的物種後，他們以何種方式生活？對於人與人的關係、人與自然的關係、自然界各種生命現象，他們賦予何種意義？他們形成什麼樣的信仰系統、價值觀念、組織型態等等。

　　人類學另一個特質是重視比較研究，對於不同族群各種相關面向的比較，是了解人類本質的重要途徑。人類學者要求資料蒐集的幅度需要放到最寬廣的幅度，例如進行文化人類學的研究，在相同時間裡，必須要涵蓋自己文化和他人文化，在相同空間裡則應涵蓋現代和過去的文化。比較的方式，最常見的是整合個別人類學者所做的民族誌研究，做跨文化的比較，以對人類文化行為的異同現象得出一些共通的原則。透過已建立的檔案資料，如「人類關係區域檔案」（HRAF），作為資料庫，是一種泛文化比較方法。

二、人類學的重要貢獻

　　人類學的最高理念是打破人們「我族中心主義」（ethnocentrism）（Harris, 1983）的迷思。 Harris 說，所謂「我族中心主義」是指人們相信他們自己的行為模式，總是正常的、自然的、好的、重要的，和自己生活方式不同的人們，則是野蠻的、非人的、落伍的。人類學者在世界各地對許多族群深入了解後，發現文化之間固然存有差異，但卻無優劣高下之分。如果某一族群用其本族標準評估其他族群文化，是犯了自以為是的「我族中心」毛病。人類學者由接觸世界各種族群後所產生的這種平等意識，是對世人最大的貢獻（周德禎， 1999）。

　　人類學同時也注重教育與生命週期的連結，這方面牽涉到教學活動與人的生命週期之間的關係。大多數的人類總是以類似於學習自己文化的方式來學習或理解，甚至用自己的經驗揣摩其他人的文化。然而，這樣的理解會造成一些隔閡，因為不同文化之間也會有一些差

異，用自己的尺度去揣摩別人會有誤差，對於了解不同文化間教育的
情形人類做得實在很有限。教育人類學提供的素材可以拓展我們的視
野，避免我們以井底之蛙的心態，以管窺天、以蠡測海。

三、尋求教育和人類學在哲學及理論上的接合點

　　文化人類學家克魯伯認為面對教育環境時，教育界希望人類學者
能扮演「解決問題者」的角色，他則將自己定位為「教育評估者」，
這兩種角色有極大的不同（Spindler, 1987）。差距就是「教育評估者」
是個諮商的角色，評估教育問題提供各種可能改善的管道，但是解決
問題者則必須對問題和紓困方案作價值判斷，遇到這種情形，人類學
者是做現象的描述，較少有直接的價值判斷。所以一般的人類學者比
較傾向於保留個人的價值判斷，不過 Spindler（1987）認為個人無法
避免涉入價值判斷，他建議整理教育議題時應考慮以下的規範：

　　1.根據教育者自訴目標來評鑑。
　　2.以比較其他替代方案來評鑑。
　　3.不袒護特定政策。

　　具體而言，教育事件的發生需要把該社會的情境背景，尤其是社
會文化的組織結構、思想信念納入考量，在脈絡當中尋求合宜的解決
方案，亦即教育脈絡化（contextualize），並且對於教育所處的脈絡保
持敏銳度。今日教育方案的實踐是需要在一個文化、政治、經濟、社
會、科技大轉變的脈絡裡，尋求教育美意實踐的可能性，所以要關切
兒童在生長環境中，學習發展之歷程，以及對當代人類各種教育體
系，作跨文化的比較研究。今天的教育人類學更強調以新的民族誌研
究法對學習及教學作有系統的研究，不一定是偏遠部落社會的教育現
象才是研究的焦點，所有各種社會的教育問題都是教育人類學的研究
場域。

　　就理論的層面而言，教育人類學對理論的接合不再只限於哲學和

人類學，隨著社會人類學、心理人類學研究成果的累積，教育人類學將更進一步發展出與社會學、心理學理論的連結。教育人類學的性質已不僅是應用人類學的一支，它可以發展成為一個以科技整合的觀點研究教育問題的新領域。

在台灣，教育人類學的發展才在起步階段。早期學者鄭重信著《教育人類學導論》（1980）、王連生著《教育人類學基本原理與應用之研究》（1980），他們對於西方教育人類學觀念的引進，奠定了一定的基礎。後來，詹棟樑以歐陸哲學人類學的基礎，寫了《教育人類學》（1986、1989），為這個學科開啟了另一種觀點。後來潘英海根據英美文化人類學的理論寫了一章「教育人類學」，收錄於莊英章主編的《文化人類學》（1992）書中、周德禎寫了《教育人類學導論：文化觀點》（1999）和《排灣族教育：民族誌之研究》（2001），以及吳天泰的《教育人類學》（2002）。這些學者的努力，可說是篳路藍縷，以啟山林，確實為後學披荊斬棘打開一條道路。

教育人類學在台灣的發展，是直到民國 77 年政治解嚴以後才得到大環境的幫助，而加快了發展的腳步。解嚴後台灣轉型為多元文化社會，各種族群尋求在台灣社會發聲，整個社會才開始重視異文化、跨文化的了解和對話，因此教育人類學的課程開始在大學設置，尤其為使未來教師具有跨文化教育觀，師範院校大多開設這類課程。展望今後，我們社會邁入二十一世紀、人與人之間的接觸更加密切之際，想要加深文化間的了解、發覺學習瓶頸、為教育問題提供更多解決方案，教育人類學的理論和方法相信一定可在這許多方面做相當貢獻。教育人類學的發展提供了新世紀公民應具備的多元文化的知識、能力與態度，值得重視，亦有長足發展的空間。

第 2 章
教育學與人類學的關係

二十一世紀的人類學發展已有長足的進步，許多人類學家致力於人類學的研究，提出許多有價值的理論，使人類在了解自己方面有相當大的幫助。而教育學的發展，是得自其他輔助學科之賜，而逐漸建立起來的。因此，教育學本身的建立，是根據人所處的環境與實際的中心問題而建立，這些問題在環境與實際中不斷地產生交互作用。人類學的論題是重視人生活在自然環境與社會之中的關係，也就是環境與社會之間的緊密關係。教育學與人類學的結合，就是要了解人自身與環境、社會等三方面交互作用的情形。

第一節　教育學與人類學的關聯

　　教育人類學家德列希勒（Julius Drechsler）認為教育學的研究要注意兩個問題：一為環境的問題，一為實際的問題。這兩個問題是對立的，但假如有需要時，它們則又碰在一起（詹棟樑，1986）。人之所以成為人，是他的「改變」或「發展」，使環境與實際兩者產生「關聯性」，使生活於實際中的人與環境產生完整的關係。兒童自從出生以後，有很長的一段時間必須仰賴成人照顧養育，成人則從事「發展的幫助」，這是教育的生物觀點。人的本質與其他動物最大的不同是，其他動物依靠本能而生活，人是依社會文化而生活。人為了依社會文化而生活，他必須學習在社會文化中成長的態度與生活方式，這是教育的社會文化的觀點。教育在一切以人為前提的情形下，必須藉助人類學的研究，因為人類學的研究是以人為主。教育的對象是人，教育過程在於掌握「人的改變」的法則。教育以人為對象，涉及了研究以人為主的人類學，使教育學與人類學發生關聯。

　　在教育學與人類學的關係中，人們所迫切要了解的是「人的本質」。所以教育人類學研究「人的本質」，成為重要的一環。教育學與人類學發生關聯的部分可以由以下幾方面探討：

壹、教育學與人類學的共識

一、研究的對象相同

　　教育學所研究的是如何將教育理論與教育實際應用在教育的過程中，使受教者的發展合乎所要達到的教育目的，人成為教育主體。人類學所研究的是人，包括人的內在與外在，甚至人所生活的社會及其文化。因此，教育學與人類學所研究的對象均是人。

二、所肯定的意義與價值相同

　　教育學在謀求了解人的意義與價值，屬於哲學所要追尋的答案。人類學也肯定人的價值，有時也用哲學或神學去解釋它。因此，從人的意義與人的價值方面去考察，教育學與人類學所欲肯定者相同（圖2-1）。

三、生物與社會文化的觀點成為二者的溝通橋樑

　　教育必須基於生物的觀點及社會文化的觀點，以其作為教育的方法。人類學基於生物學的觀點來研究人的體質與特徵，由個人至種族，甚至與其他動物作比較，皆是其範圍；又如遺傳的定律、生物進化論等學說，都能幫助人類學家明瞭人類的本質及其在自然界的地位。社會學討論人類社會的根本原則，而人類的社會現象就是「文化的現象」（cultural phenomena），而人類學所研究的也就是文化的現象。所以社會學家與人類學家基於對人的共同興趣，研究方法是相通的，社會學中論「社會起源」（social origins）是採用人類學資料。此外文化與人類學更有著密切的關係，例如文化人類學。

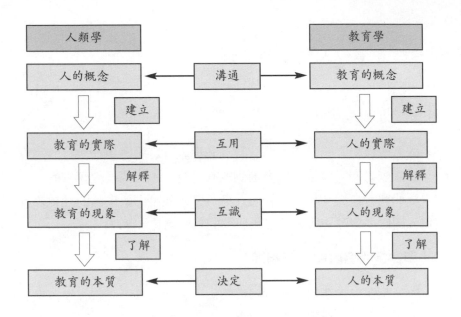

圖 2-1　教育學與人類學的意義與價值

資料來源：修改自詹棟樑（1986）。

貳、人類學者與教育學者共同鑽研的項目

近年來教育學者與人類學者共同體認到兩學科之間的合作有很重要的意義，所以教育人類學成為人類學領域中的一個支科也就逐漸明顯化了。在教育人類學這一名詞下，人類學者與教育學者共同鑽研的項目大致可分為如下各項（李亦園，1992a）：

文化傳遞所著重的內容是什麼？每一個文化各有其一套宇宙觀，在這樣的宇宙觀之下成年人教育他們的兒童的東西自然與其他文化有異，比較不同文化的不同著重內容是教育人類學研究的重要項目：

1.不同文化如何用不同的交往方式（communication method）把文

化傳遞給下一代。

2.不同文化中負責文化傳遞的人有何不同。

3.不同文化中受教養者接受教育的態度和想法有何不同。

4.不同文化之中執行文化傳遞的人態度與想法有何差別。

5.教養內容與方法是否有範疇的不同。

6.教育過程的不連續性在不同社會的差異。

7.限制獲得文化傳遞質與量的因素。

8.不同文化的獎懲方式有何不同。

9.學習的意欲與效果的關係有何文化差異。

10.自我概念的形成在不同文化有何差異。

11.形式化教育期在不同文化中差別如何。

參、教育學引用人類學的理論

當一門學科要建立時，往往會以其他學科的理論做基礎，使欲建立的學科有理論根據。教育學研究的對象是人及人的活動，人類學研究的對象也是人及人的活動，因此兩者有許多相通的地方，只是其出發點及研究的目的不同而已。所以在研究教育學時，常常會引用人類學的理論，使在教育的過程中更能了解人。

一、有助於教育問題的呈現

教育學與人類學的理論產生關聯以後，人們所獲得的知識有助於了解教育問題。因為人是最會製造問題的動物，教育就是要幫助人了解問題與解決問題。如果站在教育學與人類學的觀點去看教育問題，對於整個問題會更有全盤性的了解。

二、教育學內容的突破

教育學的理論往往圍繞在「真實的人」的教育上，也就是重視

「事先的安排」，有時忽略了「自由的前提」。教育學與人類學產生關聯以後，打破了這種局限，可以提出「新架構的人的圖像」（新設計的人的圖像）。這種突破也就是產生了教育人類學中最重要的概念：教育就是人的改變的幫助（提出這種概念的是荷蘭最著名的教育家朗格威爾）（詹棟樑，1986）。每個人都需要被幫助，尤其是學生，朝著理想的圖像去發展。因此，教育被用來作為人的圖像與人的形成，使學生的心靈能解放出來，以迎接未來。

三、人的可塑性為重要的思想

若人必須受教育的話，那麼受教育這件事情，既屬於教育學的範圍，也屬於人類學的範圍。人類學重視人的發展，在教育的過程中，重視有價值的教育以及重視教育的目的和培養「真正的人」。教育學與人類學發生關聯，在於使教育的意義與教育的可能性兩方面能配合，產生結構的關聯，這樣有助於在教育過程中促進人的發展，達到教育目的。

教育學家研究教育學與人類學，其目的在於了解人類發展的本質和形成，人的發展是由未成熟而邁向成熟。人類不斷的發展過程中，外在的行為形成是靠影響，內在的認知形成是靠意識。要使外在與內在都能發展完美，就必須靠人與社會、環境相互的交互作用。以人類學為主的教育學，強調社會文化對於教育的影響，但也重視生物層面的發展，它是發展的基礎，人有別於其他動物者，乃在於人有社會文化。人必須合作形成社會行為，集合了個人能力與才藝，發展成社會，使社會多彩多姿及各項物質工具不缺，形塑有特色的「文化的社會」。

以人類學為主的教育學所發展出來的理論強調兒童與文化之間所發生的媒介作用。因為人的行為或態度，是從社會生活中得來，要引導兒童能擴展其社會生活並使其生活圓滿，他必須學習在生活中所必須具備的知識，亦即學習如何生活。教育的課題在於由成人對文化作

教育的選擇，選擇那些真正適於兒童學習的文化。教育如何選擇適宜的文化提供給兒童，以適應社會文化的生活？這個議題在探討的時候，人類學較重視人的本質，教育學較重視行為的改變。兩者結合以後著重在如何促使人的本質發生改變，進而也促成人的行為改變。

第二節　教育人類學為教育學與人類學的結合

人類學為一門「基礎科學」，其理論可以作為相關人類學的基礎，例如以教育人類學而言，人類學是教育人類學的基礎科學。教育學是教育的「目的科學」，因為教育學的範圍很廣，而教育人類學是研究人的教育的科學，也就是它在教育學的範疇中，是以研究人的教育為目的（詹棟樑，1986）。

壹、人類圖像的建立

教育人類學研究所獲得的結果有利於教育學應用，提供教育學研究取向題材的素養。教育人類學在提供「人的正確圖像」以作為施教的參考依據。現代的教育人類學，重視人本質的理論，還重視人的圖像。許多教育學家希望人類學能對「人的圖像」事先做基本的或目的探討。

人的圖像正確的解釋與引導必須使用某種準則，這種準則是教育人類學的現況所能加以驗證的。教育學所要求於人類學的是具備一個完整的系統，使人類圖像的建立不是華麗的口號，而是可行的理會實踐。

貳、文化傳遞

　　一般人談到教育，很容易與學校連結，然而學校的教育只是教育的一部分。廣義而言，教育是一個社會把他們的文化傳統傳遞給下一代的過程，傳遞的目的主要是使他們的兒童成為該社會中的成員，因此傳遞的內容包括文化傳統、技術和知識。把技術和知識的傳遞鎖定於學校的制度中，是一種有效學習的安排方式。

　　人類學家定義一個社會的文化傳遞（transmission of culture）過程為「濡化」（enculturation），一般社會科學有時稱這種過程為「社會化」（socialization）。每一個民族將他們特有的文化內容教給他們的兒童，經常是使用他們特有的教養方式和技術。人類學家研究文化，不只研究文化的內涵，同時也研究一個民族如何把他們的文化傳遞給下一代，以及這種傳遞的方法產生了什麼特別的效果。把許多人類學家對不同民族教育他們下一代人的資料放在泛文化的背景中作比較，很顯然地可以對一般的教育理論作一客觀的評價。換言之，綜合不同體系的教育方式，可以幫助一般教育理論的創革，也可以從現代教育觀念中排除因文化圍限所形成的偏見與束縛，人類學之能貢獻其知識於教育者就在這一層次上。

參、研究人類學習的過程

　　人類學習的過程如以泛文化的比較方法來了解，的確可以有很多新的啟示。任何有意識的學習過程包括聽、看、做三因素，可是研究不同文化的學習過程，我們可以發現每一文化對聽、看、做三因素的著重各有不同，有些民族著重於聽的因素，較忽略看和做的因素，有些民族著重看的學習方法，而較不重聽和做，其他民族則以「邊做邊學」（learning by doing）為基本的學習方法。李亦園（1992a）認為一

個民族著重於哪一種因素作為學習的要項都是文化傳統使然,從客觀的立場來說並沒有好壞成分在內,可是注重哪一種學習的要項卻能深深地影響學習的結果。

很多民族教導兒童作畫或做工藝都著重於看的要項,那就是從觀察中體會到所應有的技巧,但是今日西方的學習方法很注重「邊做邊學」的哲學,無論工藝或繪畫,都鼓勵兒童自己動手去做。這樣不同的學習法在泛文化的比較背景下發現產生不同的效果。「邊做邊學」的方法使用在工藝學習上很可能導致若干技巧的較早純熟,但是在學習繪畫方面,著重於「邊做邊學」的方法就未必能達到同樣的目的,因為鼓勵兒童在未能把握技巧前多做未成熟的繪畫,很可能導致後期因對自己幼稚圖畫的批評,終至於嫌惡不敢執筆了(李亦園,1992a)。所以某一民族之擅於某種藝術,有的精於繪畫、有的擅於歌唱、有的以舞蹈動人、有的以表演感人,這些不同的文化傳統應該都可以找到其與學習方法密切相關的線索的。有一年在美國讀博士班的時候,諮商所的所長至台灣某國立大學參訪,學校安排此位女所長唱卡拉 OK,她不太習慣那一種場合的唱歌方式,但教會詩班的唱法另當別論。當她分享這一段經驗時,台灣來的交換學者也說她不習慣美國人聽音樂就要跳舞的情境──文化影響了休閒方式與教育。

肆、人類學與教育學是伙伴的關係

人類學與教育學是「伙伴關係」,人類學提供其理論給教育學,教育學接受人類學的幫助,有助於教育的研究,教育研究的成就與貢獻,則又有助於教育人類學的研究發展。

教育人類學協助教育學發展與提供教育學有關人的教育的資料。就大部分情形而言,教育是在實現某些教育計畫。這些教育計畫要用到教育人類學的知識,以便了解教育成就的可能性,所以教育人類學成為教育學部分的依賴。教育人類學的課題是在教育的範圍內提供人

類學問題,並在教育問題中提供解決問題的觀點。

　　教育人類學的核心概念是人的科學,教育是以人為主。此一門學問透過「教育概念」使二者發生結構的關聯性,使人的教育發揮功效。

　　教育在促使人的本質的改變,尤其是「精神的改變」,教育的力量在發生「精神的作用」,為教育人類學的研究確立了方針。(詹棟樑,1986)

　　第二次世界大戰結束以後,許多教育學家從事人類學的研究,將教育人類學帶入了新的境界。他們建立了教育人類學,並把教育人類學視為教育學的特殊原則。這種特殊原則有助於了解帶有特殊人類學色彩的思想的發展。二十世紀有許多人類學問題提出,論題、理論、方式等也相繼被探討,它影響了教育學的發展。

　　教育人類學到了一九六○年代到一九七○年代之間,西德的教育界努力在探討這門學問,可以說達到顛峰狀態。教育人類學之所以有如此的發展與成就,是由於專家學者確立了正確的研究方向。然而專家學者意見與學說並不一定一致,但是他們的意見與學說都能提供研究教育人類學的價值,或提供某些概念。在此將提出陸特與戴波拉夫兩人對教育人類學之相反的意見(圖2-2)。立論的不同,是由於看事

| 垂直關係:戴波拉夫 | 水平關係:陸特 |

| 教育的觀點 |
| 社會的觀點 |
| 心理的觀點 |
| 生物的觀點 |

教育的觀點

| 生物的觀點 | 心理的觀點 | 社會的觀點 |

圖 2-2　不同的教育觀點

資料來源:修改自詹棟樑(1986)。

物的角度不同，一位是從水平關係出發，另一位是從垂直關係出發。
但都是對教育人類學的發展有貢獻。

第三節　以教育人類學的觀點看教育改革發展趨勢

　　人類要生存，要證實有能力和宇宙和諧共存，需有知識和轉化知
識的能力。人類必須要有知識，而且還要會建設性地使用知識。這些
知識包括對付環境的科技知識，應用包括自然資源的管理、食物生
產、生態生活的知識，了解社區、社會中機構、制度的關係及人類的
行為和信念，並尋求控制和修正的途徑，最後是設計出達成上述目標
的方法與策略。

　　長期以來教育的心理學基礎受到較多的重視，學習的面向是多元
的，其實沒有單一的學習理論能夠包括所有的學習面。學習是複雜
的，包含許多不同的類別，教育的人類學觀點亦應受到重視。社會文
化的變遷，使今日教育面臨的挑戰與問題日益繁複、更加的多元化。
世界各文明國度的不同領域的學者或專家，無不從自身的專業角度與
知識試圖尋求最佳的方法，以解釋日益嚴重的教育問題。教育人類學
並不是一劑靈丹妙藥，不過，教育人類學研究的目標，在於釐清教育
為人所詬病的問題何在、運用社會文化脈絡以理解造成問題的原因為
何，企圖用以理論和方法作為評估問題、發展替代方案的途徑，俾便
重新建構教育的過程，為社會及個人提供較適切的發展機會。

壹、以美國中小學教育發展為例

　　二次大戰後，美國的高等教育為因應日益增加的新需求和新成
長，不斷地擴充重構，因此得以和政府、企業法人組織，成為鼎足而
三的重要機構。

但美國中小學教育成果卻頗受爭議，美國學者專家對於中小學學校的批判內容有：學校培養種族及階級偏見；中產階級導向只注重秩序的維持，考試方式對中產階級有利；教師能力不足、教學敏銳性不夠；行政組織結構僵化、平庸的官僚體系等因素促使中小學教育效果不彰。就人力資源而言，美國的學生家長由於民主文化的薰陶，有熱心的家長投入教育義工行列，但也有家長會直接干預教學或間接的給兒童不良影響，嚴重的情況則造成親師衝突，影響教學品質。再就美國的教師而言，溫和、理想的中小學教師仍持守教學熱忱與教學承諾，樂於教學。較為積極的教師成立美國教師協會（AET）和國家聯邦教育協會（NSEA），把組織變成集體抗爭的代理人，為教師爭取權益如較高的薪資、福利、明確定義職責、人身保障等權利。

一、教育可能促進社會階級的流動

在不同的文化價值觀裡，貧窮人的出路是靠教育，不論是一般教育或是職業教育、知識或是一技之長，或多或少對個人生涯有所幫助。一般美國人相信，有正式學校教育作為成功的工具，只要全民生活水準提升，個人的社會階層便可向上流動。但事實證明，資本主義的國度，貧富的兩極化越來越嚴重，富者越富，窮者越窮。真正能完成向上流動的夢想者，其實只有少數人（Thomas & Wahrhafting, 1971）。亦即把學校視為窮人及少數民族向上流動的階梯是一種迷思（Colin Greer, 1972），指責學校是中產階層的共謀；認為學校教育的結果是延續少數民族和窮人在社會底層的命運。

學校教育究竟應扮演何種角色，哲學上有不同的論述。保管論者（the custodial view）認為學校是社會現有價值體系的保護者，以文化遺產的傳授為主。創造論（the creative view）認為社會變遷是無可避免的，學校是進步的源泉，所以學校對於社會的進步負有前導的責任。交互論（the interactive view）認為學校與社會彼此交互影響。學校一方面是保管者，因為他不願放棄從經驗中所獲得的價值；一方面

學校亦是創造者，因為，經由教育作用可以引起社會改進。統整論（the integrative view）認為社會中充滿了變異數，社會越進步，生活方式越形複雜，文化變異亦加大，學校有責任使每個人都能了解這些變化，給予社會成員寬廣的視野，並能培養統整這些變異的能力，以作為明智的抉擇和健全的決定。有學者提出美國的「公眾教育運動已死」。所要表達的是，學校並未充分發揮幫助社會大眾「向上流動的工具性作用」（instrumentality of mobility），這的確是一個事實，值得我們深思學校教育究竟應扮演何種角色、是否有文化上的差異。

二、美國教育設計的缺失，我們的借鏡

個人主義與團體主義隨著時代的不同，而有消長的現象。個人主義的教育強調學習者具有獨特的人格，各自有不同的需求和潛力，學校需要以不同的方式激發其潛能。小班教學、一對一教學、電腦化教學等措施可實踐個人主義的教育理念，甚至網路遠距教學、虛擬教室的學習模式，完全不需要教師。一切以學生的興趣、潛能發揮的課程設計有其缺失，開放的教學風格與不斷的創意設計，反而給教師帶來負荷。萬一學生學習失敗，無法責備教師，因為課程和措施都是根據學生的個別需要量身訂作的。但如果學生學習真的毫無效果，這是誰的責任呢？

由於採個人主義的教育理念，學習評量也是個人主義的評量方式，不評量群體合作表現，結果只鼓勵學生專注於個人表現，不學習與人合作共事的精神。學習評量經常是依百分比或年齡、年級程度來給分，學生在學校生活的紀錄，是經由他一連串考試成績以百分比來呈現。在這種評比系統的環境，師生關係結構是上對下形式，學生因此必須接受教師的思考方式解決問題，不然，他在這個系統無法得到認可。成績以百分比來呈現的量化評分方式，在某種程度上會忽略學生在學習素質上的成就，誤導教育工作者相信正式課程的有效性，忽略潛在課程對學生的影響。

　　美國教育改革方向時常是在新右派與新左派的相互辯證中發展，一九八○年代末期，教育改革方向是提升美國國家力量、加強經濟競爭力、提高教育成就。「新右派」主張加強課程與教學改革、標準化測驗，以提高學生成就；同時改造學校組織結構，加強品質管制，增進學校效能（歐用生、楊慧文，1998）。新左派學者認為這種教育使個人喪失對生存的社會及其種族、性別、階級和宗教的強烈關懷，使課程、教學、評量脫離整體脈絡（Apple, 1996），所以他們建議建構一種平等、正義、公道和人性化的學校。美國教育改革基本上就在不同觀點的相互辯證中發展，希望能夠找出教育在真實世界可能著力的平衡點。

貳、目前台灣中小學教育狀況

一、中小學教育問題

　　長期以來升學主義及集體管理主義的作祟，使台灣的學生都必須「一致」地在學校努力「升學」，偏重智育，以考試領導教學，學生受教育的目的變成了考高分、進好學校並得到文憑，強迫學生在學習過程中分流，過早決定自己的一生。此外學校教育與社會需求脫節，特殊教育對象、少數民族、低成就學生的教育機會均等問題仍待改進。台灣的社會早已進入後工業社會，服務業人口比率高於工業人口比率，是一個現代社會，資訊流通發達，職業種類也不再固定，隨時都有新學問和新職業的產生。但教育不只是教育問題，更牽連到政治、經濟、社會、文化等許多層面，教育同時也是思想上的問題。在時間的變遷中我們的教育已遠遠落後於我們的社會發展。和美國教育界提出的美國教育問題相較，我們對教育的檢討，比較少觸及社會階層化和少數民族教育發展性的問題。

　　教育的目的，在於培養社會公民知性的發達和人格的成熟、健全

的身心和靈敏的美感，使人能得到人性的對待，從中習得互相尊重的
能力。教育是為了創造一個良好的環境，使人從中自發地快樂學習。
由於中央集權的教育設計，以至於教育工作威權式管理，政策由中央
形成然後從上到下推動施行，形成推託敷衍的僵化局面。將兒童和青
少年視為唯一需要受教的群體，以至於升學的管道壅塞，時間一過則
求學無門。所以台灣教育制度時常被批評為僵化、改革緩慢、跟不上
社會變遷的腳步。學海無涯，教育體系應該打開終身學習的大門，使
年齡、職業、階級、性別、學歷都不構成求學的障礙，一方面紓解升
學壓力，一方面促成一個時時可求學的書香社會，培養每個人終身學
習的意願。

二、教育改革的方向

台灣教育改革的方向是人本化、民主化、多元化、科技化和國際
化。人本化教育強調培育學習者的健全思想、情操及知能，使能充分
發展潛能、實現自我。民主化為建立教育自主性，創造更多選擇機
會。多元化要尊重社會上的少數或弱勢群體，提供適才適性的教育。
科技化要普及科技知識、推廣科學精神並培養解決問題的能力。國際
化促使國民理解、欣賞、尊重各種文化與族群的傳統，也建立對本土
的珍愛。

然而站在教育人類學的觀點，我們認為學校教育和它的結果，要
和社會其他面向連帶考慮才行。例如說學校重視紀律秩序，但青少年
常喜歡不被約束地聚集玩樂，青少年這種「次文化」行為，主要是在
反抗成年人主導的社會文化，他們表現的社會行動包括自戀的表現、
感官享受、反智主義、攻擊權威、歌頌現在。反諷的是，中產階級價
值觀一直教育下一代要獨立，當青少年們的確學得獨立，表現出反叛
的行為時，成年人反倒大驚失色。如果教育改革不能兼顧教師、學
生、家長多元並存的事實，不能促進學校和社區結合成有效率的合作
關係，教育改革將無法竟其全功。

就教育改革的實施層面來看，教室裡教師受限於時間及工作性質，沒有機會從整體面來觀察問題，因此經常只面對部分問題，傾向於以更新課程、更新教法來解決問題。這些方面的改進解決了學校部分的問題，但僅是教材教法的改革是不夠的，教育應該使個人對其所生存的社會及種族、性別、階級和宗教具有強烈的關懷，課程、教學、評量不可以脫離整體社會文化的脈絡而孤立存在，教育實踐必須視人與文化為一體，從而落實文化多元的教育觀。

　　人類學長期研究比較各個族群異同，在不同社會文化，生活的各種變異現象為何、發展脈絡為何，許多研究資料顯示人類的生活有各種變異，其中的社會情境、生活方式、學習過程都不同，然而在表象的歧異下，人類作為相同的物種，其本質與深層結構又有不可忽略的普同性，這樣的基礎就是教育人類學的基本立場。

參、從教育人類學觀點看教育的革新

　　人類學研究領域相當寬廣，因此它為教育的革新奠下寬廣的視野。在生理基因學上，人類學的焦點是放在人類在動物國度中的位置，及其生物上的遠祖及其特徵。在文化焦點上，是放在人類個體、團體的行為，以及他為達成目的而做出的適應；人類學家研究語言和神話的象徵意義，研究組織結構、科技應用、生態適應等各方面，去探討人類風俗習慣內容和形成，了解人類如何維持群體生存，改善生活品質。教育人類學運用民族誌研究，可使教育研究者或實務工作者在詮釋事件時，能將研究焦點置放在行動者的行為範疇、行動秩序、事件發生的順序、整個活動的來龍去脈，以及個人在群體中的各種相關行為。透過研究分析，以便了解變遷或抗拒變遷的理由何在，了解改革行動失敗或成功的原因是什麼，尋求一些具有跨文化的有效性和多元機構適用的通則，提供教育改革者找出良好的方案。

　　人類學視世界為一個相互關聯、正在進行的動態系統，認為二元

對立的觀點是錯誤的,提供研究者用更寬廣的視野看待世界。教育人類學者對學習理論的看法是,不應把學習的經驗結果和學習環境分開探討。個體是在一個社會脈絡中長人成人,是該社會的一部分,學習成果如何和社會文化整體有密切相關性。教育人類學的脈絡化觀點,是要把社會文化脈絡視爲學習的重要因素,而不是把統計數字視爲主要參考指標。考試成績優劣不能告訴我們學生學習模式如何,因爲那些差異是社會文化環境脈絡的不同而帶來的結果,可能因素有家庭文化的差異、父母管教方式、社經背景、城鄉差距等。所以課程改革需了解不同學生的學習模式,而且依據這種學習模式來改變,以便增進學習效果。教育人類學的脈絡化觀點,是要把學習的社會文化脈絡視爲重要因素,這個教育觀點和個別化教學或成績導向教學之目標人異其趣。教育人類學的理論和方法增加了我們對人類本質的理解,了解知識的探究應該發揮其社會意義,更積極介入教育的實踐。

肆、小結

　　教育人類學對教育現象提出解釋,以便能夠找到合適的解決方案,是奠基於「文化多樣性」與「文化相對觀」的理念,試圖做到的是在教育過程中達到文化之間的溝通,由溝通進而了解,由了解彼此不同的價值觀而做到眞正的尊重和潛能的發展。

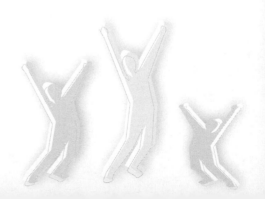

第 3 章
民族誌

民族誌起源於人類學者的使用，開始於二十世紀初期的文化人類學，如學者鮑亞士、馬凌諾夫斯基、拉德克利夫─布朗（A. R. Radcliffe-Brown, 1881-1955）、米德和他們的比較文化的研究。民族誌研究（ethnography）為許多學科或應用領域所採用，如社會與文化人類學、社會學、人類地理學、組織研究、教育研究與文化研究等，是源自於對量化研究方法長期支配大多數社會科學的立場及應用社會研究領域的幻滅。民族誌研究派典（ethnographic paradigm）著重於社會文化脈絡的探究，它的研究特性是希望知道問題是什麼，並且試圖知道脈絡是什麼。

人類學者秉持脈絡化的觀點，認為現實是由個人與團體聯合建構，因此某一特定狀況的脈絡則涵蓋歷史背景、自然生態、組織結構、象徵符號、人際關係等各種元素間交織的關係。在教育研究方面，研究者要做的是重視教育發生的社會或社區，根據脈絡來定義教育問題，這和量化研究顯著的不同是，量化研究視每一變項為個別獨立，而民族誌研究則嘗試做全貌性理解。此外人類學界還有一種常用的研究方法──泛文化研究。它是將許多研究者蒐集的民族誌資料放在一起，進行統計或比較的研究。人類學家對教育的最大貢獻是以全貌性的進路作研究和進行分析，並且把教育工作者的文化信念明白化，作為資料庫，方便研究者作研究或寫作成書。民族誌強調研究者的田野工作，要求研究者必須 進行參與觀察和親身訪談。由於它能夠對研究對象做詳盡的描述及廣泛地蒐集資料，因此也在社會科學中形成一股新的趨向，認為可以用之彌補量化研究的不足，以下將依序介紹人類學的研究步驟、田野工作的進行、教育民族誌研究法，以及民族誌研究的演變歷程。

第一節　人類學研究步驟

壹、選擇主題：研究大規模及小規模社會

　　研究主題主導了整個研究的努力方向，研究者如何解釋及定義問題的範圍通常反映了研究是基礎或是應用的定位。凡事起頭難，透過問題的尋求可以找出最合適的研究方法，有時初進入研究領域的研究生，有研究熱忱、興趣，但就是不知道問題在哪裡。研究問題的定義是研究者企圖想知道與了解現象或事實的說明，問題或其定義是研究努力的原動力，問題應先於研究方法的選定，以避免陷入尋找問題的迷思中，否則將會導致失敗和不精確的結果。馬凌諾夫斯基主張研究者要先有一個疑雲問題（foreshadowed problems）（Hammersley & Atkinson, 1995），研究者先有一個比較鬆散的疑雲問題，並以此起點進行廣泛性的觀察。人類學家的研究興趣，通常是受到自己生活經驗之啓發。學者由於與不同文化接觸的經驗而投入人類學的行列。然而，研究主題的決定，卻往往需要考量更多與個人無關的因素。例如，有些主題是基於釐清民族誌文獻間的歧異而選定。從過去的歷史來看，研究一些較孤立且非工業化的社會——小規模社會（small-scale society），一直是人類學的主流之一。

　　這些小規模社會的特徵是，能反映當地的社會互動與當地資源開發的某種適應策略。藉著對小規模社會的研究，不僅能讓我們更了解人類的生存環境，同時也促進我們了解處於擴張中的工業化世界系統邊緣的地區之特殊發展，而這些發展是很難靠其他方法加以了解的。而且，正因爲這些小規模社會的文化我們仍不甚了解，人類學家的第一要務便是針對這些社會做一個全盤性的描述，蒐集更多關於他們的

自然環境、歷史、科技、生產活動、飲食起居、性行為、社會政治組織、醫療信仰及宗教等資料，以填補這些區域的「民族誌圖譜」（ethnographic map）。最終的目標便是對其生活求得一個整體的了解。大規模社會（large-scale society）所在的區域較廣，而且較需依賴廣泛而高度專業化的貨物、概念與人員之交換以維持生存。今天，大部分的社會文化人類學之研究均朝這個方向努力，他們不僅對鄉間的農民感興趣，城市居民也是他們研究的對象。

貳、設定研究假設

人類學的一項中心主旨就是試圖解釋人類的思想與行為。為了達到此一目的，人類學家常需不斷地設定、測試並進一步修正各種假說。假設（hypothesis）是一段對於觀察結果的描述，例如台灣烏來的泰雅族因毗鄰大台北都會區而加速文化變遷，因此林秀美（1995）在〈學校教育與文化傳承之探討──以烏來社區之教育民族誌研究為例〉論文中，假設在一個包納多個族群的小學裡，文化訊息（包括漢人與泰雅族）如何被傳遞、中介者的角色，以及傳遞過程對兒童在文化認知甚或族群認同可能產生的影響。

測試某項假設，人類學家蒐集並分析各類民族誌資料，而後再根據這些資料，決定此一假設的真實性，也即接受、駁斥或修改原先的假設。人類學家試圖解釋鄉村城市間的遷徙現象時，可能也會發現一些其他的促成因素，像運輸系統的進步或對良好教育的冀求等，於是便把這些因素同時納入考量，來建立解釋鄉村城市間遷徙情形的假說。文明國度裡的家庭幾乎都有一至多台電視，電視的影響力無遠弗屆，電視閱聽人接收訊息的習慣、被資訊影響、情緒情感的牽引是否有性別、年齡、教育程度的差異，要更深入了解差異情形必須深入訪談。歐美以民族誌法來從事閱聽人研究，到八〇年代之後已成為一股風潮。研究者將原本研究的地點及對象，從田野或研究室移到了閱聽

人家庭的客廳中（Moores, 1993:1）。研究假設使整個研究更加清楚明確，自己要什麼、不要什麼，如米德的研究假設相當清楚——青少年發展的狂飆期是否有差異？差異因素有哪些？

參、決定研究對象

　　人類學研究者通常使用根據理論發展出來的舉證族群（identified categories）爲樣本（Hammersley & Atkinson, 1995），而不使用代表性的機率樣本，在研究對象只限一個或幾個原始部落。

　　如何在目標族群中取樣，有兩個方法來決定，一是選擇什麼樣的人和事情是不納入研究的，研究者必須過濾掉對研究工作沒有幫助的資料來源。二是選擇要研究的人和事情——也就是說，這個來源要對族群生活的了解是最有幫助的。馬凌諾夫斯基在西太平洋進行田野工作，他的著作《南海舡人》研究初步蘭島人的社會組織、宗教巫術、經濟貿易。他在異文化的研究，發現殖民統治及教會設計的西方體制的教育不見得適合當地人，有時候甚至違背當地風俗，以至於使人民產生厭惡背棄的心理。他們認爲，人類學者對當地第一手的研究所獲得的有關人類行爲和制度的科學知識，可以應用在教育政策的制定和教育行政的規劃上，也可以避免西方政權以掌控者的姿態，強迫殖民地人民服從而產生的反效果。

　　研究選擇場所是協商的歷程中，獲致進入適合於所欲研究的問題以及爲了研究者的時間資源、移動、技巧等可行的某場所。研究者可以從許多資料中獲得有關場所的選擇及其可能的適合性，如文件、現在和以前的同伴以及公共資訊，但這些大多需要研究者良好的判斷、時間安排和非正式蒐集資訊的機制（王文科，1994：129）。拉德克利夫—布朗去安達曼島（Andaman Island）做研究，他的作品《安達曼島人》（*The Andaman Islanders*）（1922）討論一個社會裡面，其社會結構關係如何作用而維持組織的運轉，以利社會永續存在。米德以

一位女性前往其他國度作研究，也是與其老師溝通良久，才確定研究場所。

肆、研究方法

田野調查是社會學家及人類學家的研究工作特色，是最自然接近以防止人為的影響，典型的田野調查需要六個月到兩年或更久的時間。學者 Stewart 認為較長時間的田野工作有下列優點（1998:20-21）：能夠克服更多的有關該研究場地所帶來的挑戰；能夠獲致更多闡明的資訊；研究者能夠更了解當地的歷史、關係和文化的脈絡；研究能透過更多其他的資訊以自我檢證資訊來源的錯誤；研究者能夠了解早先思想錯誤的地方，並有新的思考方向，並能將這些「社會經驗」（social experience）轉化成「社會科學知識」（social science knowl-edge）。然而許多應用性的研究礙於時間、金錢、資源、人力等運用的限制，難以做到長期的田野調查。所以一當蒐集到足夠的資料，能夠使人信服地描述此文化或問題，並且說出其中的重要性時，是抽離退出田野的最佳時刻。

人類學的田野調查工作並沒有一個單一公式可循，每個問題和研究環境都是彼此獨立分開的，人類學家對不同的研究計畫會選定不同的研究方法。儘管如此，大部分的人類學研究還是有一些共同的特徵，那就是：觀察、詢問和機率取樣。

一、參與觀察

參與觀察對實際的田野調查工作來說是很困難的，不但要參與人群的生活，還要保持專業的距離，以便適當的觀察和記錄資料；研究者藉由雙重角色，出現在情境中但站在旁邊觀察。研究者保持公平、熱誠的觀察者身分，以探究文化的現象，他們的角色是觀察自然呈現的事件，但也要避免參與些事件，以免影響所研究的活動。參與觀察

是一個動態循環的過程，會有見山是山、見水是水的觀察結論。但可能沒幾天，又有見山不是山、見水不是水的困惑。即使田野調查者經過了時間的洗禮，所有的生活模式被認知，在為期一段時間的觀察後，研究者會暫時忘記自己原有的生活模式並掉入熟悉的行為模式。在實際的觀察操作研究過程中，參與觀察通常是不連續的，會隨著被研究者的文化活動有所變更，觀察時間可能會拉長。所以參與觀察需要長時間密切地和被研究者接觸。

　　研究者如欲了解某個文化，須將注意力放在當地人民對世界的看法，以及他們表現在外的行為。但是，人們對自己從事的活動之主觀描述，往往不一定正確或不足以解釋其行為。一個受訪者在描述某個事件時，常常有意識或潛意識地篩選過或加以曲解。所以，研究者應該儘可能直接觀察他們的行為。但是，即使是直接觀察仍無法保證絕對客觀，因為人類學家本身也容易受到自我偏見的限制。Freeman（1983）宣稱米德對薩摩亞文化所做的研究成果有謬誤。Freeman 堅稱，米德對薩摩亞族青少年性自由的記載，是受到薩摩亞族人描述的誇大愛情故事所誤導。此外，Freeman 也認為米德對事實的曲解是基於她理論取向的偏見，以及她極欲呈現一個扣人心弦的原始生活景象的結果。然而，許多人類學家並不贊同 Freeman 對米德之研究成果的批評，也不支持他的理論概念以及他對薩摩亞社會所做的描述（Brady, 1983; Shankman, 1983）。這項爭端告訴我們，在記載或闡述民族誌資料時，要維持一個合理的客觀性是何等困難，即使是對那些訓練有素而且具備高度技巧的人類學家而言。

　　參與觀察是進入一種文化的洗禮，雖然未進入研究場域時有眾多資料訊息可供參考，用於了解該文化。但進入研究場域後開始的時候，可能執行任何事情是沒有系統、沒有效率的，這好像是有點不能控制的或是只能偶爾發生的情況。許多研究者有一些共同經歷、書面上的理論或對當地的報導，但與自己真正參與觀察是有一段落差的。在田野調查工作的初期，研究者專注於找尋「經驗」和「事件」

（Fetterman, 1998），當田野調查者越來越了解這文化時，參與觀察本身就變成更為精練的技巧。民族誌研究者觀察些什麼？可利用五個 W 一個 H 來尋求線索（Goetz & LeCompte, 1984:112-113）：(1)Who：在團體或景象中有誰、幾個人、這些人的身分、他們如何成為這團體的成員？(2)What：在此發生了什麼？(3)Where：團體或景象位於何處？(4)When：團體在什麼時候接觸且交互作用？(5)How：從參與者或研究者的角色觀之，這些確定的要素是如何連結的？(6)Why：為何該組織如此運作？

　　為了顧及文化的複雜性，學者在一開始必須鉅細靡遺地記錄各種事件、想法與狀況，之後再審視那些相關資料並歸納出一些形式。然而，完整且有系統地記錄人類行為是需要一些技巧的。學會如何在不甚理想的狀況下快速謹慎地記下某些重點就變得格外有用。人類學家常使用攝影機和錄音機做輔助，但如何讓錄音機在潮溼的熱帶雨林仍能發揮功能也是個問題。此外，不同的社會特性也會引發一些困難，因為並不是每個民族都能接受被拍照或被錄音。所以，人類學家必須學習如何在不同的環境背景下，選擇最適當的方式來精確記錄人們的陳述與行為。

　　一個社會開放給人類學家觀察研究的允許空間是會隨時間而改變的。舉例來說，許多澳洲的土著社會，已開始嚴格限制外人觀察或加入他們的宗教活動。但在過去，只要事先與他們建立足夠的良好關係，人類學家通常能參與甚至拍攝他們最神聖的宗教儀式；只要不讓他們與其他的社會有太多的接觸，他們並不在乎人類學家對這些宗教儀式做些什麼。然而，近年來，隨著這些土著民族逐漸融入更大的澳洲社會，他們對於這些秘密儀式與聖潔的照片在各式刊物上出現深感遺憾。今天，許多土著民族在面臨人類學家要觀察他們的宗教儀式時，都顯得格外謹慎。而人類學家也儘量減少公布當地土著視為敏感的資料。民族誌在研究過程中運用參與觀察蒐集一特定文化團體的資料，參與觀察亦廣受其他領域學者的採用，如醫學、社會學和教育學

者等。

二、詢問

　　大部分的人類學研究均需針對受訪對象的行為提出一些問題，詢問的深入程度端視研究者先前對這個文化的認知多寡而定。了解人們如何將日常現象轉為「理所當然的知識」，最常用的技巧是以「打破常規」的方式來探討人們如何「修補」常規受損的行動（胡幼慧，1996：14）。通常在接觸一個新且陌生的文化時，人類學家多半會針對一些基本的問題，例如：食物的處理情形等。當研究者覺得對此文化有相當的了解後，會將矛頭指向更深入的問題，諸如：如何處理行為方面的偏差？詢問時需了解或使用當地的語言。在田野工作一開始時，人類學家也許不懂受研究群體的語言而須仰賴翻譯人員。通常人類學家在前往研究區域之前會接受一些當地語言的訓練，部分大學的教職員中也會有懂土著語言者可協助研究者的語言訓練。即使是那些罕見的語言，也會有一些語言錄音帶或書籍能協助學習。在接觸一個陌生的異文化前，事先學習他們的語言基礎，不僅可節省時間，並能避免某些最初接觸時的困擾。

　　文字和語言在不同的文化中有不一樣的價值，研究者應快速的去分析詮釋資料提供者的每一個字，不管是用來表示文化或次文化的言外之意，或是直接表現出來的意義（Fetterman, 1998）。問題的提出不是光靠基礎的文法技巧就足夠，田野工作者必須學習如何依對象與情況之不同來提問題。大部分的社會對於提問題都有遵循的模式，依據問題的性質及受訪對象的社會地位而定。提出問題時的環境背景也是個重要的考量因素，某些特殊話題在婦女或小孩在場的情況下是不適宜提出的，如「本地有無巫術？」雖然某些敏感的話題最好在非正式的訪談中討論，但有些問題仍能更有系統地處理。像人類學家使用設計好的問卷來蒐集各種資料，這些問卷所涵蓋的主題包括：居住和土地持有的型態、財富收入的分布等。有的問題備有特定的答案（如

「你今年幾歲？」），有的則是開放性問題（像「你對染上愛滋病的員工有何看法？」）。

　　即使在人類學家運用正式的技巧從事訪談時，他們仍然經常從當中某些非正式的閒聊中得到不少寶貴的資料。Crane and Angrosino（1974）指出，人類學家最好的訪談常是偶然的結果。他們其中一位在加勒比海從事研究調查時，曾無意間發現一位老人正在自己的家門前撿集石頭，並將它們排成某特定形狀，他好奇之餘上前了解，發現老人的媳婦正在分娩中，老人告訴人類學家，剛出生的嬰兒特別容易被家族敵人所派出的遊蕩惡魔附身，而這些石頭陣會阻止惡魔進門。經由這次偶然的機會，人類學家對於當地人民的超自然信仰、家族內部的相處情形以及村民間的派系鬥爭，都有了相當程度的洞察。

三、機率取樣

　　經由正式與非正式的訪談獲得的資料，若是訪談整個母體是最好的，不然，至少也必須訪談這個母體中大部分的人。然而，一旦母體人口龐大，想要逐一會晤訪談似乎不太可能，此時為了避免資料的收集來自大母體中不具代表性的部分，人類學家可以運用機率取樣（probability sampling）的方法來決定研究對象。這個方法係指從一個母體中篩選出一部分的人，而這群人可以視為整個大母體無偏頗的縮小翻版。

　　有一種基本的取樣技術稱為隨機取樣（random sampling）。它是指從整個母體中抽取一群有意義數量的人作為研究對象，母體中所有成員被選中的機會均相等，而且篩選的過程應儘可能地隨意且無任何偏頗。例如，我們可以把所有人的名字做成籤放入箱子內，再抽出預定訪談數量的人即可。這種隨機取樣法最適用於同質性較高的母體，像一群來自類似地域與背景的軍隊新兵。就理想的情況而言，研究者訪談的範圍應有相當的廣度，以取得整個母體將如何回應研究者的問題之印象。

當一個母體包含了各式各樣的小團體時，研究者可能希望能分別
蒐集到每個小團體的資料，此時，他便須運用分層取樣法（stratified
sampling）。 Honigmann（1970;277）在研究巴基斯坦的一個小村落
時，他根據先前的調查將村民分成六類：不從事耕作的地主（noncul-
tivating landlord）、自行耕作的地主（cultivating landlord）、佃農（ten-
ant cultivator）、工匠（craftspeople）、商人（trades people）和僕人
（domestic servant）。 Marwari ，這塊位於回教社會中的印度教領土，
村落四周還住著許多講 Brahui 話的居民，結果， Honigmann 利用分
層取樣的方法自各階層找了四十個人作為研究對象。在一些特定的研
究計畫中，像試圖以口述資料重建某民族的歷史，人類學家會運用主
觀取樣（judgment sampling）。它並非與母體中的每個人或隨機取樣得
來的對象直接對談，而是自某些主要的資料提供者處獲取資料。這些
資料提供者的篩選是以對該研究而言相當重要的某些準則為依據，例
如：年齡、性別、教育程度、經驗、可信賴度以及在某地的居住時間
長短。

第二節　田野工作的進行

人類學的田野工作者在個人方面常需要做特殊的調整適應，人類
學家浸淫於情境之中，並從事現象的研究。研究者在交互作用的社會
角色中，記錄觀察所得，並在脈絡的範圍內，與參與者交互作用。因
為研究的環境並非圖書館或實驗室，研究的對象也非抽象的個體，而
是人類學家必須與之共同生活與互動的人們。這種形式的研究所導致
的緊密社會關係，常會造成情感的認同，並落入特有的道德兩難情結
中。研究者角色其實是有許多種的，人類學學家習得流利的語言與參
與者溝通，本著交互作用方式以獲得資料，與人建立社會關係，並由
適合於某一群體的角色組合轉移到其他群體的不同角色組合。

壹、獲准進入

　　人類學家不是簡簡單單就前往某地進行他們的研究調查。首先，很多國家的政府機構都會核發某種研究許可證。這種證件的取得可能只是例行公事，但也可能需要通過一些困難且冗長的手續。就正面的角度而言，這種事前的許可篩檢，可以確保那些外來研究者所進行的調查探訪，不僅符合他們自己的需要，也能滿足受訪國家或群體的實際需求。研究許可證除上述明顯的用途外，也可作爲一種檢查的工具，來預先防止某些可能危害社會利益的研究之進行。

　　有時，即使正式的研究許可已取得，但研究計畫卻未必成功。因爲人類學的研究常需深入人類文化的最深層，這必須仰賴研究者與被研究者之間建立良好的關係。人類家須坦誠佈達其研究目的，同時要說服人們相信這樣的研究對其生活並不會造成任何威脅，並給予他們機會表達自己是否願意接受研究調查，如此一來，他們才不至於事後有受騙的感覺。總之，誠實在這樣的過程中是相當重要的，尤其有利於未來在該地區進行研究工作。

貳、生存問題

　　當田野調查在一個貧窮且孤立的區域進行時，連基本的生存溫飽都會成問題，即使情形不是很糟，但吃什麼、住哪裡的決定卻可能對研究產生某種程度的影響。

　　其實，有時可以將大量食物運往研究區域，但如此一來又衍生了其他的問題。過分強調人類學家的相對財富常會破壞他們與當地人之間的良好關係，此外，一個擁有過剩物品的人常被期望能把這些物品拿出來與大家分享，若不這樣做會被認爲沒有禮貌。然而，如此一來，本可以貯藏供數月使用的物品，可能很快就消耗殆盡。而在某些

情況下，研究計畫的目標也可能與食物的分享相互衝突。另一個作法就是採用與受研究者相近的方法——靠土地維生，這個方法的一項難處是田野工作者可能會使過度開發的環境受到更大的壓力。然而，這樣的問題通常只有在極度貧乏的環境下才會發生。基本上，大部分的田野工作者均能自給自足，不會經歷嚴重的困境。

在田野調查的過程中，居住地點與過活形式決定於某些因素。首先，是受研究的社會之類型。大部分住在沙漠的澳洲土著現在都有個安定住所，而與他們共同生活的人類學家常使用拖車。碰到那些較為機動的覓食者，像住在南美亞馬遜河區域以搭設臨時帳蓬為屋的民族，人類學家常被迫仿照他們的方法來選擇住所，並盡量將隨身財物減至最低。當人類學家研究村莊或城市的居民時，他必須決定寄住當地家庭或獨居。與當地家庭同住可以讓田野工作者對他們的日常活動起居有更深入的認識。但是，這種密切的關係卻會影響田野工作者與他們建立起其他的社會關係。在某些情形下我們可能無法選擇寄宿或獨居，像碰上同住在單一大型長屋的森林居民，或住在公用冰屋中的 Inuit 人時。然而，即使是身處一個擁有很多獨立家庭的村莊，也可能由於沒有人願意與外來人共住而找不到寄住家庭，有時候連多餘的房舍都欠缺。

參、田野困境

人類學家還可能會遭遇到健康上的問題。飲食或氣候上的驟變常需花上好一段時間適應，並可能伴隨一些腸胃疾病。另外，某些嚴重疾病，像瘧疾或肝炎，肆虐於某些研究區域。雖然疾病可提供第一手資料，讓我們了解當地人民的醫療技術或憐憫心的表現，但除此之外幾乎沒有任何好處可言。事實上，疾病對人類學家而言一直是個威脅。人類學家可以藉著事前了解及一些預防的方法來降低健康問題所帶來的威脅。

田野工作者常會承受許多心理壓力。對許多人而言，進入研究區域的初期常是困難重重且充滿焦慮的，他們害怕失敗也害怕無法與當地人民建立良好的互動關係。研究者可能不太了解受訪社會中的行為模式，也可能對受訪人民看待自己的言行舉止之方式覺得難以理解。因此，一個田野工作者在起始之初，很多方面都像個什麼都不懂的笨拙小孩，這是大部分受過高等教育的成人很難接受的一種狀態。這種由於適應完全不同的新文化而導致的精神壓力，稱為文化衝擊（culture shock）。它是由於快速地融入一個不同於自己本身的文化，因而遵循不同的行為規則及對言行舉止之意義做不同的詮釋後所產生的現象。雖然開始的這份焦慮會隨著對當地文化的了解加深而日益消褪，但是心理的壓力卻持續著。因為在一個小而緊密的社會中從事參與觀察所需的社會互動程度，是一個在講求個人自主與隱私的大規模社會中成長的人所難以接受的。因此為解除長期處於這種環境所造成的壓力，研究者通常每隔一段時間就會離開一陣子，以防疲乏倦怠。

肆、田野成就

並非所有的人類學家都遭遇此種問題，有些人調適壓力的能力就比別人好，也有些田野工作面臨的環境沒有如此困難。然而，即使是最難堪的研究，不論是對個人或知識而言，還是會有一些報酬的。好比說，一旦人類學家被大部分的受訪民眾接受時，他們之間常能建立起良好的友誼，並能減輕那份心理壓力。此外，學習不同文化也能讓我們對人類多樣性方面的了解更深一層。在二十世紀初期，田野工作在鮑亞士和馬凌諾夫斯基的影響下，已漸漸成為那些有抱負的人類學家所必經的儀式歷程，因為它可以使生手轉變成羽翼豐滿的專家。而學生自課堂書本所學的也可藉由田野工作而獲得實際的應用，並且自學校以外的現實世界獲取許多基礎知識。今日，許多人類學家認為他們的研究不再只是一項工作（job），根據李維史陀的說法，它是「伴

隨音樂和數學，少數眞正的職業之一」（Levi-Strauss, 1963）。同時，也正是民族誌的田野工作將人們引進此一職業領域。

除了提升專業技能和蒐集民族誌資料之外，田野工作還扮演一個自我提升的角色。在理想的情況下，參與觀察能促使田野工作者去審視他們對這個世界所做的假設，進而拓寬他們的世界觀，顯示人類存在的複雜性以及對於情境解釋的多樣性。藉由田野工作，原本陌生或只具抽象觀念的人們都變得眞實起來，這是無法經由影片、書本或電視而獲得的。

第三節　教育民族誌研究法

民族誌方法從一九二〇年代由馬凌諾夫斯基首創到今天，其間經過許多學者在資料蒐集、邏輯分析、詮釋性理解各方面的強化深入，而發展出有系統的、實用的實徵研究方法，並且不斷地與主張仿效自然科學論述的量化方法對話，以此形成周密的方法論。教育民族誌秉承研究的良好傳統，藉著此種方法拓展我們對教育現象的觀察視野，因此能夠提供教育研究卓越的洞見，使教育的設計更有發展的空間。

壹、教育民族誌研究的意涵

"Ethnography" 原為社會人類學者以參與觀察的方法，對特定文化及社會蒐集製作資料、記錄、評價，並以社會或人類學的理論，來解釋此類觀察結果的一種研究方法。民族誌一詞有雙重意義。第一，它是人類學家在田野工作時所使用的方法；第二，它是人類學家根據田野工作，提煉出觀察研究的菁華，撰寫成的文章或書籍。作為研究方法，民族誌主要包括「參與觀察」（participant observation）和「深度訪談」（in-depth interview）兩種蒐集資料的技術，以此來了解被研

究對象的生活方式，這是英國人類學者馬凌諾夫斯基在初步蘭島作田野調查時所創的研究方法。民族誌研究的特徵是公然地或秘密地參與人的日常生活，且延續一段時間，觀察發生什麼、傾聽訴說什麼、探求質疑什麼。事實上，就是蒐集任何可利用的資料，聚焦於研究問題的核心。

二十年來人們用人類學的概念和方法，研究教育現象與問題，把人類的理論與教育學理論整合成新視野，其中最大成就就是教育民族誌的出版（潘英海，1992）。教育民族誌（educational ethnography）在國內的翻譯有作「教育俗民誌」、「教育人種誌」，我們在這裡採取「民族誌」一詞。國內教育學者視人類學田野工作的研究法為質性研究法，廣泛地將之運用在探討：(1)學校組織結構；(2)課程的意識形態；(3)學生的次級文化；(4)革新課程與教學、增進教師研究能力等的議題上。

貳、教育民族誌的研究

一九六〇年代美國芝加哥大學的一群社會學家參與研究醫學院學生的生活，是美國最早使用教育民族誌方法的代表。研究的主題限於學校或教室內如「中學內的社會關係」、「教室中的生活」等。七〇年代以後，研究主題擴展至教育社會學、心理學等層面，到八〇年代之後，已成為大眾傳播教育的一股研究風潮，研究者將原本研究的地點及對象，從田野或研究室移到了閱聽人家庭的客廳中，是研究人的生活與教育的關係的過程方式與問題，透過資料蒐集的策略，可得知人在社會情境中的知覺，此一過程是歸納式的，從已蒐集到的特定社會建構的資料中取得抽象概念（王文科，1994：450）。教育民族誌的研究過程分別是資料蒐集→資料分析→撰寫民族誌，所以是一連串「描述脈絡─分析主要事件─解釋文化行為」的過程。初學者要運用教育民族誌的研究，首先要清楚預備研究什麼樣的校園或教室情況、

在校園或教室內如何進行觀察此情況、要記錄什麼、要觀察什麼、是否看到特別的現象、如何將所觀察的分類、這些觀察由什麼組成、產生什麼文化現象、如何詮釋分析資料,描寫民族誌。

研究者需藉由相關文件的探討確立研究的設計與目的。在研究者和被研究者雙方都能接受的條件下,才能建立周延的構念和前提。且在資料蒐集的過程中,不斷的修正和精練已獲致的有價值的研究結果。就資料蒐集方法而言,要熟悉各種不同的觀察和晤談的策略,且將蒐集到的資料予以統合並作清晰的敘述。在分析資料的過程中,要詳細檢定和充分探討蒐集到的資料,並用綜合歸納的方法,省思蒐集到的資料。以下扼要說明教育民族誌的研究設計與過程:

一、資料蒐集:參與觀察

「參與觀察」源自人類學者的田野工作,它包括學習不同的語言、參與各項當地的活動、觀看各種儀式、提出問題、做田野筆記等工作,其目的是經由長時間地融入一個固定的場所,與當地的人們做深入而且緊密的接觸,有系統地觀察人際間的互動、注意事件的發生與開展,以及人們採取的因應措施,也就是藉著參與的機會,在研究對象的日常生活情境中,探究他們立即的、第一手的生活經驗。民族誌的主要目的在掌握研究場境中當地人的觀點,了解當地人對自身所處生活世界的看法,亦即從當地人的視野及角度看他們的文化生活,以真正掌握當地日常生活的社會過程(甄曉蘭,1990)。參與觀察的第一階段是描述性觀察,主要是對某一社會情境的人物、空間、活動、物理環境、時間、目的、情緒做詳細的描述。第二階段「焦點觀察」的重點,是對該社會情境有了初步了解後,研究者開始要尋找或確立「文化範疇」(cultural domain)(Spradley, 1980),找出數個彼此相關的文化範疇及其間的關係,以縮小觀察的範圍。第三階段是選擇性觀察(selective observation),此時的重點是以對比的眼光把研究的焦點再縮小,研究者在他所觀察的社會情境中,選擇幾個特定的文化

類別（cultural categories）（Spradley, 1980），去比較其異同、探究其差異的原因，而得到細致的研究結果。

二、資料蒐集：深度訪談

深度訪談是研究者與研究對象做無拘束的、較深入的訪問談話。訪談是一個重要的蒐集資料方法。研究者在日常進行參與觀察時，在各種時間、地點就各類問題與當地人士做訪談詢問。一般的訪談形式包括結構（structure）、半結構的（semi-structure），非正式的（informal）和追憶的（retrospective）訪談。但在實際應用上這些形式會有重疊和混合使用的情況。

(一)非正式訪談

非正式訪談（informal interview）是在完全無結構的情況下進行，對受訪者的回答完全不加控制。非正式的訪談像是平常的對話，但其中卻隱含有研究討論項目，可以發掘文化中具重要性的種類：發掘人們在想什麼和比較兩個不同人的想法是很有用的。

(二)無結構訪談

無結構訪談（unstructured interview）主要是要使受訪者自由地、不受拘束地表達自己對某些事情的看法或感受，所以訪談者雖然心裡對訪談主題有一個清楚的腹案，但對受訪者的引導卻非常有限。

(三)半結構式訪談

半結構式訪談（semi-structured interview）時有一份事先擬好的書面訪談指引，對本次訪談的主題和問題已清楚載明，不過訪談者仍不採主導地位，訪談還是由受訪者自行決定自己的表達方式、內容。

(四)結構式的訪談

結構式的訪談（structured interview）的主要特色是做比較嚴格的實驗控制，以便對於反應的結果進行比較。最常見的是問卷調查，問題是固定的，受訪者要針對問題做回答，不能隨意表達意見。

(五)追憶的訪談

　　人們總是會遺忘或是過濾過去發生的事，靠追憶的訪談來重建過去，請資料提供者回憶個人的歷史資料。追憶的訪談可以是結構、半結構或是非正式的，故這類的訪談常不一定能得到最正確的資料。科技的進步，追憶的訪談資料可以與一些紀錄片對照，但有些追憶的訪談時常是蒐集過去資料的唯一方法。

　　參與觀察和深度訪談的優點是搜集資料的幅度較爲寬廣，可以觀察到別人無法看到的活動，與報導人（informants）作深度的訪談，可得到對一件事可靠的描述以及報導人的看法，還可以得到他對該件事所作的種種解釋。民族誌重視結構的動態過程之整體分析，有助於了解社會過程的內容及形式，使得越來越多社會學者改採民族誌研究方法，滲入研究對象的生活世界，在自然情境中取得深入的資料，進行社會議題的研究分析（甄曉蘭， 1990）。文字與非文字的資料運用民族誌的工具，如筆記本、錄音機、數位相機、攝影機等，能夠幫助我們記憶。民族誌學家最普遍使用的便是筆和紙，藉由這項工具以做出重點的紀錄；錄音機讓民族誌學家得以從事長時間的非正式訪談，在事後進行逐字或多次的分析；相機記錄了某一時間的人群、地方事件和環境；攝影在觀察中可以對材料的眞實性做精確的記錄，藉由最初捕捉的文化場景和片段，讓民族誌學家可以再回來解釋這些事件。

三、資料分析與撰寫研究成果

　　撰寫一個好的民族誌的起始點在於描述文化共享團體和情境，「描述」是質化研究建立的基礎（Creswell, 1998:152）。研究者「建構資料的分析」，即有組織的把資訊聚集起來，如繪製成圖表、矩陣或流程圖，以協助分析。須以系統的程序進行分析，以對該文化團體和其他文化團體間進行比較，以標準的形式對該文化進行評鑑，描繪出該文化共享團體和大的理論架構間的關係，以年代或研究者或敘述觀點的順序呈現。運用三角檢測法複核資料來源、資料蒐集策略、時間

期限以及管理架構。它檢驗一項資料來源的可靠性以除去其他解釋並且進一步證實假說，可以改善資料的品質和正確性。接下來的步驟是透過解釋或詮釋轉化資料，

　　研究者從資料或理論中建立提供解釋的架構，最後研究者選擇呈現的方式。民族誌從撰寫計畫、執行計畫、完成計畫，每個階段都需要有良好的寫作技巧。研究計畫、田野紀錄、總結報告、論文和書籍是民族誌工作裡有形的產品。民族誌的研究階段與一般量化社會科學的研究步驟略有出入，一般量化的研究步驟，係依直線進行，然而，民族誌的研究大多採用循環模式（cycle pattern）而行，包括選擇民族誌方案、發問民族誌問題、蒐集民族誌資料、做成民族誌紀錄、分析民族資料以及撰寫民族誌報告。劉蔚之（1992）在其民族誌研究中有一個為多人採用的循環模式圖可作為參考。

四、初學者使用民族誌研究可能面臨的問題

　　研究者想採用民族誌研究進行觀察，需在社會學或人類學領域接受充分而完整的訓練外，尚要具有敏銳及審慎的觀察能力，因此，研究者如未接受觀察技術的訓練，將影響研究成果的品質。多數的民族誌研究常要延續數個月，或超過二、三年的時間，如此一來將使原先設計的研究耗費更多的金錢；而且經由長期研究的結果，很難由其他的科學家複製。觀察而做的記錄冗長而繁雜，量化不易，解釋也十分困難。觀察是主觀的，無法查核其信度，觀察者的偏見或先入為主的觀念，可能嚴重困擾研究的發現，卻不易察覺。教室事件的觀察，欲求一一完備記錄下來，並不可能；因為觀察者在活動進行中，需不斷做決定，該記錄什麼、什麼該省略。觀察者經常主動參與所研究的環境，可能造成角色衝突與情感投入，因而降低蒐集得到之資料的效度（王文科，1994：487-489）。

五、民族誌的信度效度與研究倫理

　　民族誌研究的目的是描述詮釋甚於證明，但是主觀描述或客觀描述？民族誌研究常被許多學者認為是缺乏效度和推論性的，所以運用此法需考慮缺少信度與效度會影響他們研究結果的價值。民族誌不論使用何種研究技巧，信度與效度的一般原則是需要提出的。信度關心研究結果的複製性，效度則關心研究結果的正確性（LeCompte & Goetz，1993:208-209）。主觀、武斷、扭曲或別有企圖的研究結果，不僅會傷害到當事人，對社會亦會產生負面的影響，研究需要更嚴密及更周延的研究倫理來防範研究者的一言一行，避免對被研究者的不利影響。

　　教育民族誌在歐美國家已發展得相當完善，以美國為例，早期美國教育人類學的相關書籍，被多數的研究者當作是一種資訊的來源，而不是當作一個特別的領域來研究。1963 年後，教育人類學者對異文化研究較多，對本土文化的研究在起步階段。教育人類學家在當時不是民族誌學者，教育民族誌在這個時期，尚屬研究資料的輔助工具。十年後，美國教育民族誌的關切面從異文化研究大規模的轉向本土化研究。這種轉向帶給教育人類學者極大的挑戰，要同時能夠關注本土研究，又要從跨文化的觀點和視野，對教育問題提供洞見。美國教育人類學者開啟反省思索的風氣，對研究者、研究方法的反思開始覺察，認為民族誌研究需有理論架構並需合乎方法的要求，教育民族誌研究逐漸被學術界重視。至今教育民族誌已邁向新領域，並且形成新的理論派典。

第四節　從傳統民族誌到詮釋民族誌

　　民族誌研究學者將民族誌研究近一百年來的演變劃分成六個時

期：

1.傳統時期（1900 年到二次大戰）。

2.現代主義時期（二次大戰到一九七○年代中期）。

3.領域模糊時期（1970 年到 1986 年）。

4.危機時期（1986 年到目前）。

5.後現代時期（到 1994 年）。

6.破曉時期（1995 至現在）（Denzin, 1997）。

民族誌研究強調探求特殊的社會現象，甚於建立一個有關於現象的試驗性假設；開始傾向於以「無結構」（unstructured）的資料從事研究，即資料未經過編碼；研究小部分的個案，或是單一的詳細個案；資料分析涉及詳盡陳述意義的詮釋與個人行動，以言辭上的描寫與解釋呈現，輔以量化和統計的分析（Hammersley & Atkinson, 1995）。

壹、傳統時期

民族誌的創始者馬凌諾夫斯基主張研究者要確知自己的研究目的，民族誌的主要目的就是了解當事人眼中的另一種生活方式。從當事人的視野及角度看他們自己的生活及文化，才能真正掌握當地人的生活過程，並主張應與研究對象生活在一起，主張民族誌特色應該是「在真實世界研究真實的人們」。馬凌諾夫斯基所使用的研究方法稱為民族誌實在論（ethnography realism），採用長期生活於一個社區，深入浸潤於一個文化中，藉以了解這個社會文化，發現社會行動下的文化模式，以寫實主義似的觀點來從事田野工作及撰述。馬凌諾夫斯基的代表作《南海舡人》，為民族誌研究建立了一個具有科學主義傾向的方法論派典（paradigm）。有學者批判以寫實主義似的觀點來從事田野工作及撰述，以西方霸權的心態來描述其他種族，這是民族誌初

始的樣貌，稱古典民族誌（classic ethnography）（Dezin & Lincoln, 2000）。

貳、現代主義時期

現代主義時期的民族誌研究者，企圖將質的研究做到像量的研究一樣嚴謹，所以研究法裡有質性研究與量化研究的影子。此時期的研究者運用多種研究方法包括開放式訪談、準結構式訪談（quasi-structured interview）、參與觀察，借用統計學的概念，討論行為的或然率以及頻率，然而在做研究結論則是強調情境的殊異性。此時期質性研究與量化研究在同一個研究被研究者使用，以增加研究詮釋時的科學性。

參、領域模糊時期與危機時期

在領域模糊時期，民族誌研究法在微觀巨觀理論方面和研究策略如資料蒐集、資料分析上有許多的選擇。詮釋學（hermeneutics）、現象學（phenomenology）對民族誌方法的演變有很大影響。社會科學方式的研究取徑傾向多元主義開放性，以文化表徵及其意義詮釋作為起點。葛慈指出，不同學科領域間觀念及方法的互借已不常見，而社會科學與人文科學間界限也模糊不易區分（Gecrtz, 1980）。在其他領域也出現學科領域間觀念及方法的採借情形，有學者稱「折衷主義」，葛慈結合微巨觀點（micro-macro）而創出「深度描述」（thick description），Denzin and Lincoln 稱之為「微巨結合的描述主義」（micro-macro descriptivism）（1994:10）。不論是折衷或是微巨結合，民族誌研究不論如何努力，所能呈現的畢竟只是「部分的真實」（partial truth）（Clifford & Marcus, 1986:7）。如一位女性教師訪談校長的工作壓力或是校長訪談教師，研究者與研究對象之間的性別、階級、權

力和族群差異，已經造成研究上準確度、代表性與合法性的危機，這個時期的學者強調研究和論述需重視「反省性」（reflexive）。

肆、後現代時期

民族誌研究到 1990 年進入後現代時期，民族誌擴展爲學派或民族誌的次典型，包含不同的理論取向，並在發展上受結構功能論、符號互動論、文化和認知人類學、女性主義和批判理論等影響。研究方法上不再強調研究者與被研究對象的客觀性，理論以敘述語彙呈現。民族誌開始以故事的方式呈現，像 Van Masnen（1988）寫的《田野的故事》（*Tales of the Field*），裡面包括寫實故事、告解的故事、印象派的故事。敘說研究（narrative research）是應用故事來描述人類經驗和行動的探究方式。由於人們是透過其所敘說的故事來爲生活賦予意義，所以如果要研究人們如何建構其生活經驗，敘說研究應當是一種非常恰當的研究方式（Polkinghorne, 1995）。後現代時期的民族誌，大型理論被地方性、小規模理論取代，研究者角色從旁觀者型態，轉型爲行動參與的型態，行動研究取向漸漸成爲新的嘗試（Denzin & Lincoln, 1994:11）。受到後現代的衝擊，民族誌強調以超現實主義撰寫並以「對話」式或多重聲音的敘述方式取代人類學家的獨白，強調與報導對象之間的對話（陳伯璋， 1990 ： 84）。

伍、破曉時期

第六時期是詮釋民族誌來臨，民族誌特質是貼近女性主義、社群主義（communitarian）、倫理規範來書寫（Denzin, 1997:xui）。西方女性主義研究方法的特點有四點：(1)重視「反省性」，包括研究假設和分析過程的洞見；(2)「行動取向」的研究，包括「政治性行動、具歷史觀點的行動，及公共政策行動」；(3)「注重研究行動中的情感成

分」；(4)「運用身邊的生活情境」（use of the situation-at-hand）
（Fonow & Cook, 1991）。研究者主觀的興趣、情緒和價值，無可避免
地會影響它的研究歷程；而研究歷程本身也會影響理論的建構和社會
實在的掌握（高敬文，1999）。在人類學界，長久以來存在著一個和
這兩個觀念相關的重要爭議——主位觀點（emic approach）抑或客位
觀點（etic approach）的難題，亦即田野工作究竟是要採當地人觀點
還是採研究者觀點，這兩個觀念會影響研究資料的分析與詮釋。人類
學的書寫本身就是詮釋的，而且是第二層、甚至第三層的詮釋
（Geertz, 1973），葛慈把人類學與詮釋學做了連結，擴大了人類學研究
的領域，為民族誌方法打開一條新路徑，開啟「詮釋民族誌」（inter-
pretive ethnography）的研究風潮。

　　詮釋學乃 Heidgger 、 Gadamer 的思想，其強調境遇感與遭遇，
透過深入此時此地而有理解，並掌握事實的意義，且意義與人、事、
時、地脈絡相關，民族誌研究以自然探索為出發，深入脈絡情景對現
象產生理解，並進而分析、詮釋而掌握與了解更客觀與普遍的世界。
早期人類學家因為受科學主義典範的影響，以科學實證主義的立場進
行田野工作，採「主位觀點」即「當地人觀點」來從事研究。後來現
象學與詮釋學的興起，研究者的主體性被強調，「研究者觀點」成為
一個可接受的認識論立場。葛慈認為人類學的目標，是在於擴大人類
論述的界域。從事民族誌工作是一個對話的過程，是研究者和當地人
的一場對話，而我們所書寫的是「話語的思想、內容、要旨，是所說
事件的意義，而不是事件本身」（Geertz, 1973:19），已不再被主觀主
義或客觀主義的意識形態所糾纏。

　　綜合而言，民族誌研究的發展，從傳統民族誌到詮釋民族誌，它
的發展並不是若干年來始終一成不變，派典優劣也沒有在研究者之間
獲得定論。到現在為止。過去出現過的派典都還存在於今天的研究領
域中，這樣累積的成就，造就今天這個時期成為一個多元派典並存的
時期。

第4章
教育人類學的文化理論

「文化」（culture）是英美人類學家認爲最基礎、最根本的觀念，也是人類學家的關鍵概念。但是，這樣的說法並不是全世界人類學家都認同。大致是美國人類學家、英國人類學家認爲文化是最基礎的觀念，尤其是在美國，認爲社會科學的三個核心科學：心理學的關鍵概念是人格；社會學的關鍵概念是人格；人類學的關鍵概念是文化（李亦園，1992a）。所以人類學家的基本觀念在美國來說是文化。但是這個最基本的觀念在不同的文化環境之下有不同的見解，在大陸或在前蘇聯，似乎「民族」這兩個字更爲重要。所以有一些人類學家以研究文化爲目的，但另外一些以研究民族爲目的，這是由於著重點不一樣的緣故。

　　葛慈說：「文化，不是可以把社會事件、行爲、制度、過程歸因於它的一種力量，它是一種脈絡，那些社會事件、過程等等，可以在其中被深度描述出來。」（Geertz, 1973:14）。文化是一個民族、一個社會存在的基礎，因此一個有活力而努力往前的民族不斷追求其文化的豐富性，促使其文化更能適應時間與空間上的需求。換而言之，每一個民族都在尋求其文化發展。李亦園認爲文化是一種最難捉摸的東西，不僅其內容難於確定，其發展的方向更是難於把握，有時連文化本身是什麼、其存在的意義是什麼，都不是那麼容易弄清楚的。在尋求文化發展過程中，一定要從理論層次上經常給予檢討和反省，發展的方向才不至於偏離，發展的內涵才不至於錯失（李亦園，1992a）。

第一節　文化理論架構

　　人類學研究有關文化的定義、變遷、發展、文化間的接觸、價值的異同與衝突等問題，文化理論可以幫助我們追溯風俗制度的起源、發展並解釋其功能，增進對文化連續性、持久性、文化模式及其一致性的理解。以下將介紹文化演進的觀念和相關理論，如進化論、功能

論（functionism）、新功能論（neofunctionalism）、結構論、結構功能
論、博物館民族誌、民族科學（ethnoscience）、傳播論（diffusion-
ism）、社會結構和組織理論

壹、文化進化論

文化進化論者深信人類社會如同動物的其他物種一樣，在漫長的
時間河流中是一直在更替的，從文化的「原始」（primitive）階段演進
到「高級」（advanced）階段。許多這些最早的人類學家被稱之為單
線進化論者（unilineal evolutionists），因為他們堅信，所有的文化基
本上均沿著單一的發展線以及同樣的階段在演變——從野蠻到文明。
在當時，野蠻人簡直被視為文化的活化石。這項理論在那個時代顯得
格外重要。

文化演進的觀念，讓有關人類起源的研究開始走向科學化，即運
用一些系統性方法，不再一味地憑藉理論的獨斷之見。關於生物面與
文化面的區分，也替人類學研究長久以來的主要爭論「為何人類看似
相似，但表現的行為卻大相逕庭？」提供了一個適切的答案。儘管進
化論者相信人類的生物特徵（如：膚色、髮質、眼型等）存在著差
異，但是他們卻強烈支持所謂心理普同性（psychic unity）的原則，
也就是指所有人類均具備相同的心靈能力與潛能。

在贊同這心理普同性的觀念想法之後，演化論者願意去承認白人
與非白人間在基本的能力上是平等的。然而，他們卻不願接受兩者文
化上平等的觀念。顯然這些演化論者認為某些文化的確優於其他。他
們強調演化最重要的特質是進步，不光只是改變而已。對他們而言，
演化代表的意義是一個從簡單到複雜，或從初級到高級的過程。這種
觀念有時會造成極端的民族優越感，也就是認為白人的信仰禮俗凌駕
非白人之上。持這種觀點的代表人物為泰勒（E. B. Tylor）和摩根
（Lewis Henry Morgan）。

一、泰勒：理性的演進

　　演化論學者中最有名氣的莫過於英國學者泰勒，人稱「人類學之父」。泰勒對人類學最重要的貢獻就是他對文化的觀念，他將文化定義為一個包含知識、信仰、藝術、道德、習俗以及其他習慣與能力的複合體，而此種種均是身為社會的一份子所受的薰陶（Tylor, 1891:1:1）。同時，泰勒也是區別先天生物遺傳特徵與後天社會學習特徵的最大功臣。

　　對泰勒而言，文化的演進包括「理性的進步」。文明與野蠻的差異就在於，文明人已進化至摒除迷信習俗，轉而依據科學或理性的原則。然而，對西方文化仍然保有一些看似不合理性的習俗，泰勒解釋說這些只是殘留物（survivals）。他認為這些習俗起源自初期的演化階段，目前已失去原有的功能及意義，在泰勒的理論中殘留習俗的概念是很重要的，因為他深信這些殘留習俗可以作為文化的歷史證據，並進而讓我們得以重建文化的演進。

二、摩根：科技的演進

　　摩根（1818-1881）這位專業律師是從加入一個位於紐約的青年社團開始他的人類學研究，Morgan 除了對 Iroquois 族及其親族關係的研究有所貢獻外，他還寫了本名為《古代社會》（*Ancient Society*）的書。在書中，他發展出一套精良的文化演進模式，根據技術的改良將進化過程分成一系列的階段。他認為文化的進展是從「中級蒙昧」（middle savagery）階段到「高級蒙昧」（upper savagery）階段，再到「初級野蠻」（lower barbarism）階段這樣的一個過程。這樣的階段過程和技術革新都與文化模式的演進有關。

　　泰勒和摩根對人類學的發展研究都提供了莫大的貢獻，但他們的研究成果仍有一些缺點。譬如說，雖然 Morgan 將技術與文化做一連結代表了一個重大的里程碑，但是他的模式中仍充斥著民族優越觀

念。亦即用西方人的技術觀及社會組織來考量其他的文化。此外，這些進化論學者的階段分類似乎過於呆板缺乏彈性，他們所描述的文化演進階段常與實際的發展有一段差距。還有，他們亦受限於資料的貧乏。他們的資料有一部分品質不錯，但大多數均為可信度低或根本錯誤的資料。於是人類學家逐漸加強對可靠資料的要求，而將人類學的演進帶入了一個嶄新的階段。

一八七○年代後期，人類學逐漸開始變成一門專業。自從西方殖民勢力日益擴展，加上他們渴求了解殖民地人民的生活方式，於是開始為人類學的發展注入一股研究巨流。在美國，特別是西部地區，政府開始著手研究調查那些位於開墾區及保留區的土著民族。一八九○年代後期，美國遇到當地部落的反抗，人類學家此時開始協助政府擬訂一些統治這些部落人民的方針。同一時期，英國與其他歐洲各國也興致勃勃地欲分食這一塊國外原住民的大餅，如澳洲、紐西蘭、加拿大的原住民土地。人類學家不僅扮演協助統治殖民地的角色，基於科學目的及人道主義的責任感，他們也著手記錄即將面臨滅絕或被遺忘的各地風俗習慣。

貳、人類學邁向專業化

一、博物館民族誌

人類學成為專業主要是發跡於博物館。民族誌資料的蒐集可追溯至數個世紀前，但目前的民族誌博物館只能溯至十九世紀。於西元1894 年成立的丹麥國家博物館民族誌部門（Ethnographic Department of the National Museum of Denmark），是現存最早的民族誌博物館，它的收藏主要是靠十七、十八世紀的皇家藝術陳列室（Royal Cabinet of Art）的蒐集累積。許多對於人類學研究貢獻卓著的博物館，都是在十九世紀後期創立於歐洲、北美及南美。此外，民族誌的收藏常是

自然歷史博物館內的大宗。

博物館對人類學的影響主要來自兩方面：第一，基於博物館保留那些可供展覽的靜態資料，造成人類學的研究將重點放在物質文化；第二，博物館的經營導向，使人類學家傾向利用自然歷史類型學（沿用研究石頭、蝴蝶的途徑）來將資料分門別類，而不是把焦點擺在文化的動態面。此時期人類的習慣與概念均被視為固定不變，而非處於連續變動的狀態。文化被當作是各個獨立個體的總和，而不是由彼此相關的概念與活動所形成的系統。

十九、二十世紀間博物館的專業化發展，對民族誌的研究有重大的突破。在西元 1879 年，美國民族局（Bureau of American Ethnology）延攬了一些專業的人類學家開始對西南部的土著民族進行研究。在美國人類學界執牛耳的鮑亞士於西元一八八○及一八九○年代調查加拿大的土著民族。在英國，由劍橋大學組成的一支人類學探險隊，也於西元 1898 至 1899 年前往位於澳洲和新幾內亞間的 Torres 海峽進行探查。

至西元 1900 年，歐洲和北美投入人類學的學者開始慢慢增加，然而至西元 1940 年，美國也只有幾十位專業的人類學家，英國甚至更少。但隨著人類學逐步走進校園，開始和其他領域的學者接觸交換意見之後，博物館對人類學的影響便日益消減。

二、傳播論

傳播理論認為文化變遷的過程主要是透過文化採借（cultural borrowing）的作用。傳播論最初是於十九世紀後期在德國發跡。德國學者主要研究特定的文化特性（像魚鉤形式或神話），並試圖解釋其分布狀況。二十世紀初期的傳播論學者主張，在一開始時是有一些文化圈（Kreise），之後文化的演進就在這些起始的文化圈逐漸向外傳播。他們推論古美索不達米亞及古埃及這些高度文明（higher civilization）是產生於適合的地方，而其餘地區的文化變革則是這些發明藉由採

借、轉移及征服傳播等過程而得。這樣的文化進化觀點稱之為
Kulturkreis 或「文化圈」（cultural circle）理論。傳播論對人類學的確
貢獻良多，因為它填補了早期文化演進觀所欠缺對自然環境影響的重
視。

三、歷史主義

傳播論者的觀念由鮑亞士帶入北美的人類學界，鮑亞士認為民族
學應該詳盡研究文化特性之地理分布，藉著這些特性分布的分析，人
類學家即能描繪出文化變遷的歷史及心理過程大致的輪廓，此項方法
稱之為歷史主義（historical particularism）。 Boas（1955）和他的學生
們主張文化相對論（cultural relativism），即沒有絕對的判別標準可以
衡量所有文化，沒有一種單一的價值量表可以用來衡量所有的社會，
每個民族都有自己的擅長、尊嚴、價值觀和生生不息的智慧，族群文
化沒有高下之分。文化相對論給我們的啓示是文化沒有優劣，只是不
同。對自己的文化要了解、反省、批判、創新，對於他人的文化要尊
重、包容、欣賞、學習、了解，使屬於人類的智慧結晶能為所有人採
用。

許多鮑亞士的支持者開始轉向研究文化區（cultural areas），致力
於觀察區域內彼此共享的、傳播的種種文化特性。位於北美的大平原
（The Great Plain）就是這樣的文化區域，當地的土著民族均靠獵捕野
牛為生並且崇尚戰爭，而且大部分的社會均將太陽舞儀式（sun dance
ceremony）融入他們的軍事社會。當人類學家標示出在北美和南美的
這種文化區時，他們發現這些文化區均與特定的生態區密切相關，例
如：亞馬遜流域及北美大平原等，也有人類學家開始研究南美和北美
的神話傳說是否有相類似的情形。受了博物館人類學傳統之影響，傳
播論者與歷史主義者也強調須記錄文化特性的分布，並依照型態加以
分類。然而，這些文化特性均被視為獨立的個體，之間的相關性則很
少拿出來討論。

參、文化是一個整體

一、功能論

　　功能論是研究文化如何以整體的方式在運作的一項理論，這個新觀念提出了一些與歷史主義者截然不同的問題。功能論者相信在 Dakota 人的太陽舞儀式中，最重要的不是它整個發明和傳播的時地與過程，或是它如何融入某個地區的文化特徵，而是關於這項宗教儀式的功能，亦即它與 Dakota 文化的其餘部分是如何配合運作的。欲了解整個文化系統內各要素的複雜關係，人類學家必須加強田野工作的調查研究。功能論者當中進行密集田野工作的先驅者，首推馬凌諾夫斯基。他於西元 1915 至 1918 年在初步蘭島（東巴布亞新幾內亞）上展開調查，他的研究指出，比起那些利用隨機訪談來對舊有文化模式提出臆測而言，長期深入地融入一個進行中的生活方式，能夠對文化有更深刻的了解。

　　馬凌諾夫斯基試圖去研究的不僅是文化較顯著的部分，同時也嘗試探討西方人認為不合理的文化面向。舉例而言，他發現初步蘭島島民十分仰仗魔法奇術，但他不將這些信仰解釋成殘留習俗或普遍的文化特性，也不會將這些島民視之為「迷信的野蠻人」。他認為這些魔法對島民所扮演的功能是，減低因生活中的不確定所帶來的壓力與焦慮。他發現在危險海洋中捕魚的人們會有魔法的信仰，而在安全的湖泊沼澤內捕魚的人則否。有些學者認為他的功能論有些缺陷，譬如：如果人類具備相同的基本需求，為何文化不是以相同方式來滿足這些需求，這樣一來卻無法充分解釋超出個人範圍的生活層面。

二、結構功能論

　　拉德克利夫—布朗的學說深受當代一位偉大的社會學家涂爾幹

（Emile Durkheim, 1858-1917）的影響，這名社會學家是利用整合觀念來發展社會分析的開山祖師之一。涂爾幹強調文化是群體的產物而非局限於個人，他主張人類生活的最終實體是落在社會學而非心理學上。事實上，人類生活是由人們累代以來在群體中互動的社會產物所組成。這種社會學實體，涂爾幹將它名之爲「集體意識」（collective consciousness），其存在超越個人的範圍；個人的行動信仰只不過是這個更大實體的一項表現。

　　結構功能派的學者所察覺的社會文化系統只局限在某個小群體或部落，並將它們視爲沒有歷史的孤立單位。這樣的研究方向忽視了殖民勢力侵入統治所帶來的衝擊，無法解釋社會文化的變動，因爲功能論者把社會視爲處於平衡狀態但相互支持的系統，很難以此觀點看待社會變遷。此外，他們忽視群體部落以外的世界。諸如大英帝國對非洲部落的衝擊，以及如何將這些部落融入世界系統來考量，均超出他們的理論範圍之外。他們的研究也不注重自然與生物環境的互動情形。

三、文化與人格

　　結構功能論部分承襲自北美，但主要是在英國發展茁壯。在美國，隨著文化整合的了解逐漸轉向心理學方面，於是產生一類新的觀念，稱之爲文化與人格（culture and personality）論。文化與人格學者認爲人們在與文化接觸時，會獲得某些人格特質。學者也思考先天與後天（nature and nurture）的議題，討論人的行爲究竟是受學習的影響或只是生物遺傳的結果。

　　米德試圖將心理學帶入研究文化的領域，並把重點擺在小孩如何受到文化的薰陶。在她的一本經典著作《薩摩亞人的成長》（*Coming of Age in Samoa*, 1928）中，她極欲證明某種幼時受撫育的經驗如何發展成長大後的特殊人格結構。她並論及一般青少年常見的緊張壓力並不會發生在 Samoa 這樣的社會中，因爲根據她的記載，Samoa 是個

重視和平從眾的民族，而且對性的看法傾向包容的態度。

　　另一位人類學者潘乃德，將她在人本學科方面所受的訓練帶入人類學。她認為文化可以發展出各種有潛力的屬性來表現其風格，正如個人發展的人格形式般。根據潘乃德的說法，隨著時間演變，與主導意識衝突的屬性將會逐漸被淘汰，直到整個文化系統達成一致為止。她最有名的著作《文化模式》（*Patterns of Culture*, 1934）討論到一些這樣的主題。其中一種文化模式稱為太陽神（Apollonian）型，她以位於美國西南部的 Zuni 族作為例證，他們傾向妥協並設法避免心理與情緒上的過激。另一型是酒神（Dionysian）型，以北美西岸的 Kwakiutl 族為例，他們的文化則傾向於尋求刺激、恐怖與危險。

　　這些文化與人格的研究取向並非和博物館派的自然歷史傳統完全切斷，它代表一種自然歷史類型學與現代心理學看法的統合，依據自然歷史尋找類型的傾向移轉至心理學的層面，並將文化的物質面排除。到了一九五○年代，文化與人格的研究方向逐漸被各方批評，因為提出的文化分類被認為過分粗略簡化，而且文化中的歷史感及其他背景脈絡沒有清楚說明與分析。

肆、第二次世界大戰至今

一、Leslie White：新進化論

　　Leslie White（1900-1975）所提的進化論被稱之為新進化論（neoevolutionism），主張社會進化的原始動力是建立在技術的更新上，認為原始（primitive）社會和文明（advanced）社會的主要差別在於他們可使用的能源多寡。在原始社會中，能源只有人類的體力，但隨著人類逐漸尋找方法使用新的能源時，社會便跟著進化。這些新的能源包括馴服的馱獸以及風力、水力、地下原油能量等。技術的更新使得可用能源日益增加，而進一步造就了社會與文化的複雜性和便

利性，同時促進了社會文化系統的成長茁壯。

　　有些學者認為，文化是在學習行為（learned behavior）的標題下，累積而成的一個鬆散的複合體，如鮑亞士即是。但 White 卻認為這項定義過分草率，於是他將文化定義為：由事件（events）所組成的一種現象，這些事件依賴著人類獨特的技能，即使用「象徵」（symbols）的能力（White, 1949:15）。對 White 而言，沒有「象徵」就不會有文化的產生。同時，藉由將文化定義為一種獨特的現象，使用更科學化的方法研究文化。

二、文化生態論

　　單線進化論者主張全世界文化都循一種路線演進，歷史論者認為文化是歷史發展的結果，這些論點明顯偏於一面。美國人類學者司徒華（Julian Steward）在 1955 年出版《文化變遷理論》（*Theory of Culture Change*）中，提出另一種見解，他認為世界各地不同的文化類型，受許多因素影響而有不同的進化發展路線，他稱此種理論為「多線進化論」（multilineal evolution）。

　　司徒華的研究成果為文化生態學（cultural ecology）的研究打下基礎。這項研究取向主要探討當人類在適應自然環境時，文化是如何發揮它的動態功能，關心的是人的文化對自然環境的調適或關係。與鮑亞士的文化相對論截然不同的是，鮑亞士將所有的文化現象均視為平等，而司徒華卻認為這些文化現象間有因果關係存在。他寫道，文化有「核心」（core）特徵，如魔法或宗教。而他的研究重點便擺在工作與維持生計等活動上，視為最重要的文化核心特徵。他並強調我們應該了解的是人們做了什麼而不是人們相信什麼。他著名的文化三要素包括資源（resources）、技術（technology）與勞力（labor）。他認為資源和技術是基礎，藉著人類的勞力使它們得以結合。在人類試圖於環境壓迫下求生存的世界中，勞力是常備的工具，而且幾乎所有的社會都必須面對內在的社會壓力與外在的環境限制。

司徒華的探究方法是去分析一個社會的生態，以發現生態的架構如何決定文化形貌的其他部分。司徒華不相信環境壓迫能自動地產生各種文化模式，但在文化形成的脈絡（context）中，環境的確占了一席之地。他認為大部分求生的活動都有某種程度的彈性，讓人類在適應策略的決策上有所選擇。然而，對人類學家而言，確定這些選擇的範圍才是重要的。

　　司徒華也支持對複雜的社會進行研究。在這些研究中，他採用了一種與眾不同的方法，不再將目光擺在社會的獨立片斷，也不再針對國家特性加以綜合歸納，司徒華開始著眼於存在於更大地區與國家內的「次文化」（subculture），企圖找出「那些有限而平行發展的文化形式、功能及歷程順序」（Steward, 1955:19）。儘管他了解每個文化都有其獨特性，他依舊努力於發掘在各文化間的規則性。他研究的範圍包括部落社會及以國家為基礎的社會，認為文化在基本上是處於穩定狀態，只有面臨某些外在重大因素時才會有所變動，這些因素包括文化交流、技術傳播、人口成長及自然環境變遷。

　　另一位文化生態論學者拉巴阜（Roy Rappaport, 1967）對文化和生態作了進一步的研究。他將文化視為一個「與特定人群有關的行為模式」，此模式包括一個民族的概念體系和行為模式，以及環境中的個人，此模式可視為一個極端複雜的資訊網路，此資訊網路包括此族群的文化信仰、其所產生的後果，及和其他生態的關係，網路又網網相連形成一個整體的文化網路。

　　文化生態論的學者認為人依據生態環境發展出文化模式，靠著文化模式適應所面對的生態環境。人創造的文化與他的生物秉性、心理反應、社會過程、外在環境的變化起交互作用，因而發生文化變遷。文化變遷的原因有因新的發明或發現、革命或改革、異文化的刺激或挑戰而產生。文化變遷有正、負向的變遷，可視為一種新學習的現象。文化變遷和教育的關係是雙向的，教育可以是促成文化變遷的條件，也可以是文化變遷的結果。

三、衝突理論

(一)新功能論

　　Max Gluckman（1911-1975）是一位移民英國的南非人，他的理論稱之爲新功能論。他批評馬凌諾夫斯基未能把衝突視爲「社會組織的本質」。Gluckman 認爲，家族之間的仇恨疏離、巫術的詛咒以及對權威的挑戰等，都是社會生活中的正常現象。他強調儘管衝突不斷，社會仍舊保有一定的團結性。在《非洲習俗與衝突》（*Custom and Conflict in Africa*, 1956）一書中，Gluckman 宣稱社會秩序的維持是藉由相互重疊的忠誠的牽制與平衡來達成的。人們可能在某種忠誠的脈絡中爭執，但又時常地被另一種忠誠所制止。而那些在某種狀況下彼此敵對的雙方，到了另一種狀況時可能又會結爲同盟。如彼此互相仇視的一對表兄弟，在面對外侮時，可能就會聯合起來對抗另一個家族。於是，憑藉著這些縱橫交織的網，社會結構方得以維持。

　　Gluckman 認爲反叛（rebellions）並不會對社會秩序構成威脅，事實上，以儀式般嚴謹的方式來遵循禮俗規範及秩序的反叛者，帶給傳統秩序的不是危害而是再肯定。Gluckman 成功地將衝突帶入事物的正常架構中，但是他仍舊強調社會秩序基本上不會有所變動。在這個觀點下，他並未能處理社會結構變動的問題，亦即有關社會秩序轉型或解體的問題。

(二)馬克思派人類學

　　馬克思派人類學家特別關注社會秩序的變遷、衝突和文化演進的關係（Bloch, 1966; Leacock, 1982; Wessman, 1981）。在馬克思的早期著作中，以及一些後期的馬克思派學者，都引用了一套單線的社會進化模式，從最初的「原始公社」（primitive community），經歷了「古典」（classical）和「封建」（feudal）階段，到所謂的「資產」（bourgeois）階級社會。然而，在馬克思晚期的著作中，他發現社會的變遷遠比模式中所提及的更爲複雜。因此，近年來，馬克思派學者已漸漸

將進化的途徑視爲變動的，不再只是一條單向不變的直線（Melotti,
1977）。對馬克思派人類學家而言，了解進化的關鍵在於洞察社會內
部的變動，當新型態的社會經濟組織興起並具主導地位時，這些變動
會導致越來越多的壓力與衝突。

　　根據馬克思派學者的說法，文化進化的特徵就在於生產手段與資
源分配的重新整頓。但這種轉變的過程很少能順利進行（以十八世紀
末法國大革命及二十世紀初的蘇聯革命爲例證），因爲舊制度下的既
得利益者，爲了保住自己的名利地位，一定會不惜一切地反對那些希
望建立新秩序的人。

　　馬克思主義的思想於一九六〇年代晚期在法國開始進入人類學
界。當時的學者試圖以馬克思主義強調社會組織之經濟基礎的觀點，
去分析一些部落社會與佃農社會的結構。不到短短的幾年內，英語系
國家的人類學者也開始採納馬克思的觀點，注重歷史發展，並以世界
系統的觀點來了解較小的社會單位。

四、認知結構的研究

(一)結構論

　　提倡以結構方式來研究文化的主要學者，是法國人類學家李維史
陀。在他的觀念中，支配我們行爲思想方式的一般性原則，必須從人
類的思維結構中去尋找它的來龍去脈。儘管他的想法影響著親屬關係
與神話學的研究，但由於大部分無法測試正確性，這些想法的價值仍
屬有限。此外，他的結構論仍舊將社會視爲靜態，並沒有在文化變動
的解釋上下功夫。

　　Dumont（1970）曾根據印度社會的三大結構原則來解釋他們世
襲的社會階級制度，這三大結構原則包括：隔離、階級與互動。隔離
可由他們每個階級不同的儀式地位來說明；階級則可由各階層的地位
高低順序看出；至於互動則反映在不同階級者從事不同工作時的相互
依賴。雖然這個研究取向有助於指出某些社會行爲的認知基礎，但是

它並沒有解釋這些結構原則爲何存在，也沒有說明這些原則的歷史沿革。它忽略文化的適應面，因爲它未能將結構原則與自然或社會環境有所連結。

(二)民族科學

關於特定社會的結構原則之探討，近來已漸爲美國的民族科學（有時亦稱爲認知人類學）所改良精進。民族科學論者企圖以詳細分析民族誌資料的方式，來發掘特定文化的結構原則。他們主要的興趣是了解人類是如何看這個世界，其中包括社會成員如何藉由語言的範疇來認知並建構外在環境的涵義，以及探討他們在決策時的規律與法則。

民族科學分析的一個早期例子，就是 Conklin 在 1955 年對菲律賓民答那峨（Mindanao）島上的 Hanunoo 族所做的研究。研究中，Conklin 在審視過 Hanunoo 族人對光譜的認知之後，指出並非所有人類均擁有相同的色彩分類系統。藉由對不同文化之色彩分類系統差異的比較研究，能讓我們對於文化、環境及自然因素如何交互作用，及影響人類的色彩認知，有深一層的了解。

(三)象徵人類學

象徵學派首開先河的人物是霍卡（A. M. Hocart）。 Hocart（1970）認爲，人類爲了使生命美滿，社會體系內要有經濟或物質基礎，更要有人際間廣泛合作的制度。每一個生命都具備象徵性的意涵，代表一個社會努力追求生活美滿的藍圖。這個生命藍圖的意義對社會成員而言是象徵性的。梅力門（Merrium）（何翠萍， 1980）認爲象徵代表的意義有四：(1)它所直接代表的意義；(2)它所包含的情感和文化上的意義；(3)它所反映出的一些社會行爲、政治制度、經濟組織等方面的意義；(4)它所顯示出的一些人類思想和行爲的較深過程。例如雕像的第一層意義是代表被塑像的人物，第二層意義是代表他人對這個人物的敬意或特殊的情感意義，意味著此族群想表達的祖先崇拜、宗教信仰、政治圖騰等觀念。

象徵人類學的主要倡導者，是 1926 年出生於美國的人類學家葛慈。他強調諸如儀式、神話及親屬關係等等的文化意義，都是極待發掘的，尤其是關於它們在社會生活的背景下是如何實際運作的。在葛慈的分析中，他把重點擺在一些認為足以起示範作用的重大文化事件或主題。例如，他認為塔里島的鬥雞所遵循的禮儀以及公雞所暗喻的雄性象徵，均是當地文化主題特性的公開展現，這些主題包括躊躇、嫉妒、野蠻、地位、自傲與機運。此外，葛慈的觀點中一個顯著部分是他將文化視為「分離的」（disconnected），他不認為文化是個整合體，而將它看作是一些往往彼此衝突的情感、信仰與教條的聚合體。

　　儀式和語言都是文化的象徵符號。道格拉斯（Mary Douglas, 1970）認為「儀式如同語言」，儀式是一種共通的溝通工具，說話即執行，說話者與聽話者都是肯定共同持有的價值。《論語》記載子貢要廢除祭禮中的羊，孔子不同意的說：「爾愛其羊，我愛其禮。」此羊是一個象徵符號，是祭禮在群體中擔任的文化溝通、傳遞、塑造的作用，此羊已不是普通的羊了。

　　象徵理論對我們理解教育現象有許多啟發，很多民族文化有成年禮儀式，如台灣卑南族少年成年的組織進階儀式有「猴祭」、「大獵祭」的儀式，通過的青少年象徵勇敢有擔當，為部落的勇士。台南少年十六歲時，在七夕當天要到開隆宮，鑽過七娘媽亭或狀元亭，象徵著從少年過渡到成年，從童蒙無知過渡到擔負起社會責任，成為族群文化薪火的接棒人。也有學者認為漢族文化重視學歷，考試關卡成為一種隱形的成年儀式，在漢族社會價值觀念裡面，通過考試的試煉才可成為社會中堅。因此對書唸不好的孩子都貼上了負面標籤。關於象徵理論於後面章節尚有較多的補述。

第二節　教育與文化

學者們對教育與文化兩者的關係有三種不同的看法（田培林，
1985；白亦方，1996）：

1. 教育是保存、傳遞和發揚文化的技術：人類可以藉由文字、行
   為、經驗的傳授來增加文化內涵，使下一代得以成熟發展。
2. 教育即文化，而且是高度的文化：這種觀點認為教育本身就是
   文化的一部分，透過經驗的分類、累積與篩選，世代相傳的文
   化於是有了更迭，也有了新意。
3. 文化就是教育：文化和教育是一而二、二而一的兩面，由於教
   育涵蓋生活的一切，而人類的文化體系也構築了人們生活的所
   有面向。是以，文化就是教育。

　　為了助長文明發展而存在的教育雖然具有工具屬性，但忽略了文
化的精神面。因此，這樣的教育是稱不上足以發展文化的（田培林，
1985；白亦方，1996）。以教育的功用來說，它雖然可以用來使用自
然，利用厚生，但也可以用來進行人性的改造工程，為往聖繼絕學，
為萬世開太平，而唯有後者才能跳脫工具技術的層面，進入改變「人
的圖像」的層級（詹棟樑，1986：14），確實把握住教育的本質和
文化的精髓。是以，「教育與文化這兩個概念有一種內在的交叉、連
環，不能分解的關係，絕不能夠在二者之間，劃出一條明確的界線」
（田培林，1985；白亦方，1996），與其消極的把教育看作是文化的
保存與延續，倒不如積極的把它當作是一種文化實體，一種更高層次
的文化材料，而文化本身也是人類所孕育、創造出來的教育產物。有
了這樣的認知，對於人類學這種發軔於研究原始文化的科學會對教育
有所啟示與助益。

人類學的研究焦點之一是文化中的教育過程。因為這個過程可能會對社會成員的行為模式產生不等程度的影響，也會內化彼等的自我概念，而這種情形正是教育人員深感興趣的。透過對這種過程的研究，教育人員可以得到線索，了解那些永遠存在於教育實際中較難碰觸、較為模糊的種種因素，試圖有所著力。根據研究指出（白亦方，1996），這些因素包括：師生之間、學校與社區之間的隱晦關係，存在於教室或課程設計中的宣稱目標與真正目標間的矛盾，強大的文化勢力對人格發展、教室權威的傳統觀念以及訓導難題的影響等。

文化的意涵並不限於教育的過程，人類學對教育的貢獻也不僅止於上述的正式學習或學校的教育機制。其他諸如靈長類的社會化、兒童的民俗學研究、行為中的性別差異、種族與智力、文化的獲取、學校教育與社會、學校的民族誌研究（ethnographic study）、認知與語言人類學、少數民族教育等都可以成為教育人類學的研究主題。

米德曾經分析許多較原始民族的青年人沒有明顯的青春期煩惱和不安，主要是因為他們的兒童教養方式有下列幾種特點：很多民族教育兒童的方式都是很自然而不拘形式的，經常是在一般生活中習得社會所要求他學得的一切事物。在這些民族中，一個人所需學的是社會中每一個人都會同意這是他應學的東西；這與很多的文明社會中若干個人所要教的東西並非社會中每個人都同意是應學的東西，顯然有很大差別。

很多民族教育他們的兒童成為社會正常成員的方式是較自由放任的，而不採取嚴厲的處罰或禁止的方式；在這些民族中，父母長上只負責教養一部分工作，其他部分都是從平輩的同胞或朋友模仿學習而來。有些民族教育他們兒童大都限定在他們能力範圍之內，他們不鼓勵超越能力的成就，也不鼓勵贏過別人的行為。有些民族不把兒童看作成年人以外的人；換而言之，他們尊重兒童也是一個「人」的尊嚴，因此使兒童心理上沒有成年與未成年之間的明顯界限。

有些民族對成年人與兒童的規範大致相同，他們的社會不見得在

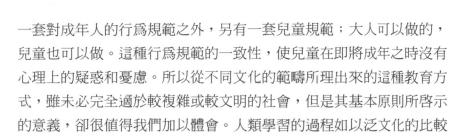

一套對成年人的行為規範之外，另有一套兒童規範；大人可以做的，兒童也可以做。這種行為規範的一致性，使兒童在即將成年之時沒有心理上的疑惑和憂慮。所以從不同文化的範疇所理出來的這種教育方式，雖未必完全適於較複雜或較文明的社會，但是其基本原則所啓示的意義，卻很值得我們加以體會。人類學習的過程如以泛文化的比較方法來了解，確可以有很多新的啓示。

從十九世紀後期到二十世紀前半，人類學家到世界各地去做研究，他們一方面累積了許多有關文化的理論知識，一方面也注意到各族群獨特的教育經驗。他們發現社會文化脈絡的不同，會導致教育的過程和結果均產生巨大的差異，這個有關教育的社會文化脈絡理論，對教育現象的理解提供極大的啓示。

人類學者和一般教育學者的不同在於，前者認為教育是文化的傳遞（cultural transmission），是一種在社會文化環境中的教育過程；後者認為教育是以學校課程為主，包括學生該學些什麼、如何學、如何了解問題、改善學習成果（Kimball, 1974）。兩者之間最明顯的差別是他們對教育所持的觀點、定義，和教育問題的解決方案的不同。教育人類學者的核心概念是脈絡，認為教育需放在社區的脈絡來理解，教育的發生、功能和目標，都和社會系統、教育機構的文化行為相關。遇到教育問題，人類學者比較不會根據某些特定情境、特定角度作解釋，而會從較寬廣的、全面的社會文化脈絡來看待問題。

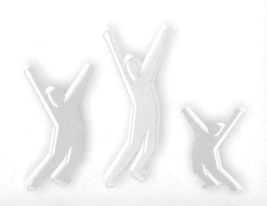

第5章

文化與人類學習

在資訊、人員、物質快速流通的時代，如果有任何學科能同時提供素材與原理來促進不同文化的溝通了解，那肯定就是人類學了。許多民族誌資料、概念和模式，以及田野的經驗，如果能被有效地組織應用，應該可以激發不同文化彼此間的了解。人類並不是每件事都能學會，而且也不是每一個有良好意圖的教育措施，都會有良好的結果。學習並不是只靠個人智力與意願而決定成敗，除了個人因素，尚受限於生活態度、學校、社會、教育體制的影響，它並且還受制於文化條件。一個文化本身是完整統合或面臨斷裂紛亂，提供給它的成員不一樣的學習處境，產生的結果也不相同。透過人類學的研究方法、理論架構，有助於教育人員對其他文化的了解，進而有助於文化的傳遞。

第一節　文化對學習的影響

文化如何習得為目前教育人類學研究的焦點，時常，教育者盡了教的責任，但他們企圖傳遞的內容，並未完全被學習者習得，以致發生種種偏差行為例如輟學、校園暴力、青少年犯罪。有關學生為何學習失敗，我們應探討文化傳遞的內容，以及探討教育所置身的某一社會其文化氛圍如何、文化傳遞的過程如何、影響學習的潛在課程是什麼，以及學習者的角色如何。教育人類學方法的主要特徵是檢視學生學習生活的各面向、各組織成分及其間的關係。以下觀點將檢視教育實施所置身的文化和心理面向，依據人類學注重全貌性理解的特質，探討文化、個人與教育三者整體的關係。

壹、文化與學習的關係

學習過程的真相，必須在整體社會環境和文化實踐的脈絡下觀

察，這個脈絡是教育形成的環境（Kimball, 1974:78）。從語言學的觀點來理解文化，Sapir 認為人類的語言和語法，在不知不覺中會形成一種模式（pattern），這種模式在文化上即成為一個社會的風尚。每一個社會都有其代表性的人格結構模式，而文化是這代表性人格結構的投射擴大而成。而群體的文化，即一個民族或一個社會的文化，在本質上只是一張系統行為的模式表，每一種模式都可用大多數個人的實際行為來說明（Benedict, 1934）。一個文化有其深層的社會心理特性及社會制度，多數成員都遵循這種觀念或目標，而形成基本態度。這種支配個人及團體行為的基本態度便稱為「文化形貌」（cultural configuration）。

　　文化不全然是美善的，如中國歷史要求女人裏小腳以為是審美女人的標準，此標準影響了身心發展。皇帝要求讀書人死背幾本典籍為科舉進身之階，以獲取精英份子，考試制度由此誕生，此制度影響學習深遠。教育改革設計不斷在完善，但透過考試篩選精英的概念深深植於文化價值體系內，雖廢除聯考制度改以學測、推甄等多元入學方式被譏為多錢入學。其實考試制度若健全，顧及公平正義原則，對窮苦的學子而言，是跳脫社會階層的跳板。在現有的社會文化脈絡下，窮苦的孩子成為台灣第一子的夢想，將不容易再現。

貳、文化的認知內涵

　　一九三〇年代到一九五〇年代的二十年間，美國心理人類學界對社會化的研究十分重視。人類學家以「心理人類學」來稱呼文化與人格的研究。一九六〇年代以後，心理人類學發展為「認知人類學」（cognitive anthropology）， 1973 年起，有兩本期刊發行，一為 *Ethos*，另一為 *Journal of Psychoanalytic Anthropology*，探討文化、個人與教育三者整體的關係上。

　　認知是指人類的心智活動，包括思考、邏輯推理、知覺及對外在

世界的人與物的分類。認知人類學主要是在探索人類的認知結構與文化之間的關係，如文化的認知內涵爲何、認知結構法則如何。文化影響認知的方法很多，例如世界觀、文化精神、文化主旨、公準、價值觀等（許烺光，1988）。

一、世界觀

　　一個民族看待世界的方式，他們對生命最能理解的態度，以及他們對事物結構的想法（Redfield, 1957）。每一個民族都有他獨特的生活方式，小孩出生在一個社會，就會接受這個社會的生活方式，這種生活方式可以說就是他們的「世界觀」（world view）。全球化的浪潮創造國際化教育的多元面貌，世界知識已不再是奢侈品，而是必需品。

　　德國北方邊境小鎮尼布爾，十四名高中生每天搭公車穿過邊界，出國上學去，他們上課的地方是丹麥的通頓高中。半年後，換成十四名丹麥高中生，每天跨越邊界到德國尼布爾上課。在這個歐洲班上，兩國學生每天並肩學習，體會彼此生活環境和教育體制的異同，也學會如何和不同文化背景的人溝通合作。跨文化的體驗和學習，已經成爲全球化社會的基本教育。

　　我們每天面對二十四小時的即時新聞、全球化的市場和高速網路的世界。一大早起來打開報紙一看就可以明白，我們的未來和下一代的未來，都和全球社會所面臨的複雜挑戰息息相關。爲了讓我們的孩子做好充分準備，未來能在這樣的世界占有一席之地，並且能迎接這些複雜的挑戰，首先必須讓他們了解這個世界。美國在 2002 年底，正式把國際教育列入教育優先政策。日本從 1998 年起，就在中小學課程中添加新的要素——國際理解教育。我國教育部長杜正勝也在 2004 年 9 月宣布，未來四年，教育部要將「全球視野」納入施政主軸，希望培養國民的全球思考能力和國際競爭力。

　　研究資料顯示分析一個社會中哪些文化模式是由鄰近國家接受過

來、哪些鄰國的模式被拒絕，以及它所假借的文化項目如何再塑造，經由「選擇性假借」的研究可以得知，這種拒絕和轉變的底層，即可發現族群基本世界觀在運作（Murdock 著，許木柱等譯， 1996）。文化的差異在於其社會的主宰觀念（domination）不同（Benedict, 1934），埃及藝術對早期希臘文化有某種程度的影響，希臘把埃及的建築物、字母符號、科學技術等吸收了，但是他們拒絕了埃及的金字塔、楔形文字，希臘文化在這裡所進行的吸收與拒斥的過程，一方面顯現了它基本的世界觀，二方面它的世界觀則和異文化起著篩選和調適的作用（Spengler, 1939）。

二、文化精神

根據《牛津英文字典》的定義是：「具有特性的精神，為一群人或 個團體情操的普同格調，是一個制度或體系的精神。」這種特別的精神，在各個文化都可以發現。有些族群的男人暴躁易怒、不易合作，整天忙於具有暴力姿態的儀式活動；女人則負責食物採集、烹飪和養育小孩。此時男人的文化精神是驕傲和表現主義，女人的文化精神是溫順和謙遜。

三、文化主旨

大多數的文化都會同時存在著數條文化主旨，這些文化主旨彼此之間相互影響或制衡（Opler, 1945）。如有些族群的文化主旨是對長壽和年長者的重視；但同時文化主旨也有衝突面如年紀大的人固然受人尊敬，然而一旦他的健康和活力使他不能和年輕人一起活動時，他就必須退隱。

四、公準

公準下的定義是一個社會成員對於事物本質所擁有的基層假定（許烺光， 1988）。公準適合用來研究有文字的複雜社會，他曾以此

概念比較中國和美國的差異，他歸納出中國文化有十四條公準，如
「一個人最重要的職責是要善待雙親……」。

五、價值觀

研究「價值觀」的一部名著是克羅孔（F. R. Kluckhohn）和史特
羅貝克（F. L. Strodtbeck）合著的《價值取向的變異性》（*Variations in
Value Orientations*, 1961）。作者把價值取向界定為「複雜但有限塑模
的原則，這個原則在評價的過程中，由認知、感情與導向三個可以區
分的要素互相作用而形成，這種評價的過程，使得人類能夠確定了解
問題的想法與行動」（Kluckhohn & Strodtbeck, 1961）。作者的結論
是，每個人的人格都有一套價值取向體系，而這個體系是受到他所生
存的文化所影響。

西方先進國家在協助未開發國家的經濟發展策略是先從資助農業
生產開始，農業生產的增加就是增進國民的收入，國民收入的增多就
促成較多的儲蓄以及更多的投資，更多的投資促使工商業的發展，因
而人民的生活水準也就可以大大地提高了。這一有利的經濟循環在西
方人的經濟行為上確是最合理有效的，但對於不同價值系統的非西方
民族而言，則不見得是最合理，因此也不見得最有效（李亦園，
1992a）。但對若干民族而言，收入的增多最好是用於娛樂的消費，他
們覺得辛苦賺來的錢應該用於增進快樂的生活，文化價值取向體系的
不同影響社區的發展。

一個民族的價值觀念如何影響其經濟行為，李亦園舉馬來西亞馬
來人種膠樹的例子說明：居住於馬來半島南部柔佛州的馬來人很多以
種植膠樹為生計，他們大多居住於交通不便的山麓地區，經營的膠樹
園以原始的割膠法獲得樹膠，用最傳統的運輸法把「膠片」運到市鎮
上出售，因此這些膠農的經濟狀況只能維持最起碼的生活：貧窮、疾
病、教育程度低落是普遍的現象。 1957 年馬來西亞獨立後，政府努
力於發展農村經濟，他們貸款給這一類的膠農，使他們有資本可以翻

種舊膠樹，重新栽種高產量的新種膠樹。政府又開闢公路，發展道路
交通，以便減低運膠成本，普及農業知識。這些努力都完全合乎現代
經濟的發展原則，而地方政府在執行政策時也很認眞；數年後新樹已
出膠，公路也暢達到許多鄉僻地區，可是農民經濟狀況並未改善，而
一般生活都比以前更困難了，原先預期發展農村經濟的效果大半落
空。

　　社會學家和人類學家細加考察後，發現妨礙這一發展計畫的原因
是馬來人的傳統生活態度：在新樹產膠和公路完成之後，農民的收入
確有增加，但馬來農民們並未利用這些增加的收入再投進促使經濟更
形發展的事業（這是經濟學理論最合理的處置辦法），而是此地的人
將金錢全部花在娛樂上面。原先在公路未通之時，他們每週或兩三週
到市鎮上看戲一次，等到公路暢通後，他們可以每晚都到鎮集上去，
甚而把增加的收入買了嶄新的機器腳踏車，更可每日每夜隨時隨地到
市鎮上去玩了，而所有的收入（甚至超過他們收入所允許）也就花在
娛樂上了。

　　這種現象是由於當地文化傳統使然，所有馬來文化的民族都以享
樂爲人生最高境界，他們以爲有了錢後，應該看戲、享樂，要把錢存
積到明天而讓今天受苦，是一種折磨。所以在執行經濟發展計畫之
前，假如沒有先了解該民族的價值趨向，沒有企圖先轉變一些不利於
現代化經濟發展的基本態度，那麼計畫的推行將受到很大的挫折。對
教育的啓示是在執行新的課程改革計畫時，沒有預先了解該民族文化
的價值趨向，沒有企圖先轉變一些不利於教育改革發展的基本態度，
那麼計畫的推行將受到很大的阻撓。

第二節　社會化

壹、涵化與濡化

　　人類學家、社會學家以及教育學家，都是以人為其研究中心，都有一個共同的看法，即「人」不是生而有之的，是生而後經過一種社會性的歷程，透過各種有意識的、安排下的及系統下的活動參與，或偶然性的自我與外在物質環境、文化環境及社會環境之交互活動而形成的。人類學家一直很重視社會化的研究，因為它是從人一出生就在自覺或不自覺的情形下開始進行的活動，所以它的重要性勝於正式教育。社會化包含了第一優先的和最多的潛意識的傳遞機制，使個人能習得其族群文化。先介紹兩個概念──涵化（acculturation）與濡化（enculturation）。涵化是指一種發生於兩種文化之間的文化接觸，由於兩種文化經過一段長久時間的接觸後，或由於價值體系與社會結構的差異、或由於武力與經濟力的消長、或由於媒介人物的不同，遂產生了採借、替換、混合、退化、創新或抗拒等現象，導致同化、滅絕或適應等後果（宋光宇，1991：454-493）。

　　而個體由生物個體而演進成為具有人性的個人，這就是濡化。濡化是一個人類學上的概念。人類學家在研究人類文化時，認識到文化是習得性的而非遺傳性的。個人在初生時，僅僅是一個生物性的個體而已。大部分的行為都是以本能性的行為去表示其欲求與滿足。在長期的孕育期間，生物的個體緩慢地接受周遭的文化環境，逐漸地形成某一社會文化環境所接受的文化行為模式。這種非正規性的吸取文化的過程，從人類學家的觀點而言，就是一種文化的濡化過程。

　　簡言之，涵化指的是個人和團體因不同文化系統的接觸而產生變

化，濡化強調的是世代間的文化連續歷程，它也可以是一種文化的「內化」（internalization）現象。藉著這種過程，人類得以有意無意地吸收身處文化中的思想、行動與感受形式（Kneller, 1965:42）。以上兩種或重空間、或重時間屬性的概念，對於澄清、驗證人類學與教育的糾葛、互賴關係具有重要的意義。

由於產業革命的推波助瀾，促使人類知識迅速累積、交通科技日益發達。社會結構的變遷，使得文化的意涵與範圍不斷的被更新，個人對世界事物的定義與解決問題的方法持續的被迫作修正，兒童如何學習與獲得知識的途徑與方法也一直受到各利益團體的挑戰。

教育人類學者最感興趣的是以文化體系作爲起點的一種教育形式，亦即社區中社會化過程的一般形式。文化特殊性對學習的態度、士氣、動機、表徵、技能、行爲具有決定性影響，因此教育工作者如果能夠把學生早期內化的形式考慮進去，則易於了解他的行動。對教師而言，如果想要引導學生學習、修正偏差行爲的話，了解學生所受的文化環境結構性影響，和具備影響人格機制的知識是重要的。

每一個民族不但把他們特有的文化內容教給他們的兒童，同時也經常有一套他們特有的教養方式和技術。人類學家研究文化，不只研究文化的內涵，同時也研究一個民族如何把他們的文化傳遞給下一代，以及這種傳遞的方法產生了什麼特別的效果。把許多人類學家對不同民族教育他們下一代人的資料放在泛文化的背景中作比較，很顯然地可以對一般的教育理論作一客觀的評價。換而言之，綜合不同體系的教育方式，可以幫助一般教育理論的創革，也可以從現代教育觀念中排去因文化囿限所形成的偏見與束縛，人類學之能貢獻其知識於教育者就在這一層次上（李亦園，1992a）。美國著名的人類學家米德曾經分析許多較原始民族的青年人沒有明顯的青春期煩惱和不安，主要是因爲他們的兒童教養方式不同。從不同文化的範疇所理出來的這種教育方式，雖未必完全適於較複雜或較文明的社會，但是其基本原則所啓示的意義，卻很值得我們加以體會（Mead, 1928）。

貳、社會化過程

　　人格心理學者認為影響兒童人格發展的重要因素有三種：一是文化限制的社會學習過程特徵，二是童年經驗所形塑的對外在世界的看法，三是個人人格結構上的決定性角色。人自一出生便與家庭密不可分，因此，家庭是個人接觸最早的社會組織，更是個人成長、受教育最重要的場所。對孩子而言，家庭提供了物質及精神上的支持，是未來人生觀形成的基礎。家庭生活的經驗對人格與行為的發展具有重大的影響，因此父母的教養方式影響孩子未來的行為與成長甚鉅。兒童受重視程度各個文化不同，有些文化成人與兒童十分親密，有些則非常疏遠，親密依附的情況會影響人格發展。其他相關的問題包括與小孩相處的時間配置問題，如餵食、洗澡、陪伴、嬰幼兒的行動限制等，不同的對待方式形成不同的人格特質。

　　斷奶訓練、大小便訓練相當影響兒童對自己身體的看法，很多研究是著重在觀察這些要求如何傳遞、如何形成一個人長遠的態度（Sportt, 1963）。大小便訓練成為親子關係中重要的事，有時孩子以隨意小便作為抵抗大人的武器。這種要求紀律的行為是幼兒第一步了解規律是什麼，隨之而來的則是文化的規則。父母在子女的成長過程中扮演著不同角色。從孩子出生時提供生理需求和安全需求，及至漸長，父母則必須教導孩子學習道德規範，使其表現合理的社會化行為，父母是兒童認同的對象，其思想、行為、態度對兒童皆有重大的影響，管教態度會直接或間接地影響子女的人格發展、自我概念、自尊、認知、生活適應。

　　每一個家庭教養方式皆有其獨特文化，深深地影響兒童各種能力的發展。根據兒童的環境有沒有分化或分工，他會對人類環境有不同的觀念。家庭關係是由文化模式決定的，有時兒童是由生父母親自教養，有時整個社群一起教養。如果是由社群教養，孩子對家庭與社會

的關係當然和父母自己教養的不一樣。在性別上，有的文化重男、有的重女、有的一視同仁；在排行的意義上，文化的本質也會決定兄弟姊妹的年齡差異和地位的關係；所有這些經驗和發展出的社會關係，對兒童進入成人生活很重要。不同社會的兒童有不同的方式和成人社會整合，時間的步調也不一樣，有的社會早早就進入成人社會，有的社會卻很晚；有些社會有成年禮，很清楚地讓兒童知道他進入社會，並且需負起責任，但是像西方社會就沒有這種明顯儀式，西方社會所存在的角色交替模糊的階段是造成青少年危機的重要因素。

　　有些簡樸社會兒童的人格被視為和成人一樣，只是前者的執行力較差，人們在兒童期要做的事和他成年後要做的事是一致的。西方社會卻相反，兒童和成人角色是不連貫的，前者不必負責任、需要服從，後者要負責任、可控制環境，影響所及是：兒童幼年所學和他日後長大的作為之間不相連貫（Benedict, 1938）。人生開頭幾年的學習經驗要形成效果是艱難的，它們都需要經常的、多方面的接受成人系統的增強，才能完成。每一個學習的片段，只有當它被文化的其他措施增強時才有意義。可見擷取某一族群片段的文化行為，供另一族群學習，不見得會有成效，其理由也就很明顯了，例如教育改革時，有的學者專家會從澳洲的經驗，或美國的、或日本的、或英國的經驗，提供相關的方案給予參考，但一個改革或方案的成功必有其脈絡發展。因此學者專家應從多方面蒐集訊息後，再給予參考意見，避免當局決策時誤判。易言之，必須從文化整體的關係中來理解教育的特定內容（Mead, 1963），描述呈現的內容，才不會因學者專家的本位主義而有非客觀的堅持。

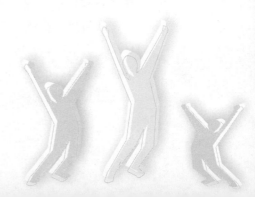

參、文化、人格、學習

一、佛洛依德與馬凌諾夫斯基的看法

　　心理分析學派認為，人格包括本我（id）、自我（ego）、超我（superego）。ego 是指人格的自我層面，主司個體的注意、知覺、思想、學習等活動功能。他們主張人類的「本我」，是起因於個人自我因社會規範的限制，不能得到滿足。「自我」和「超我」屬於社會文化元素，是人格的社會化面向，而處於個人及其環境的邊界上。本我和潛意識作為個人性格的動態中樞，因為被壓迫而逃離社會面向，人的內在驅力（drives）被意識的心智保護著不顯露出來，因此社會裡的個人被視為人人行為一致。

　　伊底帕斯情結和一個明確定義的社會家庭組織相符應，它的特徵是父權的、性壓抑的社會，就像佛洛依德本人生活的社會一樣（Malinowski, 1926）。這種情結不會發生於初步蘭島民社會，因為那裡性行為是自由的，而且父親不是兒子的敵人，母親也不是兒子愛慕的對象。這個爭論一直沒有確定的結論，而這些辯論對教育有相當影響。有些看法是若人格或自我概念沒有先天、後天的限制，人類的教與學範圍將增廣，不再有先決的障礙存在，這鼓勵人們創造發明，不再故步自封，這是文化主義的概念。但也有人擔心文化相對論的極致，會出現「教育意志論」（educational voluntarism），即人們可以自己決定接受任何一種教育設計，這樣又有可能消除教育標準的階序，導致鬆懈疏忽以致其成果令人懷疑。

　　教育所選擇的方案是根據人類的現狀而非人類的本質（Camilleri, 1986），人類學者想呈現的是在某種脈絡下、以何種方式教育、會得到何種結果。人們在做決策時，是根據人類本質來做有關教育的決定？亦或是根據道德系統、終極權威來做決定？人們常常由人類本質

出發，以人性本善爲出發點，因此個人必須把所有物拿出來和全部人共享，如不肯與人共享者是不道德的人，最後甚至可以遭致殘酷的制裁。這樣始於人類本質的設計，最終有可能淪於威權的迫害。人們因爲受到他們周遭環境的影響，並且爲因應環境對人類的挑戰，透過人類心智，創造出表徵和概念化系統，教育的標準在這些系統建立時就已存在（Camilleri, 1986）。教育人類學的貢獻是對人類所處環境、條件的複雜性加以呈現，他們揭露許多現存的刻板印象，他們不提供解答，有關教育方案的選擇，他們並不做什麼建議，人類學領域裡沒有提供選擇的判準爲何。

二、人類的認知研究

人類的認知發展是否有文化上的差異，皮亞傑（J. Piaget）的認知發展階段理論認爲，人類認知階段的發展順序是普同的，不同的文化只影響到在什麼年齡會達到某一階段。從跨文化的觀點，由於生存環境的不同，有關面對空間、時間的概念會有族群的差異性，例如Eskimo 人對水平觀念很清楚、蒙古游牧民族擅長把握空間觀念。從同一族群的不同家庭文化，有研究顯示認知發展有差異性。認知發展是普同的元素和文化的差異兩者皆存在。大部分的研究者對皮亞傑所說的第一階段普遍沒有疑問，但文化的重大差異對量的方面有影響，在各階段進展的速率、速度、各階段到達的年齡，都很不一樣。

認知人類學的創始者 M. Cole（1971）曾對 Kpelle 族學生作研究，他以一組文盲組、一組受過西方學校教育的人，比較兩組自由聯想文字的狀況。結果受過教育組可以呈現自由聯想，文盲組則無法呈現。這種差異是由於「文法斷裂」物（grammatically disconnected materials）的影響，沒有上學經驗的受試者，無法把自己放進一個先在的事物表徵（scheme）──「一個已經完成的組織，在某種情境中可習慣性地召回記憶、組織記憶」（Cole et al., 1971:229）。教師教學過程，會遇到有一些學生，由於父母已將概念或經驗事先告知，所以

學生知道遇到狀況會如何處理或回答，以事先想好。但對另一些學生沒有先備知識或概念，學習需要花較多、較長的時間。這個概念可以說明英語教育城鄉差距的另一個原因，大城市的小孩在幼稚園開始美語教學，至小學、國中的英語課程時，學生不會懼怕英文。但英文要學好，則又是另一個議題了。記憶的組織結構和「恆常的社會傾向」符應，它的運作方式是事情依它們的自然脈絡組織起來，這對個人而言極有社會真實性，因而被記得。如為賺取獎金或表示自己聰明，而這種記憶的組織能力是學習來的。這可以證明學習可使各種技能的獲得成為可能。

當考慮到文化影響認知的發展時，人類認知過程和特殊社會文化情境產生交互作用，這個作用使得對不同族群的學生之學習能力和學習方式給予價值判斷是毫無意義的，特別是當我們看到學校裡面給予學生的學習機會，和文化的心理機制互相矛盾時，更覺得價值判斷是不正確的。教育研究人員在評估分析個人發展方面需要建立新的方式，這個新方式要把認知導向的本質納入考慮，把主流文化所界定的表現標準納入考慮（Camilleri, 1986）。我們需要試著從文化主體者的觀點來了解學習者的認知發展困難點為何、什麼方式的學習情境有利發展。當學校的校長、老師在面對非主流文化學生團體時，應該嘗試了解學生的背景，思考學生如何了解學習的事實？學生在學習過程中，他們有什麼類型的問題？他們如何解決問題？他們會去強調哪方面的知性能力？忽視哪方面能力？當他們在練習某種技能時，會不會在某種脈絡、某種活動中比較容易些？教育部推行兩性教育多年，學生有了相關概念知識，男女學生在學校要學會尊重。是的，在學校學習尊重，但成人世界有時是反其道而行，性騷擾、性暴力在社會上時有所聞，學校的知識和社會真實有一段落差。學校教師在課堂上的呈現，或許可以更貼近真實。

從許多人類學的研究經驗中，使我們了解在教育崗位上，無論何時，當學生經歷成就測驗結果失敗了，不要歸因於學生天生的缺陷或

偷懶不用功。而是要用別的方法,去辨識該項活動的情境脈絡是如
何?學生會不會因不熟悉這個情境脈絡而失敗?教師也許可以創造情
境,使學生得到良好表現。或者中輟生的人數每年在增加,不要歸因
於輔導策略不利,而是要去思考整個社會情境脈絡對中輟生的影響、
中輟生在此事件中的認知,以及為何每年政府的大筆經費、人力投入
追著中輟生跑,計畫不斷抄舊翻新,結果跟不上中輟生的上升比例。
教育人類學試圖實踐的就是這種情境分析。

　　每個文化都有其特定的目標,以作為人們行為的指引,及社會制
度的依據(Benedict, 1934)。潘乃德的論點,給近代教育人類學很多
啓示,我們在分析學生學習的成果時,要檢視其文化條件,並從文化
分殊所帶來的差異來理解。文化有其普遍性和歧異性,我們經常注意
到的是前者,對於後者的存在,以及其對教育實際的影響力,不是視
若無睹就是避而不談。每一民族都有它源遠流長的文化背景與歷史包
袱,每一個社會都有它傳遞制度、形塑文化的過程,每一個個體或團
體也都有它的生命色彩與實質血肉。人類學的發展固然以原始部落為
研究起點,由無文字社會入門,企圖尋溯文化的起源與根頭。但是當
它被應用到教育領域時,卻也不漠視文字社會與自身文化的探討。當
我們覓求教育的人類學基礎時,也等於是承認教育本身(如知識的選
擇、組織與學校制度的建立、輔導計畫的實施等)就是一種文化歷
程。對於教育與文化之間這樣的一種糾葛、互賴的關係應該予於重
視。

肆、智力在種族、性別等方面的差異

　　智力(intelligence)的認定有文化上的差異,每個團體以自己的
方式界定智力是什麼,時常是根據他們的需要和標準而定。不同的文
化,產生不同的認知過程。文化的差異反映在不同認知技巧應用在情
境裡面的變化,而不是反映在一般思考過程(Coleet et al., 1971),文

化差異並不會使人類的基本思維機制不同。

　　早期種族主義的支持者認為人類種族在智能上是有差別的，因此有種族優劣之說，他們認為白人智能高所以是優秀的種族，其他人種智能較低，所以是較劣等的種族。人類智能的差別在個體上的表現的確很清楚，一個聰明人與一個白癡之間的不同自然不可以道理計。一個種族的平均智慧是否會比另一種族高，這很難有一正確的標準來判斷。光是智慧的界定就有不同的認定，迦納（Howard Gardner）的《心智的結構》，提出人類的智慧是多元化，如(1)有效運用口頭語言或書面文字的能力；(2)有效運用數位和推理的能力；(3)對周遭生活環境的認知與喜好表現；(4)有自知之明，並據此做出適當行為的能力；(5)察覺、辨別、改變和表達音樂的能力；(6)察覺並區分他人的情緒、意向、動機及感覺的能力；(7)準確感覺視覺空間，並把所知覺到的表現出來；(8)善於運用整個身體來表達想法和感覺，及運用雙手靈巧地生產或改造事物；這些能力總稱多元智慧（MI）。單就迦納的八大智能而言，在做個人或族群智能比較時，智能必須要定義清楚，不能拿 A 的社交智能去與 B 的表達音樂的能力相比較。

　　每一個民族都生活在他們的文化範疇中而受到文化的約束，假如要衡量其智能的高低，就應該用他自己文化的尺度來衡量，才是公平的辦法，假如採用別的文化的尺度和標準衡量時，顯然就是存有文化偏見的，就如用「智商」（I.Q.）來衡量一個較原始民族的「純智慧」，實際上就是以西方文化的偏見來衡量，這種偏見所產生的結果，自然不能作為種族優劣的根據。假如我們一定要找出一個衡量全世界各民族智能高低的標準，我們恐怕只能採用「最能在惡劣的環境下生存下去」這一標準了，因為人類在這個世界上最高的目標是生存下去，能忍耐惡劣的環境而繼續生存下去的種族，應該就是最有本領的種族。

　　假如我們承認這一標準是合宜的，那麼我們要說把一些生長於最高文明的倫敦人、紐約人放在非洲西南卡哈拉內沙漠中，他們實在無

法生存多久，這要比被認爲最低文化的該地土著——布須曼（Bushmen）人能長久地生活在那種惡劣環境下差得多了。生長在大陸上的居民，假如被送到太平洋海島上去住時，那一定被太平洋土著笑爲低能之至，因爲他可能連游一丈水的能力都沒有。電影《浩劫重生》男主角湯姆漢克斯因飛機失事流落在太平洋上的無人小島，原有的智能使不上力，爲了生存，透過嘗試錯誤的土法煉鋼方式得以存活。相反的，我們如把布須曼人和太平洋土著帶到車水馬龍的紐約街上去，他們也沒有辦法好好地生存下去。由此可見種族智能的高低實在是一種很難比較的事，用長遠和相對的標準來看，種族優劣之說實在是一個「現代的神話」。

智力在種族、性別等方面的差異，近年來已被認爲是文化上的差異。換言之，是智力測驗題目取材方面的偏差所致，不是真正的智力差異。在皮亞傑、Vygotsky 認知發展理論中的影響因素與 R. J. Sternberg 的智能理論中，都言及社會傳遞與文化因素爲影響認知與思考發展的重要因素。Brookfield（1987）亦認爲文化背景的差異是造成個別差異的重大原因。以下就家庭因素、城鄉、社經地位、社會期盼、國別、種族等相關研究對智力所造成之差異的說明如下：

父母對子女的要求和期盼會影響到子女能力的表現，也就是子女們智力面向的發展。一位貧困中成長的孩子，可能對經濟情況有極高的危機意識，他會依據自己的人生際遇發展出許多不同的價值觀和主觀意識（Brookfield, 1987）。我國孫志麟（1994）的研究發現：都市地區和鄉村地區（偏遠地區）的城鄉差距例如教育資源、文化刺激、經費資源、師資資源會影響學生的智性發展，列表如**表 5-1**。其他國內學者如林軍治（1985）、葉玉珠（1991）、盧欽銘（1993）等比較都市地區和鄉村地區國中生和國小學生的智能、幾何推理能力、批判思考的差異，列表如**表 5-2**。國外有學者比較都市地區和鄉村地區學生的語文、理解和問題解決能力的差異，發現都市地區均優於鄉村地區。由這些研究可知在都市地區無論在教育資源、文化刺激、經費資

表 5-1　城鄉差距影響教育資源分布

	教育資源	文化刺激	經費資源	師資資源
都市地區	好	高	佳	佳、集中
鄉村地區（偏遠地區）	劣	低	差	差、分散

資料來源：作者整理自孫志麟（1994）。

表 5-2　城鄉差距影響幾何、批判思考

	智能		幾何推理能力	批判思考	
都市地區	國中生	優	優	國小	優
鄉村地區（偏遠地區）	國中生	較差	差	國小	差
研究者	盧欽銘（1993）		林軍治（1985）	葉玉珠（1991）	

資料來源：作者整理。

源、師資資源，或智力、幾何推理能力、批判思考、語文、理解及問題解決能力上均優於鄉村地區。美國也有一些學者以職業類別和社會層級比較智能的高低，結果顯示醫師、律師、教師、技師、勞工和農民，其智商高低有依次降低傾向；社會層級越高，智力也可能越高。造成智力不同的原因，可能在於社經地位不同、父母對子女的教育方式不同、生活經驗不同，這些因素皆會影響個人學習的機會及環境，因而影響個人學習能力及其他心理能力的發展，智力發展也會有所差異。社會期盼對智力之看法列表如**表 5-3**。種族差異對智商也有影響，有研究顯示白人的智商似乎比黑人高，但也有其他學者持相反的看法，其研究白人及被白人收養的黑人，發現他們的智力與學業成績是相同的，顯示環境因素才是影響的主因。

　　持綜合看法的學者認為美國各色人種的成員，都不必因為自己的種族感到屈辱、羞恥和自卑，而應感到尊嚴、自重與驕傲。所有團體的成員都應擁有完全的機會去獲得經濟的生產與報酬，以及社會和政治的參與，所有成員都應擁有同樣的機會去獲得一般的社會福利和服務，包括教育、保健以及各式各樣的政府支助。

表 5-3　社會期盼對智能的看法

不同年代與國家	對智力看法
十六世紀 文藝復興時期	人們對於藝術創作的評價相當高，提倡藝術創作之風。 代表人物：米開朗基羅。
十八世紀	社會對音樂重視。 代表人物：貝多芬、莫札特。
十九世紀	社會重視文學及戲劇創作。 代表人物：莎士比亞。
古希臘時代	掌管政權的人往往是能言善道之人，將語言的表達能力視為一種智力表現。每個人表現出來的行為及所做的決定往往受限於自身的信念及價值觀。
愛斯基摩人	其必須長年在冰天雪地裡求生存，常常在沒有路標的情況下必須判斷自身所在的位置，因此他們學會了觀天星的能力，而對於方向及空間概念的能力也特別強。這種空間概念即是智力的一種表現，這種能力的培養與外在的天然環境有極密切的關係。
中國人	中國人由於深受國情、教育制度等文化因素的影響，特別重視學業成就，較強調這個面向的智力發展。例如珠算、象棋等也都能強化中國人邏輯數學及推理的能力。

資料來源：作者整理。

第三節　文化差異性影響教學成敗

壹、學習場域

　　不同學校都有其傳統及歷史背景，也因外在環境的影響不同，形成各學校特有的組織文化及特色，而不同學校的組織文化類別對於學校有相當影響。人類學習有四個範疇（Wallace, 1961），分別是：學校教育（schooling）是初始範疇，教育（education）是第二範疇，濡化

（enculturation）是第三範疇，學習（learning）是第四範疇。這四個範疇的差別是，學習發生的場域越來越寬廣，學習並不只發生在教室之內，學習也發生在大環境裡。然而外在的場域在什麼時候、什麼情況下會對學習造成影響呢？

近年來新設立的中學紛紛以多元化的教學及良好社區關係作爲宣傳，傳統中學紛紛遭受新成立中學的排擠影響，使得學校舊有的生存型態面臨改變。面臨生存衝擊的中等學校，學校組織意識及文化須先進行變革，以配合其餘策略的施行。有學者將組織文化依照成員關懷及績效關懷的比例區分爲四類（Sethia & Glinow, 1985），分別是：(1)關懷的文化（caring culture）：相對於組織成效的要求，其特性爲較關懷組織成員的感覺；(2)冷淡的文化（apathetic culture）：組織成員間關係疏離，對於成員關懷及組織績效較爲冷漠；(3)苛求的文化（exacting culture）：追求組織整體目標的達成，忽視組織成員的需求；(4)統整的文化（integrative culture）：對於成員的尊嚴給予適度尊重，但也高度要求工作績效。

有研究顯示若學校只求目標達成，無視於成員心理層面的需求，學校成員間產生某種程度的疏離感，會使得彼此互動關係較爲冷漠，學校組織文化會趨於苛求文化及冷淡文化之間。也有研究顯示國公立中等學校組織文化由於教育行政機關長久管理下，失去課程自主及行政變革的能力，多數學校也毫無學校特色可言，形成組織內成員行動分化，須基於個人道德觀的影響從事組織行爲。學校組織文化影響學習場域的相關研究有從組織行爲、潛在課程、校長領導、教師的教學轉化、教育行政、班級經營等的領域切入，這些都是影響學習場域的變數。學習場域一個元素的改變，會造成環境中的連帶變化，對整體學習氛圍可能形成相當影響。鄧淑慧（1992）〈學校圍牆外的教室——礁溪鄉桂村的「安親班」之教育人類學民族誌報告〉中，指出宜蘭礁溪鄉桂村當時有兩個安親班，由於「教材」與居民脫節，「教學方式」著重於知識符號的訓練，缺乏實際生活體驗認知，老師、家長

又缺乏教育的主體性意識，使教育者有產生「文化識盲」的可能，因
而教育難以達成良好的「文化傳承」，其所傳承的文化，還可能成爲
社會問題的製造者。

　　由於學習場域的多元化，與多角性的發展，教育研究者應從實際
的生活的觀察體驗和文化脈絡的意義去發覺學習場域的教育實質內
容，而不是從一個「理論」或「理想型態」去考核一個教育機制，可
以爲學習場域的教育反省和改革提供參考的基礎，也可尋求更適合社
區居民生活與文化傳承與創新的教育內容而努力。國內學校在教育部
推動資訊教育基礎建設擴大內需方案的政策下，補助全國各國中小電
腦軟硬體設備，以推動資訊教育向下札根的工作。電腦硬體價格的普
及，帶動電腦進入家庭，成爲家庭的必需品。青少年可以透過網路尋
求其所需要的資源，過去青少年知識的獲得絕大部分都從學校課程及
教學的過程中取得，但是目前在網際網路上有太多的教學網站供網友
自我學習及參考資料的搜尋，因此，網際網路教學的推動，也是順應
此種趨勢所致。但水能載舟，也能覆舟，網路犯罪也時有所聞，不論
受害者是學生或者學生當駭客入侵。蕭惠華（2004）利用訪談法企圖
了解中學生網路使用現況問題與教師的知覺與輔導經驗，研究顯示教
師輔導中學生網路使用時，過半數之教師沒有上過網咖、沒有交過網
友，也沒有玩過線上遊戲，但在網路使用的主觀認知上，卻抱持頗爲
正面的看法。七成以上教師認爲中學生在網路使用所衍生之行爲是相
當普遍且嚴重的。受訪教師表示學生網路使用問題之範疇，網路成
癮、網路交友、網咖現象以及線上遊戲占八成左右，其中網路成癮、
網路交友以及線上遊戲情事非常普遍，而網咖影響則較前幾年少見。
教師對於學生網路交友方面的覺知較爲困難，其他則多透過與學生互
動中了解。

　　多數教師認爲導師對於學生網路使用問題最須投注心力，其他教
師則須配合輔導；除此之外，家長以及其他重要他人也不容置身事
外。教師輔導學生時，最大困難點在於家長的配合，另外學生本身自

制力的缺乏以及價值觀、行為上的扭曲,加上教師本身缺乏輔導技巧、授課時數或行政工作過多、覺知不易、與對網路的陌生感皆是無法有效輔導學生的重要因素,所以教師需加強本身輔導技巧、資訊能力、覺察敏感度以及增加相關資訊的吸收,另一方面,家長、學校、課程、社會也需共同配合。不少教師表示自己對於學生網路使用問題感到無力,但仍有不少教師試圖輔導學生網路使用問題,其中更有教師成功輔導「迷網」中學子的例子,值得其他教師仿效與學習。教育部在加強資訊融入教育的同時,也應強化資訊倫理教育,在資訊科技的教學中,要注重資訊情意與感性的培養,如辨識力及判斷力的培養、網路規範禮儀的講解、時間管理的提示、自我反省批判的強化、智慧財產的尊重等。從小培養對資訊資源使用的正確觀念,以便能夠正確取得所需要的資訊。

貳、學習對象的親密度

學習對象究竟應與學習者保持親密關係或保持社會距離?兒童教養措施是文化傳遞的部分力量,另一部分力量則來自與親密的人接觸。早期學習的事物最不容易改變,人們在生命開頭的幾年,大部分是向有親屬關係的人學習,Bruner 的理論暗示,親密關係增加了學習的效果(Bruner, 1956)。成人的學習常從同儕或兄弟姊妹身上學得。不過,也有一些泛文化資料指出,正式負擔教育責任的人必須是陌生人或較疏遠的朋友(Tax, 1973),例如美國社會希望老師的態度像朋友,有些印地安社會由親屬戴上面具來擔任教育的工作。這兩種相異狀況,使我們可以了解,在學習者與學習對象之間,年紀越小的學習者越需要親密性高的學習對象,隨著年齡增長,親密度就漸漸不是攸關重要的問題了(Kimball, 1974)。

參、學習經驗的連貫和斷裂

　　人類學的研究發現很多民族有「導入教育」（initiation education），例如對青春期的少年實施某種儀式或訓練，如成年禮，使他們明確的轉換角色，進入成人社會。從社會本身來看，一個轉換儀式（或稱通過儀式），目的是要連結個人的兩個階段──童年和成年。從某個社會成員來看，這個儀式及這些急遽轉變是人生過程中無可避免的、意料中的，這種斷裂也是一種學習的過程，通過成年禮實質的或象徵的磨練，兒童了解了社會對他的期望，因此產生責任感、認同感。在連貫的事件下文化比較容易被習得，還是在斷裂中比較容易習得？或是在先有斷裂再經接合的過程中習得？有些經驗性研究資料中看到，文化習得過程中都有斷裂和接合的痕跡，如漢族的教育制度，是把學齡階段的社會成員，緊閉在學校的圍牆裡面，過著與成人社會斷裂隔絕的生活，聯考則像一場嚴酷的成年禮，通過這個試煉，兒童才開始和成人社會接合。

　　美國文化是如何看待少年邁入青少年的關鍵時刻呢？ Benedict（1938）指出：「從比較觀點來看，我們的文化強調兒童與成人截然不同。」可見美國文化對未成年人與成年人的要求不同，不過美國人的生命過程中並沒有一個明白的儀式，標記身分的變化。美國兒童沒有經過文化斷裂階段，不知不覺就步入成人生活，正是因為美國兒童在角色轉換階段的模糊，製造了青少年時期的混亂和脫序（Camilleri, 1986）。

　　根據人類學的研究發現，成年禮使一個社會的年輕成員經由儀式性的斷裂，習得文化的價值和規範，這在社會的維繫、傳承及穩定上都發揮了正面的功能。文化的斷層有正面和負面的意義（謝繼昌，1996），正面意義是當文化的斷裂發生在本身文化體系裡面，而且是刻意設計的，其產生效果也符合文化成員的期待，可以完成文化延續

的目的。至於文化斷層的負面意義，是指弱勢文化族群置身在主流文化中，在涵化過程裡失去自己文化的傳承，這種文化斷層就如地層斷裂，斷裂後很難恢復連續，很有可能導致文化體系崩解、族群信心喪失。如此而言，如果出自文化的自覺設計，則學習經驗不論是斷裂或連續都會比較符合預期的結果，但是如果是非自願的斷裂，對文化的延續可能會產生負面的作用。

第四節　文化在情緒、知覺、公共衛生教育上的作用

壹、文化差異對情緒的影響

　　人類有些天賦的心理機能是相同的，如情緒、知覺、記憶，並且也有潛能做相同的運作。人有好幾種基本的情緒可以在臉上清楚的表達出來，許多不同的文化都用相同的表情來表達，如快樂的表情、祥和的情緒、幸福的感覺，臉部的表情不太可能用咬牙切齒、怒髮衝冠來表示。有些民族高興會跳舞、唱歌，有些民族則否，就如同一個族群的人，每個人情緒表達不同，人們不必然都以同一方式使用這些心理機能。其中原因很多，文化模式的不同是原因之一。

　　每一個社會，都有一套已建立的程式（scheme），該社會的成員言行思想大都依此而作為。每個文化團體有一套態度傾向，族群間的差異來自於有些態度被某一族群強調，有些沒有。引起差異的原因是激發這些能力的誘因不同，如密克羅尼西亞島民因為需要航海維生，他們希望每個人都是觀察星座的高手，才不會在黑暗的大海中迷失方向，所以他們獎勵和崇敬有這種能力的個人，個人也努力培養這種能力。反觀漢文化並不強調此種需求，人們也沒有普遍的發展出這種觀察星座能力，反而每年高分通過升學考試，不僅自己雀躍也使家人榮

耀。每一個文化高興的理由或許有差異，文化的差異對情緒會有影響。

　　一般認爲情緒行爲諸如恐懼、憤怒、喜悅、悲傷等，是人們最「自然的」行爲，其實不盡然，情緒也會隨文化而改變。有時候某一族群的人覺得嫉妒的事，另一族群可能覺得無關緊要或是好笑。情緒的強度、表達情緒所需要的環境、表達的方式、向哪一類社會伙伴（私下的、公開的、大團體的、小團體的）表達、代理人的社會特質（由誰來講、他的年齡、性別）等都有所不同（Camilleri, 1986）。所有這些差異是人對細緻的文化符碼的反應，這些行爲並不只是自我表現而已，也是給別人的信號。這些情緒能量和其潛在後果的重要性，使人們能感到心安得到滿足。因爲有這種差異的存在，各族群的學生表達其情緒的方式，自然就會有所不同，教育工作者如果知道這些，可以避免彼此的誤解和某些粗暴的反應。

貳、文化差異對知覺的影響

　　來自不同文化的個人雖然被相同事物刺激，但其知覺卻不同。文化操縱人們對顏色、視覺、聽覺、嗅覺和韻律的感覺。如阿拉斯加的英紐特人因爲生活在冰天雪地裡，對雪的觀念和美國白人或中國人不一樣，他們以更細致的分類來符合生活作息的需要。至於時間、空間觀念，族群間也有很大不同。

　　Segall, Cambell and Herskovits（1966:212-213）在十四個非歐地區和美國，對一千八百七十八個樣本施測，探究視覺幾何學上的幻覺現象，他們的研究結果顯示，住在方形天地和具有二次元素（即長寬）以顯現實體的經驗的族群，比住在非此種視覺環境的族群，對錯覺實驗所受的暗示性較強，亦即錯覺較大。他們也發現，住在廣闊水平景象地方的人，比住在叢林那樣視覺受限制的環境裡的人，比較容易受垂直水平錯覺感染。文化差異使世界充滿意外，知覺給予我們「實

相」，而這種實相就是「知覺制度化」（institutionalization of perception），所謂「知覺制度化」是指人們的感覺器官受到制度的影響，以此去理解他的周圍環境（Stoetzel, 1963）。比如說，我們認爲學校一定該有一棟教室才算學校，當我們發現有的族群在大草原施教，就會非常吃驚。

參、文化差異對公共衛生教育的影響

不同文化的人對於健康、疾病或衛生有不同的看法，現代醫學的種種觀念與技術雖是科學的產物，但是它所代表的仍然是西方文化的精神，因此常常與非西方人觀念發生衝突，而對異民族文化有體認的人類學家就是在這種情形下能貢獻其知識於人類社會的健康、衛生等方面（李亦園，1992a）。事實上人類學家對於在落後地區或開發中國家公共衛生、健康計畫、家庭節育的推行曾經提供很多重要的意見。人類學家根據其在各地區的經驗，認爲推行任何衛生醫療計畫均應先注意兩項基本的問題，其一是當地社會對疾病或衛生的基本態度與觀念，其二是推行公共衛生組織本身的想法及其與當地人的關係，這兩方面都與計畫推行成功與否息息相關。

在推行公共衛生之時，人類學家首先促請衛生專家注意的是，各民族對「清潔」概念有相當大的差別。在菲律賓的若干族中，認爲流動的水才是清潔的，不流動的水就是不潔的，因此他們拒絕開井供飲水用，而不顧衛生推行人員告訴他們河水常因上游的人倒棄髒東西污染不能汲取的忠告。印度若干村落的人做任何有關清潔的事都要把雙手洗得乾淨；每餐飲食之前要洗手、接待客人要洗手、做各種祭祀要洗手，但是女人去抱嬰兒時卻可以不洗手，因爲他們認爲育兒的事是不潔的。從這兩個例子我們就可以明瞭在不同的文化範疇下推行衛生或醫療計畫是有多大的困難，單單在基本清潔觀念方面，不同的民族就有這麼大的差距，其他實質方面的差異自然就更大了。在推行公共

衛生時，注射預防針以預防傳染病的蔓延是最重要的工作，但是預防
針的注射在各民族中接受與否就大有不同。有很多民族有紋身（tat-
tooing）的風俗，所以對於注射預防針以避免疾病可以接受，因為刺
紋和注射都是用針刺於皮下的。可是也有許多民族對各種傳染病預防
針的注射都避之惟恐不及，在緬甸、泰國北部的一些民族甚至舉村遷
移以避開公共衛生人員的強迫種痘。

　　精神疾病與健康的認定，有時也因文化不同而有不同的認定。人
類學家對精神不正常的現象有二項觀念上的貢獻。第一，由於人類學
家研究的對象是以非西方民族文化為主，他們把從前以西方文化為中
心的精神病症經驗擴大甚多，他們發現所謂精神病症在不同民族中有
不同的標準，在某一民族中被認為是不正常或變態的，在別的民族中
卻認為是正常的。換而言之，精神異常與精神正常時常是相對的意
義，在不同的文化脈絡中，有不同的判斷尺度。第二，人類學家在他
們對不同文化的廣大知識中，發現不同的文化背景可以產生不同的精
神病症，若干特殊徵候的病症，只出現在若干民族之中，其最著名的
例子如齊巴華印地安人（Chippawa Indian）的 Windigo 吃人精神病、
馬來人的 Amah 和印尼的 Latak 精神病即是。

　　不同文化脈絡中，同樣精神病出現的頻率、年齡及性別分布也頗
有不同，只有了解文化結構的人類學家能對這些問題提供其專門知識
的意見。新加坡是一個多元民族的城市，居民的成分甚複雜，其中以
華人為最多，馬來人次之，印度人又次之，其他則有歐洲及歐亞混血
兒。新加坡醫院精神醫師墨菲（H. B. M. Murphy）是一個深受人類學
影響的人，他研究華、巫、印三族（巫人即是馬來人）的精神病症
時，發現三族中精神病患出現的頻率頗有差異，在年齡及性別的分布
上也各有獨特的型態，而且這種現象都可以找到其與文化社會相關聯
的地方。

　　華巫印三族的精神病例（住院例）的比率是這樣的：印度人最
高，其總數二倍於華人，華人次之，但其病例也二倍於最少患精神病

的馬來人，換而言之，馬來人精神病例最少，僅及印度人的四分之一。這種比例很容易從三族的文化型態加以了解。馬來人的社會是雙系社會，家庭中對兒童極為愛護，對兒童教養及行為規範較鬆懈，所以兒童養育過程中很少引起挫折和憂慮。在成年的生活中他們不鼓勵激烈的競爭，他們沒有不「出人頭地」的恐懼，同時他們對物質生活看得很輕，他們在聲色娛樂中永遠保持愉快樂觀，所以他們不易出現精神崩潰的例子。

華人是新加坡主要的居民，他們保持中國傳統文化和社會特性相當完整，他們受到文化的約束力很大，職業競爭很激烈，而「出人頭地」的念頭很普遍，但華人社會的各種社群，從家庭到同宗會、從同鄉會到同行的職業公會都是個人所可依靠的處所，這些社團所給予的支持與安慰，足夠減輕文化所造成的另一種壓力，所以華人的精神病例雖較馬來人為多，但卻遠較印度人為少。印度人兒童時期所受的教養方式在初期較鬆懈，但後期卻轉為很嚴格，因此所受的心理挫折很大。青年及剛成年的人受到父權的壓力很重，同時社會上職業的競爭也非常激烈，且又缺乏社會團體可以作為互相支持的依靠，所以造成印度人心理的憂慮很大，因而在三族中精神病患的比例最高。

在精神病患的年齡分布上，華巫印三族有一共通點（雖然其頻率各有不同），即年齡在五十至六十歲以上患精神病的比例就越來越少，這種情形與歐美所見的情形恰巧相反，這是很有趣的現象，這一現象在華印二族中雖可以用父系父權以及老年人地位受尊重的文化作解釋，但對雙系的馬來人則不適用。我們也許可以說，馬來人的樂觀知命，不作激烈競爭應該是他們的老年人不像歐美的老年人易患精神病的原因。

至於精神病的性別分布，華族中男女比例曲線大致相似，但巫印兩族的女性患病比例與男性差別頗大，特別在四十歲以後，女性出現病例突增，這一現象被認為與女性更年期的心理轉變有關。至於在華人社會中，因家庭糾紛的中年婦女常可在寺廟、齋堂或其他單身婦女

的共同生活團體中得到庇護，所以華族中年婦女較馬來人、印度人患
精神病者爲少。印度人和巫人另一與華人相異點是在於十二至二十歲
的患者在男女兩性的比例上都較多，這也可能是由於家庭中兒童教養
方式所致，印度人先鬆懈後嚴格的教養方法易使成熟期少年發生挫折
現象，馬來人則由於早期兒童生活不受拘束，所以到了自己要負起生
活責任時就不免徬徨而憂慮了。

　　總之，新加坡華巫印三族精神病患的情況也許比我們前面所解釋
的更爲複雜，或者是更多因素互相牽連，但是文化的因素造成這些差
異則是無可否認的。人類學家指出這些引起精神病的文化因素的脈絡
層次，無疑地對精神健康的維持有很大的益處，至少可以補充說明只
注意生理現象的醫學者的不足之處。

第五節　結語

　　人類學的研究主要任務之一是了解文化的差異性，北美印地安族
的荷皮（Hopi）人不一樣，中國人、日本人、韓國人不一樣，英國
人、美國人、法國人不一樣，美國之內族群間也有不同，區域間（如
美國南方、新英格蘭、中西部的人即使同屬中產階級）也會有所不
同。不過，發覺不同文化間彼此有差異，這只是研究的第一步，要緊
的是這些差異在教育上的意涵如何，才更值得深思。

　　對於沒有經驗的學習者或生手，最常使用嘗試錯誤（try and error）
的學習方式，透過摸索來學習。Whiting（1941）指出習慣的形成有
四個條件：驅力、反應、暗示和酬賞，他對新幾內亞郭瑪族（Kwoma）
做了一個相關研究，嘗試把學習理論──增強理論──用在民族誌研
究中。他發現 Kwoma 小孩不太常使用「嘗試錯誤」的學習方式，他
們大半是經由強迫和獎勵來學習，Kwoma 兒童的學習是來自工作分
配和對違規的處罰，而不是來自精心設計的教導。兒童會細心觀察那

些有能力者的行為以完成任務，他們學習的主要方式是來自觀察而非教導。文化差異會影響學習風格，若縮小文化的範疇，學校的文化、班級的文化、以及家庭文化都會影響學習場域。沒有教不會的學生，只有不會教的教師。若教師不會教，有可能是不了解學生的文化背景，如老師的教導違反學生的族群文化規範，或者老師教學的技巧不是學生熟悉的方式。這是教師需關注的，也是課程設計者該注意的事。

在台灣的教育體系裡會發現，學校或隱或顯的以社會階級、種族、經濟程度來劃分學生，然而卻很少看到學校依不同學生的需求，來修訂教育規範或課程大綱。未能把文化差異性考慮進去，以至於減損了教育的功能，結果使教育理想和實際落差極大，甚至形成一些不合理的現象。當教學失敗的時候，老師可能會以一般的刻板印象來解釋失敗的原因，學生也會對老師或學習產生畏懼、放棄甚至退縮。這種失敗的情況不只在偏遠地區，在都會區也屢見不鮮，特別是少數民族或弱勢族群學生置身在主流族群中的時候更為常見。其實這樣的失敗，不單是少數民族教育的失敗，也是主流社會教育的失敗。是主流社會教育系統對少數族群的文化差異不敏感，才造成誤解、誤導，以致產生負面結果。由此可見，了解文化差異性是教學成敗的重要條件之一。

第6章

文化型態

英國哲學家羅素（Bertrand A. W. Russell）說：「人類自古以來，有三個敵人：自然、他人跟自我。」人類從蠻荒時代一直到現在，都必須要克服限制人類行為的三個對象：自然界、他人跟自我。人類為了要克服自然環境，所以創造物質文化，文化就是人類為了要生存下去所創造發明的東西。

　　有一些人類學家將文化分為：(1)可觀察的文化（observable culture），如物質文化、社群文化和表達文化；(2)不可觀察的文化（unobservable culture），如文化的文法、文化的邏輯。對他們來說，這一部分才是文化。如法國的結構人類學家，他們多半不把這些外在可觀察的文化素材當作文化，他們大多追求的是文化的內在結構。所謂內在的結構，就是文法或者說文化的邏輯（李亦園，1993）。

　　語言學家索緒爾（F. Saussure）認為語言有深層的結構，文化跟語言一樣也有深層的結構。法國的結構人類學家受到索緒爾的影響，認為文化的文法（grammar）是受到語言學家的影響（李亦園，1993）。李亦園的看法是文化跟語言一樣，一部分是看得見的，是可觀察的文化；一部分是不能看得見的，是文法。每一個文化都有它內在看不見的部分。我們能夠熟悉中國文化的種種行為，主要是因為我們是同一個文化的文法。要清楚、明瞭一個文化，必須從文化結構開始了解，李維史陀所追求的是內在結構與頭腦思考間的關係，他認為要了解文化，必須從文化的內在、深層結構開始。

第一節　文化的文法

壹、文化的類型

　　要了解一個民族或者文化，若不能了解其內在的結構，經常不能

真正抓到重點，更不能知道它受到外來影響所引起變遷的特徵。這一部分人類學者稱它為文化的文法或邏輯。文法或邏輯就像電腦磁片放在電腦裡，它是按照程式來運作，不容易變遷。中國長期受到西方文化的影響，它的種種變遷，假如只是看表面的變化，那麼變化的確很大。但是若了解它的文法和了解它的邏輯，變化就不一定有那麼大。至少它的變遷是有一定的法則核心，例如文化的公準、價值觀、文化精神是不容易隨時代變遷而有更迭。然而如何觀察文化的深層結構呢？最簡單的方法是從熟悉文化的類型開始。李亦園（1992a）將文化分為「物質文化」、「倫理文化」、「精神文化」和「俗民文化」，要了解文化的文法，可以借助一些文化的素材，逐一了解釐清不同的文化類型。

一、物質文化

人類所使用的工具、衣食住行之所需，以至科技的發明、電腦，所有這些都是要克服自然環境給我們的限制，以便從自然環境得到我們生活所需要的東西，我們稱它為物質文化，例如美國大部分的住家喜歡用木頭建造，木頭來自豐沛的森林；此外為了簡單方便、節省時間而有麥當勞速食文化、UPS 的快遞文化，以及休閒看電影或錄影帶時手持爆米花的文化。這些都是美國特有的物質文化。

二、倫理文化

倫理文化是指人類雖跟動物一樣找食物生存，除了找食物之外，他還必須要跟他人相處。為了跟他人相處成為團體就得克制自己，他人就成為羅素所說的第二個敵人（李亦園，1992a）。為了跟他人相處，人類發明了另外一套文化，謂之「倫理文化」，如家庭倫理、學校倫理、職業倫理。這是中國文化最重要的一部分。倫理文化用來作為道德規範，包括典章、法律、國際公法，以及用來形成家庭、宗族、氏族所需的制度與規範等，這些都是為了要跟他人相處、為了要

生存所設計的概念。

三、精神文化

　　精神文化是指人類跟動物最大不同的地方，人有自己的感情、情緒和知覺，精神或心理層面的感受需要調適或宣洩，尤其是負面的感受。為了彌補這些困境，即羅素所說的第三個敵人——自我，人類透過音樂、美術、舞蹈等藝術所表達出的意境謂之「精神文化」，或者用西方的名詞是「表達文化」（expressive culture），來呈現精神層面的感受或思維。意思就是說，人類必須要創造一些東西，一方面表達自己的感情，一方面又因為這些表達的創造倒過來安慰我們自己。文化發展的過程中，這些不同文化層面不但要相當周延，而且要注意其優先順序；不能面面顧及固然會有畸形的發展，不注意優先次序或弄錯了次序，也會產生事倍功半的後果。

　　在「物質文化」、「倫理文化」、「精神文化」三種文化素材當中，美國人比較強調第一種，強調對抗自然。為了克服並戰勝大自然種種的限制與人類的福祉，所以相當強調科技文化。因為強調對抗自然而存在的，美國社群的關係以競爭為主調。美國人把自然跟人分開成兩個不同的類別，自然跟人類社會是對抗，有時甚至是完全對立的，例如造水壩濫墾森林。這樣的對抗力量表達在社群文化中，人與人之間也是競爭、對抗的立場，這是西方個人主義呈現出來的文化，競爭勝利者是英雄，會受到夾道歡迎，金錢、名利隨之而來，這樣的文化是社會跟著物質走的一種現象。

　　談到西方文化，時常是以美國文化為例子。西方是以宗教文化作為表達文化的一個立場，西方文化深受猶太教所影響。猶太教認為人跟神是完全不同的、截然分別的兩個類別。人跟神是不能跨越的，這樣的一個立場可以從《聖經》所說的亞當、夏娃開始，人是生來有罪的。西方人對於人的基本存在是一種原罪立場。在伊甸園裡耶和華告訴亞當、夏娃，園裡什麼都可以吃，唯獨分辨善惡的果子不能吃，但

夏娃聽了蛇的話偷嚐禁果，也誘惑亞當吃。所以經上記載他們有罪，他的子孫都有罪。神的話代表一種象徵、一種用以表達的意義。

西方人延續《聖經》的教導——人生來是有罪的。這引申出西方人的文化邏輯，因為人是有原罪（original evil）的，所以人一定要有教養、一定要有約束才能夠做得好。因此人跟神之間用聖誓、十誡來約束，人才能勉強維持免於罪的階段。人跟社會之間也一樣，一定要用合同、契約、法律、國家公法來約束，以成為一個合理的社會。台灣近來最有名的例子是罹患腎上腺腦白質退化症的張氏三兄弟，社會大眾的捐款使用方式為人所質疑，但張父利用「信託」的法律方式，專款專用，給予社會合理的解釋。欲了解其他族群的文化可借用宗教文化素材，以便理解文化比較深層的邏輯結構；但是更重要的是理解這些素材背後之間的關係，或者更明確地說這三個層次的可觀察文化之間怎麼樣更明確地呈現文化整體的面貌。這三者之間雖然是文化的三面，但是它們一定是互相配合、互相一致、和諧的，不然會有衝突產生。

印度社會是著重宗教神聖觀念的社會，著重精神文化的關係，人跟人之間的關係是用神聖的立場來規定的。所以，印度的階級都是宗教關係，是神聖的關係。中國人著重人與人之間的關係，人跟人之間的關係比人跟物之間的關係重要，人跟物之間的關係是附屬於人跟人之間的關係的。傳統中國人的認知裡，一個人單獨存在是沒有意義的，一定要透過兩個人發生交互作用，有人際互動以後，人的存在才有意義。在中國，個人要存在，要有意義，一定要跟他者發生人際互動關係。

文化是多方面發展、而且是有意義作用的；文化對人所產生的意義作用可分為三方面：認知的（cognitive）、規範的（normative）和感情的（affective）。文化提供人在空間、時間、自我存在等認知方面的意義；文化帶給人如何行動、如何實踐自我的準則；文化也帶給人喜悅、快慰等感情上的滿足。物質、倫理、精神這三種文化的意義是

相輔相成的，缺一而不可，因此在文化發展的過程中，應該著重其均衡的保持。早期台灣的文化發展工作經常被忽略的是「人與自然」這方面文化的強調，直到天災不斷，開始了解要與大自然和諧共處，近來開始注重自然環境、生態系統的維持保護，也對各種資源的保持利用加以注意，這些問題也是文化的一部分。

以前我們常說日本島國小民，心胸狹隘。在台灣我們又何嘗不是呢？生活在擁擠的環境裡，都市空間狹小，給人帶來極大的壓力。性格的急躁、遇事的爭先恐後仍然是較輕微的徵候，而暴力頻仍、犯罪行為的升高，甚至於整個國民精神健康的破壞如憂鬱症人數直線上升，令人擔心。台灣的空間擁擠固然不是一個好現象，但是並不一定與罪惡或精神崩潰有必然的相關，荷蘭人口的擁擠遠較義大利為甚，但是荷蘭人懂得如何培養一種優雅的空間文化，所以他們不但花圃美麗，而且人民生活悠閒舒適。新加坡比台灣小，但人民遵守法治，人民生活的幸福指數高。我們當前面臨最大的困境是人口過多，生活競爭激烈，因此在發展文化過程中，應以發展一個合理的「空間文化」為優先順序，應該著重於「人與自然」的關係。

人是文化發展的中心，所以加強發揚是責無旁貸的事。傳統時代的倫理文化若以現代社會的觀點來看，其所強調的人與人之間的關係是一種「自己人」的關係，而較忽略了他人的關係。傳統倫理文化強調自己的行為準則，在現代社會已不夠用，要發揚固有文化的特性，就必須增加對其他人的行為準則，以便更能適應現代生活的需要。大環境影響文化的發展，經濟不景氣是趨勢造成，但政治上的倫理文化牽引市井小民的倫理概念。各種騙局騙術橫行四海，中國文化裡「禮、義、廉、恥」的堡壘正一片片的被剝落。文化的發展若有偏頗，勢必會帶來內部的衝突。但也有人認為這是邁向已開發國家的必經之路，目前台灣的這種亂象或現象是值得作一番跨文化的研究與比較，以了解事實真象。

貳、文化與信仰

「表達文化」討論文化意義的認知、規範與感情等因素。表達文化的層面不論是藝術視覺、音樂舞蹈表演、古蹟保存和民俗技藝推廣等都很容易牽涉到選擇的問題。古蹟保存的行動對知識份子而言，是維護文化命脈的事，但是對非知識份子而言，保存哪一些古蹟才對他們產生意義？教育的意義在古蹟保存的項目上也許仍有爭議之處，但是在民俗技藝的推廣上卻是非常確定的。民俗技藝既然有「民俗」之名，所以是「俗民社會」（folk society）、鄉民社會（peasant society）或農民社會的產物，而不論是俗民社會、鄉民社會或農民社會之所以異於現代社會，就在於其習慣、行為、想法與現代社會不同，所以其「民俗」必有與現代社會生活不配合、不適宜，甚至於矛盾之處。在台北縣的喪事處理過程當中，仍可看見敲鑼打鼓、電子樂遊街的情境，或把整條街封起來辦喪事。因此我們應該慎予選擇，即使有些人認為那是很美、很配合鄉土的事，但是站在促進社會現代化的教育立場而言，其繼續發揚的可能性值得商榷，或者型態的呈現可更為精緻化而不是吵鬧擾民。

　　C. Kluckhohn（1961）對文化的看法是：「文化是歷史進展中為生活而創造出的設計，包含外顯和潛隱的，也包括理性的、不理性的和非理性的一切。在某特定時間內，為人類行為潛在的指針。」文化不全然是美善的，例如學生參加「八家將」的民俗遊行，學校要禁止，家長與議員卻為學生撐腰。站在文化意義的立場上，「八家將」是民俗活動的一種，但因為參加的人在出遊的最後會有進入精神恍惚的狀態，這種精神狀態對於青少年來說並不合宜。「跳」八家將是群體的事，假如有很多中學生都參加這種「民俗遊行」，以至於在教室中集體進入精神恍惚是令人擔心的。

　　中元普渡在本意上，在道教觀點上是奉祀地官的節日；在民間視

此日為地獄門開的日子，請好兄弟飽餐一頓並誦經超渡他們；在佛教是盂蘭盆節（是關於目連救母的緣由），原本是一種充滿溫馨、感人的節日，演變至今，七月反而成為不祥且恐怖的日子，與原意大相逕庭，喪失原本舉行此儀式的意義。平心而論，死亡是我們每個人必經的道路，在世時皆希望獲得他人的尊重，過世時亦然，如果以這樣的平常心來面對這樣的節日，相信一般人對七月的這種刻板且負面的印象將得以改觀，而且能以人類學對於儀式中象徵與象徵物的意義的觀點去看待，不會一味地視其為社會文化低落的表徵，進而能夠予以理解與公平看待。

大甲媽祖遶境，本意上每個宗教儀式背後都有某一種舉行的意義，大多希望藉由這樣的活動達到人在行為、心理上的約束或規範，並從人神之間的交流中學到如何共處與互動。由於每個人都是一個不同的個體，無論在思索或是作法上不免分歧，因此在一場看似莊嚴、隆重的儀式後面，複雜的人事紛爭往往是整個活動中較美中不足的部分；而且，在活動進行時所產生的問題，如造成交通的阻塞、垃圾（鞭炮、金紙……）、喧擾等現象常常不可避免。如果，像這些細節在活動舉行前能夠作出較縝密的規劃，並且在考量到人類學與其他學門的文化相關意涵的前提下，研擬出較具體可行而能廣被接受的解決方法，相信會為每一個活動帶來一個完滿的過程與結果。

從教育的觀點來看，錢財浪費、市容破壞、噪音、交通阻塞問題若能夠作出縝密的規劃，研擬出較具體可行且被接受的解決方法，如固定時段、地點（美國花車遊行、巴西嘉年華會的交通管制等），則不同觀念、信仰的人便可用欣賞文化的角度參與其中，在安詳嚴肅的氣氛裡完成儀式。然而人民習慣既已養成，如何改變下一代的觀念則是當務之急。

第二節　主流文化和次文化

壹、文化的性質

　　主流文化按字面的意思是主要的文化內涵、價值、態度、行為盛
行於當地或當代。「文化」是人類在社會之中所創造出來的所有無
形、有形的價值總體，這些文化的要素是代代相傳，並經由社會學習
而來的，其功能則在提供社會一個價值與規範，作為依循主流文化的
標準。在大社會裡，並非每一個人對主流文化都能完完全全地順從。
戒嚴時期，國語是主要的語言，目前尊重族群，客語、原住民語納入
課程。主流文化的相對概念是次文化，次文化（subculture）的概念在
教育上的意義及其運用，時常引起廣泛的注意。大部分學者均認為在
整體社會文化中，由於組織份子間的差異，往往形成許多附屬團體
（或次級團體[subgroups]），在附屬團體中又可能產生更小的附屬團
體。這些附屬團體各具獨特的規範與價值，分別構成其次級文化。

一、文化普遍性

　　將世界上各地區或社會的文化加以比較，可以發現彼此之間既有
相同亦有相異之處。易言之，文化具有普遍性與差異性。文化普遍性
的特質甚多，世界各民族均有類似的家庭組織與生活方式，例如：
食、衣、住、行、育樂，甚至道德習慣、性的風俗與禁忌、宗教、儀
式等。促成社會文化普遍性的原因如下，由於人類生理結構相同，具
有相似的生理需求；人類需要類似的社會制度（如家庭、經濟、教
育、政治、宗教……），這些制度可發揮其功能，以滿足社會生活的
基本需要；人類生存環境大致相仿，可用資源有限，須講究生活方式

以應付或解決生活問題；各民族間的接觸、移民和文化的傳播，也是促成文化普遍性的重要因素。

二、文化差異性

每一民族或社會雖有相同的社會制度，也有相同的基本需要，但是在滿足這些需要所採取的方法與途徑卻各異其趣。形成文化差異性的原因，包括：由於地理環境的不同，生存資源與氣候互異，人類在求生存的方式上，亦因而顯得五花八門。若干民族或社會遭受孤立的情況較嚴重，影響其接觸外來文化社會，形成較爲閉鎖的文化形式，因而呈現特殊的文化面貌。各民族自我導向（directionality）不同，即各民族間興趣趨向與價值觀念的歧異，也形成不同文化特質。

三、文化多樣性

文化的普遍性與差異性不僅存在於文化與文化之間，同時也存在於同一文化之中。林頓（Linton, 1936，引自魯潔，1991）曾根據一個社會內成員參與或共享文化的不同，將文化區分爲三種類型：

(一)普遍的文化

這種文化是指社會成員全體一致參與和接受的文化；易言之，就是全體成員所共享的文化。由於普遍文化的存在，社會才能整合爲一體，否則社會秩序無法建立。但是由於社會變遷，有些普遍性的文化也有可能改變爲一種選擇性的文化。例如：孝道與尊師都是我國的普遍的文化，但正在變化爲可選擇的文化。

(二)可選擇的文化

這種文化是指某種生活方式或行爲，社會並無硬性規定，例如：穿衣是一種普遍的文化，而衣服的各種樣式與顏色是可以選擇的。婚姻是一種社會制度，也是普遍文化，但是結婚的地點與儀式可由當事人選擇，不受限制。

(三)特殊的文化

這種文化是指只有少數人參與的文化成分；易言之，僅適合於某些具有某種特徵的個人或團體參與的文化。一般而言，文化的特殊性是社會分化的必然結果；它隨著年齡、性別、職業、種族等文化和生物因素而有所不同。例如：青少年與成年人各有不同的行為形式與價值觀念；不同職業的人，均有其知識或技能領域，要求其履行某種行為規範，而不為其他職業人員所分享。

上述三種文化類型，可說是同時存在於所有的個別社會中；惟值得注意的是：在一個社會文化中普遍參與的成分，在另一社會中可能是可選擇的，或特殊的文化。而社會成員在參與「選擇性」與「特殊性」文化活動的結果，自然而然形成了所謂「次級文化」。

貳、次級文化的意義

根據許多研究報告，多數學者均認為在一個大社會中，往往由於社會成員特質不同，因而形成許多不同的附屬團體，而附屬團體中又可能形成更小的附屬單位。這些附屬團體或單位各具有其價值與規範。次級文化係指較小團體或次級層次（sub-sets）的文化；它基本上是來自大團體的文化（即基本文化或母文化[parent-culture]），由於地域、種族、年齡、階級等因素的差異，而使這些較小團體的文化與大團體有所不同。布瑞克（Brake, 1980）指出，次級文化可視為較大文化系統的一部分；它承續較高層文化的元素，但經常與其不同。

次級文化是指一個社會中不同人群所特有的生活格調與行為方式而言；每一社會都有許許多多的次級文化，不同省份的人有他們特有的風俗習慣與生活傳統，因此形成很多不同的「地方次級文化」（李亦園，1993）。不同年齡群的人，也有他們特有的生活習性與人生態度，因此，形成不同的「年齡次級文化」，青少年次級文化就是明顯的例子。

文化差異不僅在兩個社會裡可見，在同一個社會裡也可發現分歧現象；而那些與社會上主流文化相異的文化，稱為次級文化（蔡文輝，1989），如美國「黑人文化」（Black culture）就是一種次級文化。有些社會對次級文化較為寬容，有些社會則極力壓抑次級文化的存在。但是，所有社會都不允許「反抗文化」（counter culture）的存在。所謂反抗文化，也是一種次級文化，它是指一些以反抗或推翻現有文化規範與價值體系為目的的次級文化，例如：宗教上的異端、判亂團體的規矩，以及美國一九六〇年代的嬉皮行為，均屬之。

　　綜而言之，次級文化是指一個大社會中的次級社會（subsociety）或次級團體成員所形成的一套特殊價值觀念與行為模式，包括思想、態度、習慣、信仰與生活方式……。它們與社會整體文化有關，卻又有其獨特的性質。換言之，一個團體的組成份子常在生活方式與思想型態上和同一社會中其他人有顯著的差異，這些不同文化特質，社會學上稱之為次級文化。這些次級文化，就整體社會而言，可能是積極的或消極的，也可能是具有反抗性的；但無論如何，這些特質常為該團體中的成員所認同與共享。從教育觀點而言，社會中的個人既受共同文化的規範，也生活在各種次級文化之中，隨時受到次級文化的影響。

第三節　學生次文化

　　學校是社會中的一個雛型組織，是整體社會中的一個次級團體，有其獨特的文化體系，即學校文化（或稱校園文化）；而學校組織中，又包含了各種不同的附屬團體，這些團體的文化，構成了學校文化的一部分，如教師文化、學生次級文化（student subculture）、校長文化。我國社會變遷太過急速，價值觀念趨於多元化，呈現在教育方面的直接影響是升學主義的盛行，與各級學校「校園倫理」問題的產

生。

　　青少年在國中、高中階段，在升學的煎熬之下，度過人生的競爭歲月。學習動機強者在過度競爭的環境裡，為前程拚鬥；程度不好的學生則信心盡失，迷失在偏差觀念的洪流裡。教育工作者、社會大眾與家長應共同努力，從社會價值觀念、學校制度以及教學方法等方面的改善來著手，尊重學生本身的想法與感受，加以充分的了解，從學生的觀點，了解學生文化的特徵，有助於釐清影響學生學習成果的脈絡發展。

壹、學生次文化的特徵

　　學校是個小型的社會，有其既定的價值觀、規範及學習目標。然而，學校中的所有學生對於這些制度、儀式、規範，並非都能完全地遵從。對於部分學生來說，他們對於正式課程與潛在課程，充其量也只有部分接受，甚至有部分學生是公開地拒絕，這種情形使學校與學生持不同的態度，若雙方彼此能充分溝通協調，彼此為延續整個學校優良文化而努力，學生會有良性的次文化出現，但學生反對的目的若是與學校文化的權力相互競爭，便會有反抗、衝突與鬥爭的情況。打破學校所安排的制度性設計，意圖重新設計教育符號，這種與學校對立的行為會藉由群體的力量形成一種「反抗文化」（Larson & Richard, 1991）。「反文化」是「次文化」的一種，但是因為它在規範、態度與價值上，與優勢文化相互衝突或相反，因此「反文化」通常是社會所不允許的（蔡文輝，1989）。以下分項說明學生次文化的特徵：學生次文化為學校文化的一部分、為交互作用的結果、是一種「過渡性」產物。

一、學生次文化為學校文化的一部分

　　學校組織之中包含了各種不同的附屬團體——如行政人員、教

師、學生等，這些團體的文化，均爲構成學校文化（culture of the school）的一部分，學生次級文化即其中之一。學校文化包含兩種對立的文化：一是教師所代表的成人社會的文化，一是學生所代表的同儕團體的文化。學生同儕文化中的各種習慣、傳統、規範、儀式、社會結構等常爲成人文化的反映，但其內容則與成人文化有別（Waller, 1932）。在台灣私立與公立國、高中學校的學校文化差異性頗大，以解除髮禁爲例，大部分的公立學校學生解除髮禁了，然有些私立的學校依舊有髮禁，相對的增強了學生的反抗文化。

學校文化的分類，不同的角度有不同的分法，但以前教育部長的看法，學校文化包括三類：(1)社區文化；(2)教師文化；(3)學生文化（林清江， 1987）。一個學校的傳統、教學內容及行政措施深受社區文化價值觀念的影響；而教師一方面接受社會文化影響，一方面又附屬於學校，與學生團體產生不可分的關係；學生可能來自不同社會背景，但是其在學校所形成的學生文化，卻常有其獨特性。所以學生文化爲學校文化的一部分。

二、學生次文化為交互作用的結果

人與社會均處在一種持續互動的過程（processing），每一個人與團體，常透過語言、文字及其他象徵符號與其他個人或團體產生交互作用，並且在這種互動過程中互相解釋符號的意義，並形成團體的共識。次級文化是個人觀點與參照團體觀點交互作用的結果。

在學校內就學生與團體而言，學生來自於不同社會背景，也可能是不同團體的成員，具有各種團體的文化背景，個人所顯示的觀念與行爲在彼此之間有時會產生衝突，經過交互作用的過程，使得個人趨向於隱藏某些多數人所不能容許的特質，進而尋求妥協，產生學生次級文化。就學校社團而言，功能在於幫助學生社會化；此外，學校中的行政、課程與教學等，無論是正式的學習活動或非正式的潛在課程，都是影響學生次級文化形成的重要因素，而學生次級文化所顯示

的一些特質，也能促成學校行政、課程與教學的改變。

三、學生次文化是一種「過渡性」產物

　　學生次文化乃是學生團體由兒童世界過渡到成人世界的階段性產物。學生次文化的形成，一方面整合了學生團體中不同背景學生間的差異，另一方面也緩和了學生與課程、教師之間的對立。它是一種相互妥協的結果，避免了學校各團體間價值與行為的衝突，使學生有機會去學習成人角色所需要的知識與態度，俾能順利地從兒童世界進入成人世界。

貳、華勒的學校文化觀點

　　學校文化的形成，來自兩方面的因素，一是年輕一代的文化，二是成人有意安排的文化。年輕一代（學生）的文化是由同儕團體的價值、習慣、社會結構所形成，雖為成人文化的反映，但與成人文化有別。在許多實證研究中，發現學生次級文化雖有其與成人文化相異的部分，但並非與成人文化相抗衡，而是對成人文化不同的順應方式（鍾蔚起，1981）。

　　學校中存在著許多影響國中學生反抗學校之因素，如教師及行政人員的管教方式、師生關係、教學活動、課程活動、學校制度、同儕影響。青少年對學校功課或學校不滿意時，常以「無聊、厭煩」（boredom）的態度來表達其對成人、學校權威的反抗。

　　學校社會體系經常面臨各種勢力的影響，須不斷調適以求平衡，但學校本身基本上是一種強制性的機構，教師高高在上，由成人社會授以權威，學生則只能順從權威、接受領導。

　　華勒強調師生關係是一種制度化的「支配─從屬」的關係，彼此之間含有潛在對立情感。教師代表成人社會，其所要求的規範與學生的自發性欲望是相對的；教師把學生當作一種材料加以雕塑琢磨，而

學生希望依自己的方式自動求知，導致彼此互相對立。有些學生在學校裡表現出「反抗」的行為，如違反校規、挑戰校規、侮辱師長等等，甚至產生暴力問題。面對這些現象，一般的研究大多將學生的行為視為一種「偏差」（deviant），而貼上標籤，然後極力地欲從心理輔導諮詢方面著手。反抗學校文化的行為不應只是針對學生行為的病態做解釋。若從歷史抗爭的觀點，或社會整體結構的分析，偏差行為往往是反映出社會的不公平現象（Willis, 1977）。

教師為維持紀律、增進學習，常採取的控制方法有命令、斥責、處罰、管理；此外考試與評分也是控制學生的重要方式。華勒認為某些學生與教師之間可能長期對立，教室秩序有時因而失去控制。偏差行為的產生，可能是因為學生適應學校生活時產生了困擾的一種反應方式，也可能是學校的組織制度本身就存在著緊張與矛盾。面對當今校園偏差行為越來越多的趨勢，華勒認為教師在相對狀態中仍占優勢，否則，他不能成為教師。華勒指出師生雙方都不喜歡這種制度上對立與強迫的狀態，但是他們無可逃避。有些學生因而違犯校規無心上課，但學生卻從次文化如課外活動與非正式同儕關係中，獲得成就與滿足。

參、柯爾曼與高登的學生反智次文化觀點

柯爾曼（Coleman, 1961）研究美國中西部不同社區及不同規模的十所高中學生次文化。他認為學生次級文化與成人社會的價值與目標顯然不同。學生次級文化的形成，乃由於工業社會急速變遷的結果，家庭功能衰退，而學校功能增強；但學校教育仍不能滿足青少年的需求，因此，青少年不得不求之於同儕團體，在同儕友誼的關係中形成自己的小天地，學生同儕文化（student peer culture）因而產生。柯爾曼對美國高中同儕文化的研究的理論模式見圖 6-1。

從柯氏的理論模式，可知他所要探討的變項甚多；其中他為了要

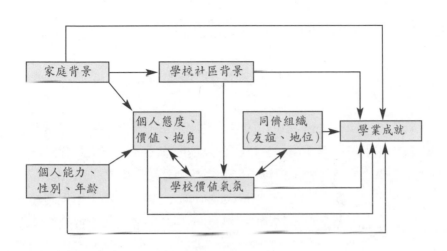

圖 6-1　柯爾曼研究美國高中同儕文化的理論模式

資料來源：Coleman (1961)。

　　了解學生同儕文化與學業成就的關係，從實證資料的分析中發現：青
少年學生並未將學業成就列爲決定同儕地位的最優先考慮因素。在學
業傑出者、運動明星與人緣最佳者三類選項中，男生最欣賞的是運動
明星。而在女生方面，將運動明星改爲活動領導者（leader in activi-
ties），則以活動領導者與人緣最佳者較受歡迎。在青年學生同儕團體
中這種背離知識成就的價值取向，一般稱之爲「反智主義」（anti-
intellectualism）。

　　高登（Gordon, 1970）研究美國中西部一所中學裡學生的同儕關
係，也發現類似的現象。他將學校中青少年社會體系分爲三類：(1)正
式學校體系（如：有關課程、教師、校規、成績……）；(2)半正式體
系（如：課外活動、俱樂部……）；(3)非正式社會體系（包括非經校
方承認的結夥、幫派、兄弟會、姊妹會……）。高氏發現，這三種因
素均可影響青少年在團體中的地位。學業成績、課外活動與友伴情
誼，交織成爲同儕地位的決定因素。高登進一步發現，非正式的友伴

情誼對於學生的影響超過正式的學術性活動。

肆、英國非實證的學校俗民誌研究

　　哈格雷夫斯（Hargreaves, 1967）發現學生對學校的態度有兩極化的現象：「支持」與「反對」學校者分別形成不同的價值觀念與行為模式，而學生的這些價值與行為又受到教師分類作用（categorisation）的影響而強化。露莎與哈雷（Rosser & Harre, 1976）發現學生們對於生活情境的看法與父母及教師的觀點大不相同：成人對學校教育常從「正式」方面著眼，而學生們則採取「非正式」的觀點，因此容易產生對立與衝突。師生在認知與觀念上的差距，是教育上的重要問題，但常為教育學者（或教師本身）所忽略。伍茲（Woods, 1976）的研究同樣顯示師生對學校態度的差距。他發現許多學生是以樂趣與笑聲（laughter）的多少來決定學校生活的滿意程度，而非依據學業成績的高低。因此對所謂「滿意的學習」與「成功的教學」，師生之間有不同詮釋。總之，此派學者的研究取向著重於學生觀點（perspective）的了解，即重視學生對其學校情境（如師生關係）和學習內容（如課程教材）的詮釋和理解。此類研究對於當今學生次級文化均有很大貢獻。

第四節　青少年次文化

壹、次文化的多元面貌

　　次文化是研究社會文化的學者或實務工作者常使用的名詞，是指一個社會中不同人群所特有的生活格調與行為方式而言；每一個社會

都有許許多多的「次文化」，以台灣不同的省籍特色而言，不同省份的人有他們特有的風俗習慣與生活傳統，因此就形成很多不同的「地方次文化」，四川、湖南人好吃辣，山東人好吃大蒜，湖南人被謔稱有「騾子脾氣」，客家人的勤勞性格等等，都可說是「地方次文化」的好例子。不同年齡群的人，也有他們特有的生活習性與人生態度，因此形成不同的「年齡次文化」，例如老年人的穩重保守、講究形式、規矩特多，都可說是「老年次文化」的特色。

　　在年齡次文化之中，青少年人的次文化最受人注意，一方面是由於青少年次文化在整個大文化中經常表現得引人注目，另一方面則由於青少年人是未來社會的棟樑，所以研究社會文化的學者對青少年文化的現象特別注意。

貳、青少年次文化的意涵

　　青少年次文化，是由國中階段至大學前所表現出的一種心態與行為特徵，由於這一群的學子大都生理已臻成熟階段，但在經濟上或社會地位上尚未取得完全獨立的狀況，因此在心態與行為特徵時常表現出一種不能滿足，對於與自己感受或立場不同容易有抗議的傾向，這是血氣方剛、懷有無盡理想的青少年人特有的性質。

一、青少年次級文化的特徵

(一)它是青少年階層獨有的

　　青少年次級文化是青少年同儕經由模仿、認同，並在社會環境脈絡之下，彼此互動習染而成的獨特現象。因此，青少年次級文化經常會讓社會其他成員覺得「怪異」或者「無法接受」。例如：青少年一身的龐克打扮，掛上唇環、肚環、鼻環，頭染五彩、髮型奇特，顯得「酷」得不得了，相對的，其他社會成員中規中矩的打扮，可就「遜斃了」。

(二)它往往是和父母師長的主流文化相抗衡的

　　青少年為了彰顯自己已經長大，開始有自我的想法及行為自主權，不再被父母所完全掌控，往往會藉由次級文化抗衡來自父母師長的主流文化。例如：飆車，父母師長通常認為是一件「危險」的事情，但青少年卻認為是一件「帶種」的事情；服從校規，父母師長通常認為是「循規蹈矩」的表現，但青少年卻認為是「乖乖牌」的表現。

(三)它有時來得快，也去得快

　　青少年的次級文化有時似一股熱潮而蔚然成風，青少年彷彿著迷般的全面流行，例如：網咖、電玩曾是青少年喜愛的遊樂，但隨著年齡的增長，喜歡的興趣或風潮會逐漸逝去，次文化的熱潮在短時期可使青少年趨之若鶩，但很快的熱情會消減。

(四)不同類型及族群的青少年，展現不同的次級文化特性

　　男性青少年及女性青少年、都市地區的青少年及鄉村地區的青少年、學業成就高的青少年及學業成就低的青少年、富有家庭的青少年及貧窮家庭的青少年，這些分別具有不同屬性的青少年族群，各自有不同的次級文化特性。例如：富有家庭的青少年族群談論的是名牌服飾、國外旅遊、高級美食等話題，而貧窮家庭的青少年則不易形成類似的次級文化。青少年次級文化同時具有正面及負面功能。有些青少年次級文化是「庸俗的」、「逸樂的」甚至是「反道德的」，例如：粗鄙的行話、物欲橫流的享樂、藥物濫用、濫交……；但相反的，也有正面功能的青少年次級文化，例如：慈善活動、社會救助、研習社團及宗教奉獻等。

二、青少年次文化的內涵

　　青少年次文化的特色是一種社會變遷的新產物，是一種橫斷性次文化，是同齡同質的次文化，行為取向易受同儕認同影響，為一種寄生於主流文化的次文化，容易顯現於其語言、服裝、舞蹈、音樂、髮

型、抽菸、藥物、性關係等表象。 Sebald（1984）對青少年次文化提
出八項重要內涵：(1)獨特之價值與規範，認同於成人又不同於成人及
兒童；(2)特殊之暗語；(3)易受大眾傳播之影響；(4)注重流行風尚；
(5)重視同儕歸屬；(6)特定身分標準，不同於社會之標準；(7)同儕支
持，如哥兒們；(8)滿足特殊需求，如犯罪或脫序次文化。

　　青少年次文化的趨勢常是一種逸樂鬆軟的價值取向，他們較常用
膚淺刻薄的語言形式與他者溝通，顯示自己的獨特、敢做敢言。他們
會透過封閉唯我的圖像思考模式面對複雜的社會生活，用短暫閒散的
人生態度規劃自己的未來，如盲目瘋狂的偶像崇拜、面對壓力時逃避
退縮的藥物濫用現象、導致偏差的社會問題等。

　　現代青少年由於較少實際演練進入成人文化中的機會，為了逃避
矛盾不明的世界，轉而進入由其他同儕所建構而成的世界中，在此世
界中因為有相同的感受與生活體驗，使他們的心理困難得以紓解，所
以是逃避現實困難的一種心理反應。青少年經由學習的歷程，在次文
化中模仿長大之後的生活方式，使上一代文化可以轉換至下一代之
中，所以次文化即具有轉換的功能，使文化一代代的傳遞下去。這種
次文化可以視為是一系列嘗試錯誤行為的結果，假如行為獲得增強，
行為就容易持續下去，並且相互影響。

參、時下青少年次文化現象

　　依據新竹地方法院觀護人彭寶瑩（1992）指出，青少年的次文化
是青少年所獨有的特殊規範、行為與價值體系，這是不同於成人文化
的規範和價值觀，表現於青少年的服飾、髮型、裝扮、語言字彙（暗
語）、娛樂方式和行為態度上。據其觀察歸納，一般青少年共通的文
化特質有：眩目刺激的「圖像文化」；自我封閉的「蛋殼文化」；逸
樂取向的「遊戲文化」；自以為是的「愛現文化」；時時變化的「游
牧文化」；物欲為上的「唯我文化」；似是而非的「速成文化」；瘋

狂騷動的「慕星文化」；自成一格的「暗語文化」；目眩神速的「嗑藥文化」。爲更加深入了解青少年次文化，清楚這群孩子們心裡在想什麼，以便從客觀的角度從旁對他們進行輔導而非強制性的制止他們的行爲，以下簡介幾個青少年常有的現象：

一、青少年的語言

　　語言，是人與人之間最普通也是最直接的傳播。從每個世代青少年的語言對話不難看出他們的想法，早期「LKK」是流行語，「燒餅油條」也能被當成形容詞，現在是火星文也能當成考題。青少年網路流行用語大都是用相似音調的英文、數字、奇怪的符號來代替國字。接下來，我們就將這些青少年常用的流行語爲大家做介紹。

(一)數字的時下意涵

數字	意涵	數字	意涵
043	你是誰	0451625	你是否依然愛我
04551	你是我唯一	04592	你是我最愛
0564335	你無聊時想想我	0594184	你我就是一輩子
0748	你去死吧	0837	你別生氣
123	木頭人	1414	意思意思
168	一路發	184	一輩子
2266	零零落落／落東掉西（台語發音）	286	反應慢，落伍！（電腦淘汰機種）
438	死三八！（應用：0438＝你是三八）	469	死老猴！（台語發音）（應用：04469＝你是死老猴）
5201314	我愛你一生一世	530	我想你
56	無聊	584	我發誓
618	老地方（應用：92618＝ go to 老地方）	666	溜溜溜，閃人
729	不來電（7 月 29 日晚全台大停電）	770	親親你

數字	意涵	數字	意涵
7708801314520	親親您抱抱您一生一世我愛您	865	別惹我
87	白痴！（應用：0487＝你是白痴）	880	抱抱你
886	掰掰囉		

資料來源：作者整理。

(二)英文字的時下意涵

英文	意涵	英文	意涵
2U	To you	3Q	Thank you（可以回 No Q 表示「不客氣」）
4U	For you	9Home	Go home
AKS	會氣死！（台語）	ATOS	會吐死
AV8D	Everybody	BMW	長舌婦／大嘴巴（Big mouth woman）
BPP	白泡泡（台語：皮膚很白）	CBA	酷斃啦！
CD	死豬	CDD	水噹噹
CKK	死翹翹	FDD	肥嘟嘟
GGYY	雞雞歪歪	GND	很英俊（台語發音）
KTE	口蹄疫	KTV	K 你一頓、T 你一腳、再比一個 V 字形的勝利手勢
LKK	老扣扣	LOA	老芋仔
MGG	醜斃了！（台語發音：醜吱吱）	OBS	歐巴桑
OGS	歐吉桑	OIC	喔，我了解了(Oh, I see.)
OKE	我可以	PDG	皮在養（台語發音）
PMP	拍馬屁	RUOK	Are you Ok?
SBB	三八八	SDD	水噹噹
SPK2U	Speak to you	SPP	聳斃了！
SYY	爽歪歪	TMD	他媽的
TPL	土芭樂	UKLM	幼齒辣妹

資料來源：作者整理。

(三)國字的時下意涵

國字	意涵	國字	意涵
醬	這樣	賢慧	閒閒在家什麼都不會
釀	那樣	可愛	可憐沒人愛
隨和	隨便說說就一言不合	不錯	長得那麼醜不是她的錯
美眉	漂亮小妞	天使	天哪！讓我去死一死吧！
加蛋	在這裡等（台語發音）	天才	天上掉下來的蠢才
動人	動不動就要男人	美女	喔！發霉的女生
潛水艇	沒臉見人	Morning Call	模擬考
粉絲	Fans	燒餅	很騷的女生
爐主	倒數第一名	顧爐	倒數第二名
扛爐	倒數三四名	番茄炒蛋	他媽的混蛋
好野人	有錢人	油條	很花的男生
小雨衣	保險套	了改	了解
蘋果麵包	衛生棉	米苔目	超級不識相
種草莓	留下吻痕	很安室	很野性
陳水	欠扁	小籠包	裝可愛
洗眼睛	看電影	請你穿 Hang Ten	踹你兩腳
甘乃迪	好像豬（台語發音）	紅豆泥	真的嗎？
哈姆雷特	太高深了	大丈夫	沒關係！
柯林頓	K一頓	扛八袋	加油囉！
三個燈加一個燈	登登登登。（好戲要登場了）	歐伊希	很好吃！
卡哇依	很可愛！		

資料來源：作者整理。

(四)網路表情文化

符號	意涵	符號	意涵
*_^	眨眨眼	--_--;	無奈
><？	聽不懂	^_^	微笑
-_-	沒什麼反應	>_<	想哭
〜^..^〜	一隻豬在笑	@_@	頭昏眼花

符號	意涵	符號	意涵
(*_*)!	緊張	=..= 凸	一隻豬比中指
T_T	哭啦	f^_^	搔搔頭
(^_^)A	擦汗	x~x	糟糕—裝死
><#	慘了	^3^	親一個
v(^-^)v	和平；勝利	m(^S^)m	超人
*^_^*	臉紅	\(^o^)/	萬歲
:-<	很鬱卒		

資料來源：作者整理。

上面的語言、符號看懂多少？從中不難發現一些特點，例如：哈日風、台語篇、走言，連數字和英文都出現了，其實，這就是年輕人的創意，每天生活在工作壓力下的大人絕對想不出來的點子，對青少年而言卻時時在創新，換個角度想想，這些搞創意的人，說不定是未來廣告界不可多得的人才。然而有些輕快、令人愉悅的歌詞，若用火星文呈現，整個感覺走樣，以任賢齊的歌為例：

「對面的女孩看過來，看過來，看過來，這裡的表演很精采，請不要假裝不理不睬，對面的女孩看過來，看過來，看過來，不要被我的樣子嚇壞，其實我很可愛。」

「對面 d 女孩跨過乃，跨過乃，跨過乃，嘰裡 d 表演粉精采，請 b 要＋裝 b 理 b 睬，對面 d 女孩跨過乃，跨過乃，跨過乃， b 要 b 挖 d 樣子↓壞，其 4 挖粉口 i。」

「我左看右看上看下看，原來每個女孩都不簡單，我想了又想我猜了又猜，女孩們的心事還真奇怪。」

「挖←跨→跨↑跨↓跨，○乃每咕女孩斗 b 簡單，挖想惹 u 想挖猜惹 u 猜，女孩棉 d 心 4 還金奇怪。」

二、飆車

青少年期是人的成長歷程中，最快速生長的階段，更是一個心理

的浮動期，一般學理上常稱之爲「狂飆期」。這時期的青少年不僅生理上有了巨大的變化，心理上、情緒上更經常表現出強烈不穩定及暴起暴落的兩極化特性。青少年時期是同儕力量最大的時期，若交友不愼，遇著了一群同具叛逆性格且又臭味相投的伙伴，動輒以反社會行爲爲能事者，往往便出現一些群體違反的行爲。如近年來常見的「飆車歪風」，他們所追求的，只是一種盲從與刺激，大家飆我就跟著飆，不然就深怕會落伍了。

(一)青少年飆車的原因

青少年飆車的原因有：個人因素如身心發展不平衡、自我中心主義的偏差；家庭因素如價值觀的偏差、疏於管教、破碎家庭；學校因素如升學主義的影響、輔導工作成效不佳、學生次級文化的影響；社會因素如媒體的渲染、商業道德的不彰、英雄主義的盛行、群眾廟會心理的鼓動等。茲分述如下：

1.個人因素

青少年處於身體急速成長的階段，心理的成熟跟不上身體成長的腳步，以至於身心無法平衡適應。最明顯的，就是在行爲及事理判斷上，表現出感情重於理性，常常會意氣用事，忽略事後的不良後果。皮亞傑對處於形式運思期的青少年看法是，青少年只會從自己的觀點著眼，不會考慮別人的不同看法，亦即只能主觀看世界，不能予以客觀的分析。艾爾肯（Elkind, 1984）指出，青少年的自我中心主義有兩個特徵，就是「幻想觀眾」（imaginary audience）及「個人神話」。

所謂幻想觀眾，是指青少年認爲自己是別人矚目的焦點、舞台上的主角，其他人都是觀眾。這些觀眾是青少年自己的心理所建構出來的，所以他喜歡表現荒誕不羈的行爲，或是參與冒險性高的活動，以博得觀眾的喝采。個人神話，此種特徵會使青少年認爲自己是獨特的，有一種前不見古人、後不見來者的感受。在這種信念支配之下，會讓人產生一種錯誤的能力感，過分高估自己的能耐。馬斯洛（A. H. Maslow）指出，當一個人在自我追尋中，達到自我實現（self-actualization）地步時，就會產生使人有快樂感、幸福感與價值感的「高峰經驗」（peak experience）。飆車青少年在追風的快感中，很容易體會到愉悅的高峰經驗，因此對於飆車樂此不疲。

許多研究指出，飆車青少年大都是學業成就較為低落的一群，正當求學時期無法在功課上有滿意的收穫，只好轉移到其他方面來發展，以尋求失落的滿足感。此外由於從眾心理，青少年意志力較為薄弱，若是同儕是飆車族，也就跟著一起飆車。不當的報酬心態也是青少年冒險的動機，飆車是冒險行為，若是能驚險而成功地演出，得到別人熱烈的掌聲，會獲得極大的滿足感。欠缺法律常識也是青少年誤觸法網的原因，據調查顯示，很多因飆車而被執法單位收押的青少年，不曉得自己的行為已經觸犯法律。

2.家庭因素

家長偏差的管教方式與價值觀，會影響子女對於事理的錯誤判斷，是非顛倒，不知何謂正義公理、道德倫理規範，容易養成「只要我喜歡，有什麼不可以」的態度。此外，家庭氣氛不和諧或是父母離異的家庭，讓青少年欠缺家庭的歸屬感，以至於對外尋求認同與歸屬，特別是同儕團體。若是認同與歸屬的同儕團體是飆車族，也就容易成了其中的一員。

3.學校因素

國內的中等學校教育受到升學主義的影響，除了重視升學考試的智育之外，忽略其他德、體、群、美等四育，而飆車青少年在功課表現不佳，參與其他活動又不受重視，因此轉而投入自以為能夠獲得別人矚目的活動上，飆車是其選擇之一。學校輔導工作礙於人力的不足及方法的不恰當，無法給予行為偏差的學生適當的輔導，使學生行為偏差的問題不能得到有效解決，使飆車行為越演越烈。

4.社會因素

媒體經常以渲染誇大的報導方式吸引讀者，忽略真實背後的不良影響，尤其是心智未臻成熟的青少年，對於事件只看到表面，不能深

入了解事理，價值觀與人生觀容易受到混淆，誤導青少年的判斷；如電影、電視及漫畫的賽車鏡頭，容易使青少年加以模仿，引發飆車行為。此外，一些不肖的機車業者為了賺錢，將機車販售或改裝給青少年，使青少年有了飆車工具，助長飆車歪風。由於英雄主義盛行，社會上只要是敢拚敢衝的人，就被封為英雄，不管所衝所拚的目的是對還是錯，都是眾人矚目的焦點，容易使青少年起而效尤。群眾不明是非、廟會心理的鼓動風潮，也促使青少年更加火熱地進行飆車活動。

(二)飆車的因應策略

1.個人因素

透過傳統禮俗教育的方式，在形式及實質認知上，協助青少年平衡身心發展。例如「成年禮」的儀式可以善加運用，配合現代青少年身心發展的特質，注重體能的考驗與社會角色知識的傳遞，重新發展適合現代社會所需要的儀式活動。板橋市大丹國中或汐止的青山中小均有山訓的活動或潛水活動的校外教育，讓學生不僅有冒險的感受，也可視為一種心理儀式的訓練課程。

以教育加強學生社會認知能力的訓練與輔導，利用「社會互動」（social interaction）的歷程，培育青少年的「社會角色取替」（social role-taking）或「社會觀點取替」（social perspective-taking）的能力，使他們認清自己與別人所全神貫注的對象及所關心的事物之間的區別；能了解別人的感受，並且將它整合到自己的感受中。使青少年了解自我中心主義對人際關係所可能造成的傷害，進而避免非理性的行為，以消除飆車歪風。

建立正確的價值觀，協助青少年有一套正確的價值指引，對個人的行為產生道德約束力，樹立正面積極的信念，肯定自我生命的價值。安排適當的活動，協助青少年培養正當的興趣與休閒，以避免接觸飆車的危險行為。協助青少年養成「羞恥心」，激發精神層面的成長，拓展心靈資源，能夠重視內在心靈的充實，建立正確的物欲觀念。家長、教師或是其他相關輔導人員，應該隨時注意青少年所參與

的同儕團體，適時的加以引導，以防止加入飆車團體。

2.家庭因素

　　父母應隨時自我教育，符合時代的需求，樹立良好的行為典範，以培育子女正確的道德觀與價值觀。為人父母者為子女準備溫暖、和樂的家庭氣氛之餘，要多加關懷，留意其生活舉止，經常與子女作溝通，傾聽子女的細訴，尊重子女，多舉辦全家性活動。即使父母離異，也不能以無辜的子女當作爭取利益的籌碼，必須拋棄彼此的私見，更加的關懷子女。

3.學校因素

　　學校應該擺脫升學的牽制，落實教學正常化，改善升學制度，真正貫徹德、智、體、群、美五育並重的全人化教育。了解、導引及運用學生次文化，使其趨向正常發展。在學校中，教師可以建立完善的輔導體系，成立三至五人的輔導工作小組，當個人面臨輔導的困難時，小組之間的成員互相協助，比較容易達到輔導學生的效果；更可以建立電腦網路輔導系統，使輔導教師透過電腦，直接面對學生進行輔導，增加輔導諮商的管道。學校在教學與輔導上，應該加強法治教育，增進學生對法律常識的認知，了解哪些行為是觸犯法律、會造成怎樣的制裁，清楚詳細的告知學生，讓學生知所警惕，不敢以身試法，杜絕學生違法的機會。

4.社會因素

　　端正社會風氣，重整社會秩序，提供青少年良好的行為模式，透過社會各階層的努力，特別是具有影響力的公眾人物，應該負起社會責任，導社會風氣於正途。淨化傳播媒體，落實分級制度，積極查緝審核傳播媒體的內容，尤其是社會上的風花雪月、醜陋罪惡的面目，更不要侵入青少年純潔的心靈。伸張公權力，加強取締措施，肯定並配合警政單位的取締行動，除了嚴厲處分扼止此一歪風外，對飆車青少年作追蹤輔導，以有效消除非法飆車。增設青少年正當的休閒娛樂場所，讓青少年有發洩精力的適當管道和空間，如設置安全的賽車

場，讓喜歡飆車的青少年有一處安全的場地，享受追風的樂趣。發揚我國敦親睦鄰的傳統美德，加強社區意識，推展守望相助，讓社區民眾的保全力量逐漸組織起來，使其合法化、健全化；並且能警民合作，遇有緊急狀況時，隨時相互支援，消弭飆車歪風於無形。政府應該妥善規劃社區環境，以杜絕治安死角，發揮休閒遊憩功能；與社區中的文教機構共同致力於改善、重整頹廢社區，消除社區的病理現象，減少青少年成長不利的環境因素，以有效防範飆車行為。

三、網咖與線上遊戲的另類價值觀

當我們從電視上看到曾政承同學揮舞著國旗，說出「台灣第一」，這個新聞是令人興奮的。網咖與電玩的議題又一度被重視與討論。大禹治水是採用疏導的方式，令人想起撞球運動。二十年前撞球是不見容於社會的一項運動，進出的人都被視為社會腐敗的一群，若有學生被看到出入撞球場，大過免不了，甚至於退學。正義之士不斷的建言，要求全面關閉撞球場，禁止學子進入撞球場。但是當趙豐邦拿獲世界第一，陳純甄、柳信美接二連三的獲得世界大賽獎項時，撞球又成為最時髦的運動。撞球場一間一間的開，明亮、開闊，讓人耳目一新。學生也可以大方地進出這些場所，甚至學校都設立撞球社團，公然就在校內玩了起來。如今國內已辦理多次的國際賽事，新人輩出，進入世界排名的選手越來越多，提到撞球，台灣已占有一席之地。撞球在西方是一種家庭式的休閒，是一種健康的娛樂，從撞球的禁止，再到開放，更深刻體會疏導方式的重要性。

十年前電動遊戲風行，一時又被視為敗壞社會的一類，甚至台北市長宣示要讓電動玩具店在台北市內消失，正義之士也一致附和。接著電動轉換成電腦網路時，網咖應聲而起，政府要將網咖趕到離學校五十公尺外，台北市趕到兩百公尺外。曾政承同學拿到了世界冠軍，歷史又再重現，網路遊戲又成為最時髦的遊戲，台北市立青少年育樂中心也成立了一個網咖中心，離東門國小不到五十公尺之遠。當教育

部長都說希望在校園內設立網咖，這時五十公尺或兩百公尺都不見了。當我們的學子在世界軟體大賽中表現優秀時，我們就該讓台灣在世界電腦軟體也能占有重要地位。開導、疏通與圍堵、禁止，何種方式才能解決問題，歷史也已經給我們答案了。

四、辣妹文化與援助交際

「辣妹」是台灣最近幾年的新興名詞，在報紙的分類廣告中，徵求辣妹的廣告與「伴唱小姐」、「女服務生」、「公主」等並列。在日本，高中賣春女生被稱「辣妹」，初中生則稱為「小辣妹」，但是「台灣辣妹」卻有被健康化、正常化的趨勢，反而變成時髦與具有青春活力的代名詞。「勵馨基金會」外展工作站主任葉大華說，辣妹名詞從色情文化獨立出來後，因為媒體和演藝圈打出健康辣妹形象，又為青少年所複製，強調的是超猛、超酷、超辣的裝扮。

台灣十六至二十六歲的 e 世代青年，高達七成認同情色也是謀生的合理工具，以此賺錢並無不當；而檳榔西施、紅茶辣妹，甚至是援助交際等賺錢方式，年輕人也予以合理化，形成新的價值觀，而且年紀越小，對於這種價值觀越認同。另外，有超過一半的國中生認同援交，贊成比例最高，令人驚訝與憂心。社會不斷的變遷，每個階段都有其特殊的價值取向，國中生認同援交比例高，顯示中學生除了讀書外，沒有其他謀生能力，在金錢萬能的價值觀取向下，最簡單的方式即是利用自己的身體賺錢。

五、穿洞文化的歷史

人類在體表打洞（body piercing）的歷史相當悠久，古埃及的法老就有在肚臍打洞的儀式，馬雅人為了宗教上的目的在舌頭穿洞，而羅馬時代的人據說在乳頭上穿洞可以穩住其披肩作為對帝王效忠的表徵。國內隨著部分藝人及哈日族的風潮，一些青少年也跟著流行打洞風，而歐美青少年的打洞風更早國內流行了幾年。由於打洞風引起的

併發症相關案例也因此增加了起來。

肆、小結

　　代表主流文化的父母師長，在看待青少年次級文化時，毋須以負面的、排斥的態度去面對。有些父母師長之所以對青少年次級文化無法接受，主要原因在於誤解。因為青少年「與眾不同」甚至有些「驚世駭俗」的次級文化，讓父母師長誤以為孩子是不是變壞了，或者誤以為孩子從此以後是不是一直都會如此。父母師長的焦慮不安，使得他們對青少年次級文化有過多不必要的聯想及猜疑。其實，青少年經由次級文化的洗禮，代表著三種深層的意義：第一，青少年的次級文化，往往是新鮮有趣的，雖然不一定成熟，但代表新事物、新見解、新風格的誕生，對於豐富成人世界，平添驚異與新奇是相當有貢獻的。第二，有新的青少年次級文化形成，代表青少年創造了另一個屬於他們自我的世界，他們不再只會承襲，他們不再只是依照父母的形象重塑一個自己，他們要和過去不同、和父母不同，這樣才能形成真正的自我，形成新生的一代。第三，成人的世界在青少年的心中，代表著無限的責任、壓力與辛勞，而他們要的是自由、快樂與成長，因此青少年次級文化代表著對成人主流文化的逃避，不想太早就背負成人世界的各種無奈與痛苦，在屬於年輕世界的次級文化中，青少年獲得解放的快感，是他們快樂與自在的避風港。

　　在青少年次級文化中，青少年找到了創意、找到了自我、找到了快樂。身為主流文化的父母師長，應該學習用更積極正面的態度去欣賞、包容青少年的次級文化；對於不良的青少年次級文化，則應以教育來代替教訓，讓青少年平安順利地從青少年次級文化中得到正面的教育意義。畢竟終有一天，孩子會長大，會成為父母師長，會搖身一變為主流文化中的一員，現代的父母師長若能以合理諒解的心情去關照 X、Y 世代的青少年，將來來自 X、Y 世代的父母也會以相同的

心情去關照那未知世代的青少年。

　　青少年的需求是一種傳統知性文化和現代都會影響的衍生物，但過去台灣的教師似乎不了解他的學生，學校文化反而變成一種製造個人自我目標和個人社會責任間鴻溝的工具，學生無法了解兩者之間可能有的連帶關係。國中壓抑學生道德和知性的自主，反而造成學生對公共制度的嘲弄和冷漠，以至於形成逃避的態度而非參與的精神，他們只追求激進的主體性，卻不在乎與大社會相關的事務。國中教育以要求學生服從及注重學業成績出發，沒想到學生卻創造出一種激進的自我主義，高唱「只要我喜歡有什麼不可以」。教育的意圖和結果相去甚遠，我們其實亟需反思教育在哪裡出了問題。教育的設計應該更深入了解學生的思想與需求，更明確體認社會的結構性特質，需要在教育的理想和現實的兩極對立上，找到微妙高明的平衡點才行。

第7章
教育的社會文化脈絡

　　傳統的教育研究時常終止於教室的門戶之外，對於班級教室的活動常以「視為當然耳」的態度來認可它，教室裡面師生互動是屬於教師們的隱私，因予以尊重。其實教師、學生、目標、學校、班級、家長、課程、教法、評量及教學情境等都是決定有效教學的因素，隨著社會型態的變遷、教育思潮的趨勢，教學的歷程逐漸由權威式而民主化，由單向而雙向，由簡單而複雜。教學歷程中教學者與學習者不是單獨、單向運作的，應是交互且雙向，因而，良好的師生互動關係，才能充分發揮教學效能，提升教學品質與成效。

　　以往相關的教育研究是以學校為單位，以某幾種教學法來比較方法運用在班級的效果，也難以得到一個最後肯定的答案。但目前的研究趨勢逐漸把焦點集中在教師或學生個人的一些因素，如社會的、教育的、生物的、心理的因素，企圖尋求相關因素與班級經營成果的關係，使得許多教育研究者進入教室裡面去探研教室體系師生的互動，為教育研究拓廣了新園地。

第一節　師生互動研究

　　師生互動關係是一動態的過程，是一種社會互動的情境，這種情境中，教師與學生間要不停地交互作用，彼此溝通；教師或學生將所欲傳送的種種訊息，藉由各種媒介傳達至對方，並發生預期的反應結果。由此反應結果再回饋給對方，而形成良性的回饋循環系統。

壹、師生關係

一、藍克爾的「訊息反饋圈」理論

　　教育工作最基本、最具體的表現，乃在於師生之間的交互行為。

因此，師生關係的研究，應為教育研究的重心之一。藍克爾（Runkel,
1963）認為在交互作用過程中，一個人的行為乃是經由訊息反饋
（feedback of information）的作用而影響到另一個人的行為。藍克爾研
究師生教學中的行為，提出一個理論模式，強調師生雙方行為的一些
決定因素。此一理論模式，如單就教師方面的行為因素而言，可以圖
7-1 表示。

藍克爾所謂個人史（personal history）係指教師由於個人生活經
驗而形成的某些內在需要與目標（personal needs and goals）。這些需
要與目標影響他對學生的期望，因而替學生作學習目標的選擇
（choice of goals for pupil）。至於教師的參考架構（frame of refer-
ence），係指根據教師個人體驗與專業素養所形成的一種評估事物的
標準。

根據師生訊息反饋的原理，藍克爾將教師教室行為的決定因素與
學生教室行為的決定因素連貫起來，構成所謂「訊息反饋圈」（an
information feedback cycle），用以說明師生交互關係（圖 7-2）。從此
一理論模式中可以看出：教師的參考架構，一方面決定其教學行為，
一方面由其本人行為與學生行為而獲得訊息的反饋。同樣，學生的參
考架構，一方面決定其學習行為，一方面亦由其學習行為與教師行為
而獲得訊息的反饋。這種關係說明了師生之間觀念與行為的相依性

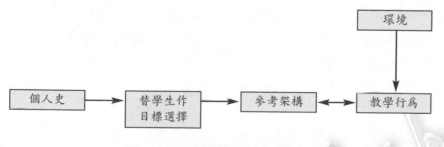

圖 7-1　教師教學行為的決策因素

資料來源：Runkel（1963）。

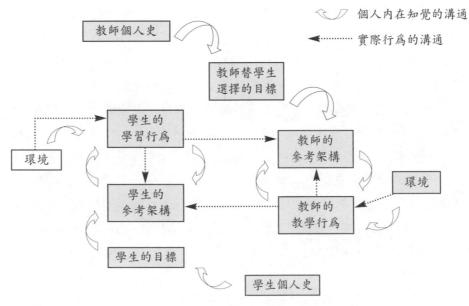

圖 7-2　藍克爾師生訊息反饋圈

資料來源：Runkel（1963）。

（inter-dependence）。藍克爾的理論模式，被批評為太過於單純，只說明一位教師與一位學生之間的交互關係。在實際班級教學情境中，一位教師要面對多數學生，而且學生彼此之間的溝通，亦影響師生關係的型態。

　　眞實教學情境中的變數有許多，藍克爾的模式未完全涵蓋。然此一模式的特點，在於提醒教育學者重視師生之間訊息的反饋作用，了解師生內在需要與相互的期望，對教學行為的影響具有相當的價值。

二、高門的師生交互作用過程的分析

　　高門研究的師生關係理論模式，強調教學前後知識、技能與態度理想的「改變」，從師生反應中獲得「反饋」，以及教學活動為一「循環」的過程，這些是現代班級教學研究中的重要概念（Gorman，

1969）。師生交互作用的過程包括：(1)開始的情境（initial situation）；(2)教學活動（activities）；(3)反饋（feedback）；(4)顯現新的情境（emerging situation）。第一階段（開始的情境）包括師生的背景與班級團體的結構；第二階段（活動）包括交互作用與理論的印證；第三階段（反饋）包括資料的蒐集與資料的分析；最後（新的情境）包括師生背景的改變與團體結構的改變。茲將高門理論模式圖示如圖 7-3。

　　此一交互作用模式有三個特點：(1)它強調開始情境與最後顯現情境之間師生背景（包括認知、技能與情感各方面）以及團體結構（包括行為規範、教師領導與教室管理方式）的變化；(2)在交互作用與理論印證中，蒐集並分析有關資料，而獲得反饋機會；(3)運用情境變化的分析來影響下一次的交互活動。

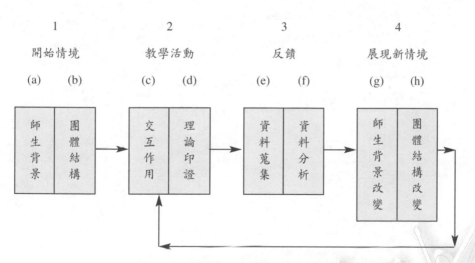

圖 7-3　高門的師生關係理論模式

資料來源：Gorman（1969）。

貳、師生互動研究的模式

　　鄧肯與畢德爾（Michael J. Dunkin & Bruce J. Biddle）（1974）為教室師生互動研究提供一模式，根據這個模式，班級教師體系所牽涉的變項包括有：(1)預測變項（presage variables），如教師的以前經驗、所接受的訓練經驗、教師的特質等等；(2)背景變項（context variables），如學生的先前經驗、他們的班級、學校、社會背景變項等；(3)過程變項（process variables），如在教室中師生表現的行為；(4)結果變項（product variables）：即時的或長程的行為改變。如圖 7-4

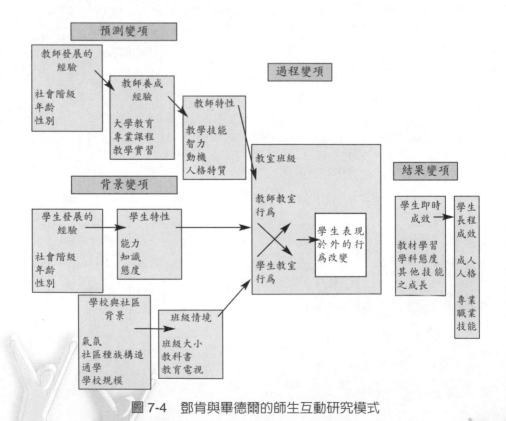

圖 7-4　鄧肯與畢德爾的師生互動研究模式

資料來源：Dunkin & Biddle（1974）。

可以作爲此類研究的參考。從事教室體系互動研究，研究者可研究此等變項其中任何變項間的關係，尤其是過程變項與產出變項的關係。

一、師生互動觀察系統

班級教室體系牽涉的變項至爲繁複，學者研究如何去擷取關鍵變項是一個待先決的難題，過去學者的研究所研究的變項有多至六百多個變項者，也有少至一項者。爲便於研究，學者發展出許多觀察系統，以供研究者作爲擷擇變項、進行觀察以及記錄分析的依據。茲舉佛蘭德斯（N. A. Flanders）（1971）的觀察系統爲例。

佛蘭德斯的觀察系統著眼於教室中師生語言互動（verbal interaction）。他將教室中師生語言互動類型分爲十類，前七類爲教師語言，後三類爲學生語言，最後一類爲教室情境。詳如表 7-1。按照這個觀察量表，由一訓練有素的觀察者實地在教室中觀察師生實際互動情形，以三秒鐘爲一單位，將觀察到的學生行爲歸類劃記於「10 類×10 類矩陣表」內，作各種有意義的組合，以數量來表示師生互動的情形。

表 7-1　佛蘭德斯教室互動語言分析

教師語言	間接影響	1.接納感受（accepts feeling） 2.稱讚或鼓勵（praises or encourages） 3.接納或使用學生的想法（accepts or uses ideas of student） 4.問問題（asks questions）
	直接影響	5.講述（lecturing） 6.指示（giving directions） 7.批評或維護權威（criticizing or justifying authority）
學生語言		8.學生反應（student talk-response） 9.學生自發性語言（student talk-initiation） 10.安靜或混亂（silence or confusion）

資料來源：Flanders & Amidon（1971）。

二、班級師生互動質的研究

國外有學者以參與觀察來研究一個小鎮裡的教師生活；由於教師本身來自低中社會階級，也就偏愛相同背景的學生，對於來自低階級及上中階級的學生較不能接受。納西（Nash, 1973）對美國學校研究其教室師生互動，發現教師對於學生行為的處理常因學生之為「好學生」而異。也有學者利用參與觀察的方式進行其「教室與走廊」（classroom and corridors）的研究，她研究崁東地區的喬西（Chauncey）和漢彌爾頓（Hamilton）兩學校「反隔離」政策實施四年後，學校教室內外的師生互動，以身歷其境的經驗栩栩如生地描述教師和學生如何「認識」與界說他們的學校班級，論析師生之間的衝突、調整與互相牽就的實況。

史丹佛大學婦女研究中心白人客座學者珍・卡瑞（Jean V. Carew）與哈佛大學教育研究所黑人教授莎拉・萊特福（Sara L. Lightfoot）兩人統合了數量研究法與質的研究法，持一種折衷的方法對四個班級教室進行師生互動的觀察與分析。她們設計了觀察量表，也採用長期的「田野旅行」式與觀察來描述、記錄、解釋教育過程。之後並綜合統整她們的發現獲得了獨到精闢的可貴結論，給這方面的研究帶來了很大的啟示。該研究發現教師在教室裡面如何分配運用有限的時間、精力、空間、感情、注意力給各學生。各個不同教師運用不同的分配方式，日子一久自然形成了一種類型。當教師運用慣了某種類型，即使陷入困難也並不自覺，只怨天尤人，而很少用專業的修養去做客觀冷靜的分析。有些類型是積極類型，十分能滿足學生需要，有些類型是消極類型，例如對男女性別不同、種族不同的學生常存有歧視，不能一視同仁，也不能以有效的方法來教導學生。教室中互動的類型常是教師自己的個性，如價值、動機、認知和行為的寫照。

參、師生互動研究的若干發現

　　班級師生互動研究尚未能獲得完整與一致的結論，為錯綜複雜的班級體系提供一個明確的指導原則。

　　班級體系大小關係師生互動。一般發現體系越小越有利於互動，但也有些發現並不盡然如此。班級大小與學生成就並不成直線的、簡單的相關；如何靈活運用班級，例如分成若干組，是與師生互動極有關係的。班級社會體系組成的同質性（homogeneity）與異質性（heterogeneity）關係師生互動。男女生處在同一班級，教師對之常給予不同對待方式；能力成就水準不同的學生相處一堂，也會有不同的影響，全班皆為資優生的資優班對學業成就可能有好的影響，但對其他方面也許並不有利。聰明的學生並未達資優標準者，與資優學生混合成班獲得較大激勵，其他學生可能不受影響或蒙不利影響。

　　座次安排與師生互動有密切關係，中排第一位是師生互動頻率最多的一位，其頻率多少由此作輻射分布。根據亞當氏（Raymond S. Adams）的研究，在師生互動中，無論統計接受互動的「目標者」（target）或發動互動的「發出者」（emitter）的頻率均出現此種情形。班級教室互動常表現巴佛拉氏（A. Bavelas）與李味特（Leavitt）四種溝通類型中的「高度中央集中溝通類型」（引自劉玉玲，2005），即第四類型，在此種類型的互動中，居於中央位置者（常為教師）最受注意也最感滿意；此種類型的互動較適合高度結構性的工作。常見的溝通網絡型態有四種（圖 7-5）。輪型溝通網絡在組織中代表一個教師直接管理學生的權威系統，如圖 7-6。鏈型溝通網絡則代表教師與學生間有中間學生幹部的權威系統，如圖 7-7。

　　溝通網絡代表一個組織的結構系統，四種不同的溝通網絡個別具有特徵，組織要想達到有效管理的目的，應該採取哪一種型態，這個問題的答案須視對於「有效」的定義而定：(1)如果指的是團體高昂的

鏈型　　　　　輪型　　　　　交錯型　　　　Ｙ型

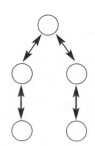 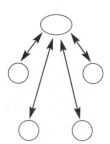 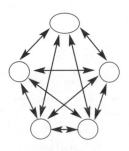 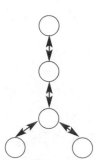

圖 7-5　常見的四種溝通網絡型態

資料來源：劉玉玲（2005）。

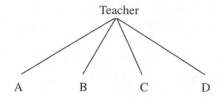

圖 7-6　教室中的輪型溝通網絡

資料來源：劉玉玲（2005）。

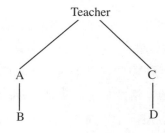

圖 7-7　教室中的鏈型溝通網絡

資料來源：劉玉玲（2005）。

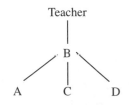

圖 7-8　教室中的丫型溝通網

資料來源：劉玉玲（2005）。

十氣，則輪型溝通網絡較為理想。不過住一個大的組織裡，所有人都能平等地獲取各種情報資料是不太可能，也不是必要的。在小團體內，可以運用輪型溝通網路；(2)如果需要授權分層管理，則鏈型溝通網絡是比較有效的；(3)一個教師如果他本身的工作非常繁重，需要有人幫他選擇必要的情報資料，排除不必要的訊息，則宜採用丫型改良的溝通網路（圖 7-8）。

　　在師生互動體系的研究中發現對工作專注時間（on-task time）多少是決定互動成果一個很重要的變項；同樣地不專注工作的打發時間（off-task time）也是影響互動成果低劣的變因。教師「增強結構」（reward structure）的設計與運用也是十分有意義的變項，但並沒有一定的結論。

第二節　社會體系

壹、社會體系的意涵

　　體系是指二個或二個以上的因素，彼此之間相互依賴與相輔相成

所形成的一個緊密的整體。宇宙世界有許多大小不同的體系，包括具體的與抽象的、開放的與封閉的、自然的與人爲的等等（謝文全，1978）。而所謂社會體系（social system），乃是由二個或二個以上的人產生比較穩定的交互關係所構成。對於社會體系的分析，最具代表性的是美國當代著名社會學家帕森思（T. Parsons, 1966）：凡是一種行爲，牽涉到自我與他人之交互關係者，便是屬於社會行動（social action），社會體系也是由這些社會行動所組成。帕森思社會體系包括下列特性：(1)它包括兩個人或兩個人以上人群的交互作用；(2)一個行動者所處的社會情境，必包括其他的行動者；(3)行動者之間有某種互相依存的一致行爲表現——此種表現是由於彼此具有集體的目標導向（或共同價值觀念），和共同一致的規範與認知的期望（a consensus of normative and cognitive expectations）。

教育學者爲了分析方便起見，常把學校當作是一種組織，而把班級當作是一種社會體系。事實上，學校也是一種社會體系。社會組織與社會體系兩者都是具備同樣的基本要素：即必須兩個以上的人，必須有固定的關係與交互作用；所有的社會組織都是社會體系。班級是學校的主要單位，班級教學是學校的主要型態；觀察學校教育活動的進行主要是在班級裡面來進行的；打破班級的界限，一起來進行共同的團體活動的機會有限。班級從社會層面或社會心理層面來看，它具有極爲複雜的意義，它是一個社會心理的動力關係，團體社會學家如帕森思以「社會體系」的概念來分析它，爲許多學者所效法。

貳、班級社會體系的功能

班級社會體系在教育與社會裡面，具有其特殊的功能，以下將引用涂爾幹、韋伯（Max Weber）、帕森思、德里本（Robert Dreeben）和傑克遜（Philip Jackson）等學者的觀點說明班級社會體系的功能。

一、涂爾幹之「社會化」

在班級中的師生並非出於情投意合、臭味相投、即興而作的自由組合，師生均是為了某些一般的、抽象的「理由」而組成的，這個「理由」便是「社會功能」。班級體系的功能是什麼呢？是為了把一個「個別存在」的人（individual being）變成一個「社會存在」的人（social being），亦即「社會化」（socialization）。涂爾幹認為在班級社會體系中能使個人社會化成為具有社會的觀念、分享社會的感情、遵循社會的行徑，成為所生存的社會中有效的一份子，而非自絕於他人的一個份子。

二、韋伯之「選擇與法定資格的取得」

韋伯認為學校是一個正式的組織。它反映社會上政治的、經濟的、階層的結構關係，並為其服務。班級教室體系乃是學校為完成這種使命所進行的選擇人才、使他們認同現存社會，並使他們獲得現存社會法定資格的必經過程。韋伯的觀點，以為班級社會體系的社會功能是「選擇」（selection）和「合法化」（legitimation）。

三、帕森思之「社會化與選擇」

帕森思分析美國中小學班級社會體系具有「社會化」與「選擇」功能。所謂社會化是要使個人附從於社會的共同價值體系，盡在社會結構中特定的角色義務，並培養其「技術能力」和「社會能力」；所謂選擇乃係就學生的成就表現的特質與高低，根據社會的職業結構分配人力資源。自我與他人的交互作用是社會體系中最基本的型態（Parsons & Shis, 1951:55），社會體系為一整體結構，交互作用則為其動態過程。如將社會比喻為生物有機體，那麼社會體系就如同社會的骨骼和器官組織，表現其整個有機體的結構；而交互作用就如同呼吸、消化與血液循環，不但顯示有機體的動態過程，亦藉以使整個結

構充滿生命與活力。

四、德里本之「現代社會中社會角色的社會化」

德里本在所著《論在學校裡學到了什麼》（*On What is Learned in School*）對於學校班級體系如何發揮其功能作了極爲詳盡的分析。在這樣的班級體系之中，學生學到了扮演成人社會角色，如在學校班級中，教師一視同仁，學生必須學習自己負責自己的工作，進行自己的功課，對自己所作的行爲負責。在班級中由教師指定某項作業，學生自己去工作。教師再根據某個標準來評鑑優劣，由評鑑得到的優劣決定地位的高低。這種經驗是在家庭不易得到的，卻是成人社會的行爲模式。在班級社會體系中，兒童學生並不是特殊的。師生互動比親子互動較少私心，較少情緒性，較具普遍性。這種特性是成人社會角色所須具備的。教師與學生在班級體系之中偏重在特定的方面，尤其隨著年級的升高，在互動關係可能僅限於某一科目或某一主題的講授指導而已。這種「專業性」是今天專業社會角色必須要具有的特性。

五、傑克遜之「班級生活是一種儀式」（classroom life is ritual）

傑克遜發現班級教室與群眾（crowd）在許多方面相似。只有在教室中，一個人才有機會與幾十個人每天相聚好幾個小時，一旦離開教室，此種情形極爲少見。教室類同一個群眾，因此如何控制這樣一個群眾乃經煞費苦心、匠心設計，一則建立明確的權威階層（authority hierarchy），另則規定儀式規矩。每日教室活動均循制度化的程序儀式來進行，班級教室活動非常機械化，也少有變化；此等活動均按時間表來進行。學生在班級教室中學到耐心等待（patience）、「逆來順受干擾」（interruption）和「免除引誘，專心注意」（distraction with denial）。

我國班級社會體系的確發揮了社會化的功能，例如選擇、監護、文憑的頒授、儀式的洗禮等。我國國民中小學的班級教室是社會化媒

體，選擇的機構、監管的堡壘、行禮如儀的廟堂，與外國並無不同（林生傳，1996）。

參、班級社會體系的分析架構

蓋哲爾與夏倫（J. W. Getzel & H. A. Thelen, 1972）就制度與個人兩個層面去分析社會體系，復在制度分衍出文化與制度兩層面，在個人層面分衍出個人與有機體兩層面，以及個人與制度之間衍生出團體層面，建立一個由文化、制度、團體、個人與有機體等各層面去分析探討社會體系的模式，進而修正模式形成班級社會體系的模式。

人類社會行為都是從社會體系中產生的。有關社會體系與社會行為之間所牽涉的各種因素的探討，比較受重視的是蓋哲爾與夏倫（Getzel & Thelen, 1972）的理論模式（圖 7-9）。蓋哲爾與夏倫認為人

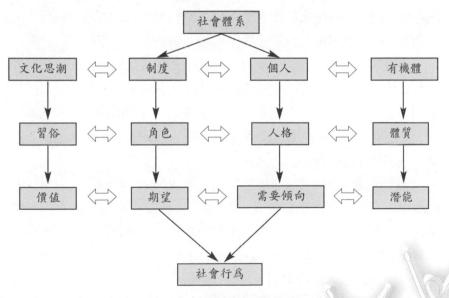

圖 7-9　社會體系的分析架構

資料來源：Getzel & Thelen（1972）。

類在社會體系中表現社會行為，通常受到兩方面因素的影響，一為制度方面的因素，一為個人方面的因素。前者指制度中的角色期望，又稱團體規範面（organization norm dimension）；後者指個人的人格特質與需要傾向，又稱個人情意面（idiographic dimension）。

就制度方面而言，學者一致認為社會制度無法擺脫社會文化的影響，任何制度均具有濃厚的文化色彩。因此，制度中的角色期望，必須符合於社會的一般思潮、習俗或文化價值（例如：我國文化的特質是敬老尊賢，因此，在教育制度中，自然就期望學生孝順父母、尊敬教師）。就個人方面而言，心理學者認為身與心的發展具有密切的關聯，要了解一個人的人格特質與需要傾向必須考慮其生理因素。因此，個人有機的結構、體質與潛能，對於個人的人格（包括感情、意志）具有重大的影響。後來蓋哲爾與夏倫修正模式形成班級社會體系的模式如圖 7-10。

蓋哲爾與夏倫運用這個理論模式來分析教師行為的兩大問題：一為教學情況中角色衝突的問題，一為教師領導方式的問題。就角色衝突而言，教師在班級社會體系中，可能面臨下列衝突的情況：教室內外（或校內外）價值觀念的衝突，也就是社會習俗的要求與學校制度本身對教師的期望不符；制度中的角色期望與個人的人格需要之間的衝突；不同的人對教師角色有不同的期望；一位教師擔任二種或二種以上角色時所發生的角色衝突；個人內在人格的衝突，也就是個人的潛能與需要傾向不符。

就教師領導方式而言，蓋哲爾與夏倫認為此一理論模式可用以闡明教學情況中行為改變的問題。他們認為行為改變的途徑，可以約束個人情意的傾向，以適應團體規範的要求，此種過程稱之為「人格的社會化」（socialization of personality）；也可以調整制度中的角色期望，以適應個人人格的需要，此即所謂「角色人格化」（personalization of roles）。這兩種途徑之間如何取捨或如何平衡，決定於教師的領導方式。而教師的領導方式又影響班級團體的結構與過程，以及學

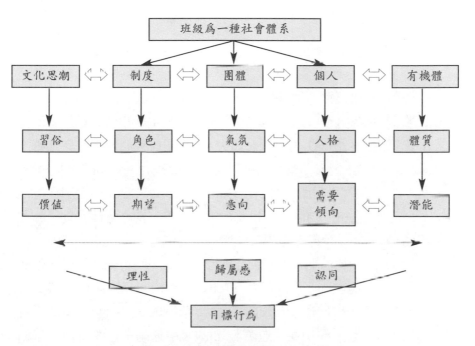

圖 7-10　班級社會體系分析架構

資料來源：Getzel & Thelen（1972）。

生學習的效果。蓋哲爾與夏倫理論模式主要在於強調：要了解班級團
體的氣氛，以及師生是否能依其意願順利達成教學目標，必須從社會
體系中的各種因素加以探討，才能獲致事實的眞相，此一模式著眼於
由文化、制度、個人、有機體等各方面探討在班級體系中如何透過師
生互動來發生教室行爲，達成教學目標。譬如制度賦予師生以角色，
師生角色乃因角色期望來進行「教」「學」行爲。個人均有其一定的
人格，人格使個人循一種較固定的類型在社會體系之中與他人發生互
動行爲。所以由上言之，班級是一個小型的社會體系，不單是一個教
師與一群學生的教與學互動，尚有其他的變數，在此體系內運作，此
模式給我們清晰的輪廓。

肆、象徵互動論

象徵互動論之淵源與基本概念，可追溯至十九世紀晚期和二十世紀初期的芝加哥大學，因為象徵互動論的兩位重要學者與理論皆源自該大學：包括米德（G. H. Mead, 1934）的「自我心理學」與湯姆士（Thomas, 1973）對於「情境定義」（definition of situation）的分析。此外，密西根大學柯萊（C. H. Cooley, 1902）對於「鏡中自我」（looking-glass self）的概念，也有相當的貢獻。當今象徵互動論的代表人物則為加州大學的布魯墨（H. Blumer）。

米德認為社會心理學應研究社會過程中個人的行為和活動，但個人行為必須在團體中了解。自我（self）是個人行為與團體行為二者之間的結晶體，也是社會互動的主要媒介（Mead, 1934）。兒童「自我」觀念的發展，最初從「遊戲」（play）中透過角色的扮演，以相對的觀點來了解人我之關係，再進一步參加有組織的「比賽」（game），在此兒童必須了解別人的反應，並調適其行為，以配合團體的要求。米德將社會看成一種動態的實體，人與社會均處在持續互動的過程（processing），個人的語言、文字、姿態都直接間接影響社會結構，而個人也不斷在修正並調整自我。經由自我的發展，個人才能成為社會的一份子。

柯萊對自我觀念的發展也持類似的看法，「鏡中自我」的概念是指每個人對他人都是一面鏡子，反映出他人所表現過的一切。所以自我觀念的形成是透過與他人的接觸，意識到別人對自己的看法，站在別人的角度以反觀自己的結果（Cooley, 1902）。象徵互動論認為社會是一群互動中的個人所組成，其研究重點在探討社會互動的性質與過程。動物對外界的刺激通常是直接的、本能的反應，人類的互動則透過象徵的符號（symbol），如語言、文字、手勢……，這些符號的意義是社會所賦予的。人們在接受符號刺激時，通常先對它的意義加以

解釋分析，然後再設法反應。其過程爲：

　　對象（符號）─意義─解釋分析─反應

　　象徵互動論的基本觀點是：人們經由互動過程以象徵的符號來表達意念、價值與思想。而符號的意義隨個人與情境變化，而有不同的解釋。不管此種解釋是否眞確，常會產生和此種解釋相符應的後果。象徵互動論在教育上的意義在於「標籤」（labeling）觀念的形成。

　　貝克（Becker, 1963）在他的研究中曾舉出，某些人因有某種行爲表現而常被標記爲「犯罪者」、「愚鈍者」或「調皮者」。哈格雷夫斯（Hargreaves, 1967）和拉西（Lacey, 1970）兩人分別探討英國現代中學與文法中學師生交互關係與學生次級文化。他們發現學生對學校與教師的態度有兩極化的現象：支持（pro-）與反對（anti-）學校者，分別形成不同的價值觀念與行爲模式。而學生的這些價值與行爲又受到教師分類作用的影響而強化。無論學生表現如何，常依據其被標記的行爲與態度來解釋。

　　凱蒂（Keddie, 1971）發現英國一個綜合中學的教師們常依據編班的結果與社會階級的不同，而對學生加以分類，這種分類或標記一旦形成就不易改變。納西（Nash, 1973）也發現學校教師常認爲來自高階層的兒童比較聰明，而低階層兒童比較愚笨。哈格雷夫斯（Hargreaves, 1967）稱之爲「社會學的迷思」（sociological myth）。教師們常根據若干「低階層兒童學業成就較差」的統計結果，就認定所有低階層學生的智力亦低，缺乏學習能力，甚至不可救藥，因而形成所謂教師期望自我應驗的「比馬龍」（Pygmalion）效用。

　　教師與學生之間存在相互依存的關係，包括教與學的計畫、學習的歷程、知識的建構及班級社會的形成等，師生間良性的互動關係可以使受教者適性學習。在師生互動的關係中，教師與學生均同時扮演著訊息發送者與接收者，在兩種角色相互牽引、運作。師生互動關係是一動態、連續、流通的過程，教師與學生的互動，必須藉助有效的

媒介，如語言、文字、行為、態度或肢體語言等。教師與學生的互動內容，其涵蓋範圍比單純的課本教材為廣，除了認知層面外，還包含情感、態度與行為層面的內容。教師在班級教學中，常透過期望（expectation）與學生產生交互作用，學生遵循此期望產生認知與行為變化。在師生互動過程中，不但教師影響學生，學生的行為也影響教師。

象徵互動論認為人類互動的特質並非固定的，而是一種不斷發展的過程（process）；社會接觸並非被安排好的，而是互動雙方創造出來的。所以象徵互動論在教育上的意義特別注意到師生對於班級情境的界定乃是透過彼此磋商的結果。傳統實證論比較注重教師的角色，此種角色的意義大體上相當明確固定，而為師生所共同體認。象徵互動論則兼重師生角色，尤其是學生角色的主動性。此派的基本觀點是，互動雙方都在主動地詮釋他們所處的社會情境，而非被動的對情境產生反應。

伍、民族誌在班級社會體系的運用

民族誌的基本觀點是，社會事實乃由社會行動者所建構而非賦予他們的。因此學生也和社會大眾一樣，會對他們所處的生活環境的意義加以解釋，而且這種解釋與教師或校方的觀點並不完全一樣。就研究班級社會體系而言，它是指研究者深入了解他所要研究的對象（人群），去發現他們如何建構社會事實以及他們對所處環境的內在感受。此派學者主張用長期參與觀察（participant observation）的方法，即研究者身歷其境成為該團體的一份子，和該團體的成員共同生活一段相當長久的時間，深入觀察與了解，並從事實地記錄（field-recordings）。此種方法應用於教育方面，即所謂教室的個案研究（case studies of classrooms）。

教室的個案研究在於利用人類學的新奇性（anthropological

strangeness）使一個人對於周遭環境中視爲理所當然（taken-for-grant-ed）的事物，具有敏感的態度，並將日常使用的語言分析其底蘊，及其在特殊情境中的意義（Robinson, 1974）。爲了了解師生活動中深一層的社會行爲意向，問卷調查法或短暫訪問法不能滿足研究的需要。長期參與觀察通常是在自然情境中進行無結構（unstructured）而且有深度（in depth）的交談訪問，從教室實際活動中，設身處地去了解師生交互作用過程及其所含蘊的社會意義。

　　露莎與哈雷（Rosser & Harre, 1976）從衝突的觀點探討兒童們如何想像他們所處的家庭與學校環境。他們發現，兒童們對於生活情境的看法與父母及教師的觀點大不相同。父母及教師對於學校與學校教育常從「正式」（official）方面著眼，而學生們則採取「非正式」（unofficial）的觀點。師生雙方對於學校教育的「意義」有不同的解釋，學生們認爲學校是處於和他們對立的地位，爲了對付學校和教師，他們常形成一套學生特有的反應方式，例如：爭論、辱罵，甚至暴力相向。露莎與哈雷認爲師生對立的情況乃是由於他們對學校看法不同所致：這種觀念上的差距，是教育上的重要問題，但常常爲教育學者（或教師本身）所忽略。伍茲（Woods, 1976）的研究也同樣顯示師生對學校態度的差距。他發現許多學生對學校教育的評斷，是根據學校生活能夠給他們多少「笑聲」來作決定。因爲中等學校就業班學生是以樂趣的多少來決定學校生活是否滿意，因此所謂「滿意的學習」（satisfactory schooling）與「成功的教師」（successful teachers）並沒有固定的標準或解釋。校方以「正式」的觀點來評價，學生則認爲「笑聲」是不愉快的學校生活的解毒劑（an antidote to schooling）。

　　民族誌的重點即在探討人們如何了解社會生活環境的意義（bow people make sense of their social environment），試圖分析人們在現實社會裡的日常生活方式。民族誌重視生活語言的運用，人們日常使用語言的涵義，往往比表面意義廣泛得多。日常所用語言之涵義無法單從辭典所下的定義去了解，因爲語言在不同的社會情境中均有其特殊的

意義。人們之所以能運用語言充分溝通，除了具備語言知識與能力，還需要彼此雙方具有相同的文化背景，並對當時的社會情境有充分的了解。

第三節　社會階層化與教育機會不均等

壹、教育機會均等的意義

在台灣每一個人具有相等機會接受最基本的國民義務教育，所謂「均等」，指的是「機會」的均等，而非「結果」的相等。狹義的均等是指學生應有同等機會入學，而且在入學以後，應在同等條件（學校經費、師資、設備的均等）下接受適性的教育，影響學業成就不利的相關因素，如家庭與社會環境應合理改善。廣義的均等是指接受國民義務教育的同時，也注重人民素質涵養的提高，人民素質涵養的提高，關鍵在於教育功能的正常發揮。

貳、社會階層化

任何事物若按照某種標準予以區分為不同的等級（rank），即可稱為階層化，其中任何一個等級即為一個階層（stratum）。所以一個社會中的人，根據一個或若干標準，被區分為各種不同等級的安排方式或狀態，即可謂之社會階層化（social stratification），其中每一等級的人皆屬於一個社會階層。區分社會階層的標準雖然每個社會不盡相同，而且，每個學者所探討的重點也略有差異，但這些標準仍有共同的歸趨。

《現代社會學辭典》（*A Modern Dictionary of Sociology*）解釋社會

階層化時，將其界定為「一個社會體系中各種不同角色與地位，因其不同的特權（privilege）、聲望（prestige）、影響力（influence）及權力（power）等所形成的較持久性的等級狀態」（Theodorson, 1969）。社會階層化是指一個社會之中，根據個人學歷、權力、財富、聲望等因素的差異，而形成高低不同的社會等級的狀態。

參、社會階層化影響教育的理論模式

有關社會階層化與教育成就之關係的研究，通常都以家庭「社經地位」（social-economic status, SES）來代表社會階層化。一般研究常根據職業類別、教育程度、經濟收入等客觀標準，偶亦採用主觀判斷及社會聲望評量法來決定「社經地位」。然後比較不同社會階級間的差異，並探求社會階級與教育成就的相關性。

一、社會階層與學業成就

許多研究發現社會階層化與學生學業成就有顯著的正相關，然而有些學者以為家庭社經地位並不直接影響教育成就，而是透過一些中介因素來影響它，這些中介因素與社會階級關係密切，但並非絕對不可分。因此，社會階層化與教育成就之間雖然關係並非必然一致。更有若干研究發現階級之內學業成就的差異，可能就是這些中介因素所造成的。根據林清江（1987）對於「家庭文化」的分析，認為父母的教育態度對於子女學業成就最有影響。他說：「如果父母教育態度良好，對於子女教育多加關懷，雖然本身的職業地位及教育程度偏低，子女仍然會有較高的教育。」根據潘進財（2005）的研究顯示表示高、低家庭社經地位學童在學業成就上有明顯差異；研究結果也顯示，不同家庭社經地位與父母親管教方式之間是有顯著的關聯性存在（潘進財，2005；李美慧，2004）。林生傳（1978）則以為社會階層化可能決定擔負教育經費能力，影響家庭結構、價值觀念、語言類型

及教養方式等等，從而對教育成就發生影響。此外，陳奎憙（1996）強調家庭社經地位影響學生的智力發展、成就動機、抱負水準、學習環境……。這些因素都直接間接影響其教育成就。陳奎憙（1996）歸納出一個理論模式，如圖 7-11。

二、社會階層化與就學機會

社會階層化在教育上的第一項重要意義是影響就學或升學機會的多寡，許多調查研究獲得同樣的結論：來自不同社會階層的子女其接受教育之機會頗不相同。一般而言，社經地位較佳的子女，有更多的機會接受教育，尤其是大學教育。許多研究顯示社經地位的高低與升學機會的多寡具有密切的關係：來自上層、中上層、中下層以及下層等不同社會階層的高中生，其計畫升大學、真正就讀大學及大學畢業的百分比，顯然有極大差異。台灣政黨輪替以來，許多小朋友的營養

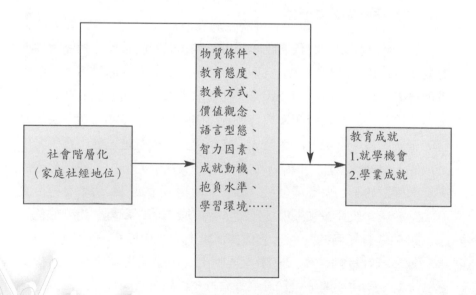

圖 7-11　社會階層化影響教育的模式

資料來源：陳奎憙（1996）

午餐費無著落後，大學生申請助學貸款及清寒證明者，也明顯增加了。據報載，自民國 91 年開始有超過五十萬人申貸助學貸款。

我國目前傾向採取高學費政策，學費高則申貸金額亦高，越是貧窮家庭，越不可能提供優渥的補教環境，相對的，在求學期間幫忙家計式的勞務或許占用了不少時間，以致考上前幾志願之公立大學者較少。經濟弱勢家庭中若有兩位以上子女就讀私立大學者，一到開學必須面臨十數萬元的高學費，申請學貸後加計利息，其負債之重，不啻是懲罰有向學之心的貧窮家庭及其子弟。依據「高級中等以上學校學生就學貸款作業要點」（2005.4.1）第三條規定，就學貸款利率依照郵政儲金一年期定期儲蓄存款機動利率為指標利率加碼計算，目前利率為 3.27-3.37 %，反觀美國、日本等國類似利率約 2 4 %，其實如果政府真正關心青年學生的問題，首先就應該為其排除經濟條件上的障礙，給學子鋪設一個公平的就學機會。

我國高等教育中公立大學的系所遠少於私立大學，大學以上之私校學生，約占七成，因此，對經濟弱勢家庭而言，期望接受高等教育簡直是一大奢侈，經濟不好與教育失調會有連動性效果，如果貧富差距繼續擴大，政府卻未正視就學公平性問題，則將可能造成未來社會「階級化」嚴重的情形，這是令人憂心的事。面對景氣低迷、失業率高漲的大環境，高額的學費實在是弱勢家庭「難以承擔之重」，尤其有兩位以上子女就讀私立大學的家庭，一到開學時所迎接的是十數萬元的昂貴學費，其負擔可想而知。現在有超過五十萬的同學申貸就學貸款，如果現在全台灣的勞工家庭有三、四百萬戶，那麼平均每七到八戶的家庭就有一戶要為就學貸款的負擔傷神，可見這是相當嚴重的國計民生問題，政府應設法加以解決。尤其就學貸款問題牽涉到教育，而教育攸關我們國家的未來，我們的下一代。

教育是長遠的投資，也是提升人民素質最重要的管道，但政府根本未注意到其重要性，而且人民素質無法提升，影響的是國家整體的競爭力。以前窮人再窮，有救濟性的就學貸款辦法。如今高利率的助

學貸款形成當掉學生學習成績的隱形殺手，沉重的學費壓力也剝奪了學生繼續升學的機會，學生在沉重的經濟壓力下，還得面對學業上的壓力，打工成為普遍的現象，學生一枝蠟燭兩頭燒，有時難以兼顧。沉重的學費壓力，造成部分學生只是想唸「較省錢的學校」，而不是「有興趣的科系」。「三級貧戶成為總統」，這種實例很難再現，政府應提供公平的教育機會，不要讓窮苦孩子因此失去追求高等教育的機會；提供良好的學習環境，讓我們的學生不要因為經濟壓力而影響到學習的時間與情緒，不要使高所得的家庭才比較能有高學歷的教育。

肆、社會流動與教育

一、社會流動的意義與類型

　　現代社會階級並非固定，它具有流動的性質，一個人或一個團體所屬的社會階級，可能迭有改變。這種個人或團體的社會地位由一社會階級流向另一社會階級稱為社會流動（social mobility）。社會流動因其流動方向、影響流動人數、影響代數與統計方法不同可作以下的區分。依流動方向可分成三種：(1)向上流動（upward mobility）：居於較低社會階級者移向較高社會階級的流動，稱之。例如勞工階級子女因受高等教育擔任中等教師成為中產階級；(2)向下流動（downward mobility）：原居於較高社會階級者移向較低社會階級者。例如父母生意失敗，生活困頓，社會階級向下流動；(3)水平流動（horizontal mobility）：個人或團體的職位雖有改變但仍停留在原社會階級中。

　　依流動人數區分可分個人流動和團體流動。個人流動（individual mobility）是指，流動如果只是發生在個人身上，即為個人流動。個人向上流動的因素不外四項：(1)工業技術的發展改變勞動力結構、增加生產量，技術勞動力職位與中等階級大量增加；(2)差別生育率

（differential fertility）：接受與實行家庭計畫常因社會階級不同而異，社會階級較高者比較容易成功，因此生育率較低；反之，社會階級處於較低者比較不容易成功，生育率較高，社會階級高者空缺的位置正好由社會階級較低者過多的人口填充，形成向上流動機會；(3)個別的稟賦與努力（talent and effort）；(4)移民也是一個因素，移民改變一個人口的區位結構。移民新遷入一個社區，由於不利因素的限制，移民在移入初期常取代了原社區的勞力工作，收入較少，屈居較低的社會階級，在社區原處於較低階級者因而有向上流動的機會。

有時某種流動並非只是發生在個人身上，而是某一群具有相同專業背景、技術能力的人均發生這種流動，稱為團體流動（collective mobility）。例如有一段時間竹科新貴賺的錢與股票比一般專業行業高出許多，社會影響力迅速增強、地位大為提高是一個顯著的例子。團體向上流動的因素十要：(1)工業技術的發展增加生產量；(2)社會收入增加以後，都市形成，大量人口由四面八方湧入，地價飛漲，某些地主或投機房地產商人可賺獲大量的社會財富；(3)賺獲較大財富的一群人運用他們的收入購用高階級的用具，如豪華汽車、洋房、別墅、衣飾，並改變生活方式與教養子女的方式。

依流動影響代數可區分為：(1)代間流動（intergenerational mobility）：上述所謂的流動如果是以不同代次之間的社會階級為比較依據，謂之代間流動，這種流動是最常研究的主題；(2)代內流動（intragenerational mobility）：代內流動又謂經歷性流動（career mobility），此項流動不發生在兩代間，而是個人一生中經歷不同社會地位而形成的流動現象。例如一個年輕小工可能因經營工程包工成功，進而經營大型企業成功，而成為一個大企業家。

依統計方法可區分為：(1)總流動（gross mobility）：即在社會階級中，個人社會地位之變化的總數。以代間流動來說，總流動是指父子社會地位不同的總數量。如計其總人數的百分比率，可稱為總流動率（gross mobility rate），此項流動為社會流動或職業流動統計中最簡

單也最常用的統計；(2)淨流動（net mobility）：在社會階級中，社會階級結構或職業結構的不同所形成的流動，為淨流動。以代間流動來說，由於父子兩代社會階級結構的差異，造成的流動，為淨流動；(3)互換流動（exchange mobility）：此項流動不是由於社會階級結構變化造成的，而是由於各階級人數在某兩點時間之間交換位置而成的流動。有人向上流，如果社會階級結構沒有變化，必有人往下流動以資補充。

今日社會職業日趨專業化，常需有長期的專業教育才能取得專業資格，才能勝任愉快。職業與社會階級本來即存有密切的關係，也常當作一種代表指數。專業化程度越高的人常居於較高社會階級，專業化程度越高的需要接受越高、越長的教育，因此教育資格與職業階級或社會階級即存有密切關係。例如美國、英國的職業階層與教育程度的關係均顯示這類的型態。

社會流動的因素很複雜，有些學者強調心理因素或社會心理因素也是重要變數，例如：(1)能力（capacities）：如智力、學得的技能等；(2)認知（cognitions）：如態度、信仰、價值等；(3)動機（motivations）：即成就動機，包括對「成功的期望」（expectancy of success）與「成功的誘因性價值」（incentive value of success）等三項流動的潛在因素。也有學者認為教育只是許多影響社會流動因素中的其中一項因素，絕不是一個決定因素，一篇研究發現美國約有三分之二至四分之三的社會流動是能夠以智力差別（intelligence differentials）的因素來解釋的，與其用教育因素來解釋社會流動，不如用「智力」及與其有關的「動機」予以解釋。

二、社會階級中向上流動的跨國研究

一個很有名的跨國研究探討哪一種人比較有機會流向上等階級，Inkeles and Smith（1974）研究六個國家——阿根廷、智利、東巴基斯坦、印度、以色列、奈及利亞的人民。他們發現現代化的人是比較有

機會流向上等階級的人，現代人的特徵可以歸納爲四個主要項目：(1)有知識的參與者（an informed participant citizen）；(2)深切意會個人的效用（a marked sense of personal efficacy）；(3)在接受傳統的影響中仍能充分表現獨立與自主（highly independent and autonomous in his relation to traditional sources of influences）；(4)具有開放的心胸與彈性的認知（open-minded and cognitively flexible）。研究的結論是，只有學校教育才能使一個人眞正現代化，在現代化的社會階級中向上流動。

　　有關社會流動與教育的研究有兩大陣營，其一爲包爾斯（S. Bowles）與金蒂斯（H. Gintis）爲首，一爲勒文（Henry M. Levin）與賈農耶（Martin Carnoy）爲主。包爾斯等認爲學校教育爲壟斷經濟利益的資本主義服務，符應家庭的社會背景與資本主義的階級結構，設計學校特定的社會過程，透過這個增強兒童在家庭社會化中形成的階級特性，使學生沉浸在階級次級文化（class subculture），製造爲資本家服務的工人階級，因此學校教育在資本主義社會中不可能有促進社會流動的功能存在。賈農耶承認資本主義社會中的學校教育固然爲都市貧民子弟保留少許較高的職位，也爲鄉下貧民保留更少的高職位，但這不是學校教育的主要目的，而只是學校教育在傳遞維持原來的社會階級結構的副產品（by-product）而已。

　　民主社會裡面每一個份子都有「平等」的機會站在同一的起點，「自由」去發展他們的潛在能力，至於發展到什麼程度絕無限制。個體由於其本身稟賦有高低、能力有優劣、動機有強弱、努力有大小使然，有何種程度的能力、動機、稟賦，獲致什麼樣的成就，社會賦予什麼樣的報酬與地位，這是民主社會不必排斥社會階層化的理由。但如何使子女不受父母社經地位的影響，使下一代有立足點的平等，眞正促成社會流動，是實現更進一步的教育機會均等的努力焦點。

第四節　社會變遷與教育

壹、社會變遷的理論

　　傳統社會學者常以整體觀點來觀察社會變遷，晚近學者傾向於各種層次與層面的分別剖析。勞爾（Lauer, 1977）分析社會變遷有九層次，由最低的個人分析層至最高的全球性分析層次（**表7-2**）。

　　博蘭坦因（Jeanne H. Ballantine, 1983）歸納學者的看法，區分社會變遷有四層次：(1)個人層次（individual level）：發自社會體系內

表7-2　勞爾分析社會變遷的層次

分析層次	研究範圍	研究單位
個人分析層次	態度	對各種事物的信仰與渴望
互動分析層次	互動型態、溝通表達	衝突、競爭、友誼
組織分析層次	結構、互動模式、權威結構	角色、管理人員／工人比率、工作生產量
制度分析層次	經濟、政治、宗教、教育、婚姻	離婚率、大學受教人口數
社區分析層次	階層體系結構、人口、犯罪	人口遷徙、犯罪率
社會分析層次	階層化體系、結構	社會經濟地位、角色、犯罪率
文化分析層次	物質文化、非物質文化	工藝技術、意識、價值
文明分析層次	文明的生命史、文明的演化	藝術上和科學上的革新
全球性分析層次	國際性組織、國際間的不平等	貿易、政治聯盟

資料來源：Lauer（1977）。

個人或個人感受到的變遷，例如個人的無力感（sense of powerlessness）；(2)組織層次（organizational level）：組織內角色結構的改變，例如由於精密分工、一貫作業，改變了人與人之間的關係；(3)制度層次（institutional level）：各種制度的改變及各種制度之相互關係的改變，例如政治制度的革新，改變了行之已久的教育政策；(4)文化層次（cultural level）：社會態度與價值的改變，例如由於太重視工業技術的工具性價值，忽視理想與目的追求，造成美感的（aesthetic）、觀念的（ideological）的改變與消失。

探討社會變遷有不同的理論，演化模式如直線演化論、循環論；此外尚有結構功能分析模式、衝突分析模式。演化模式的社會變遷理論認為社會歷經的程序，循一定的方向改變，此種改變可能循直線發展而逐漸分化而完成，也可能歷經一定週期而改變循環；前者為「直線演化論」（linear evolution theory），後者為「循環論」（cyclical evolution theory）。

一、演化模式

直線演化論的代表孔德認為社會歷經：(1)征服；(2)防禦；(3)工業三個階段的變遷；也有學者認為社會歷經：(1)神學；(2)玄學；(3)科學三個階段的變遷。斯賓塞是生物的社會演化學者，視社會如同有機體，將社會的發展視同生物進化，社會結構漸增其複雜性，其功能逐漸分化，而各部分也漸趨向和諧。涂爾幹則視社會由「機械連帶」（mechanical solidarity）的社會演化漸漸成為「有機連帶」（organic solidarity）；德國社會學家杜尼斯（F. Tonnies, 1957）認為社會由類似社區的（gemeinschaft）型態進化至社會的（gesellschaft）型態。

循環論者認為社會由一階段變遷至不同階段，又重回類似原來階段，周而復始，繼續重演。英國的湯恩比（A. Toynbee）認為人類社會面臨著一種新的挑戰，人類憑著創造力往往能夠以一種新的反應來配合。循環論者不以「因果關係」來說明人類社會文明形成之常則，

而用「挑戰」（challenge）與「回應」（response）來解釋。人類社會只有在面臨一種相當勢力的挑戰時，才能夠在少數份子引導下，運用其創造力去發生回應。同一挑戰在不同時機，產生不同問題，也發生不同回應，一種回應產生一種文明。文明會直線繼續成長，社會文化就在面臨挑戰與回應之間循環不已。

史賓格勒在經濟繁榮、物質文明高度發展的戰前（1918）撰稿完成《西方的沒落》（*The Decline of the West*）。他以獨具的憂患智慧洞察社會變遷的軌跡，以有機體的生命歷程來比喻社會文化也有誕生、茁長、成熟、死亡的命運，或者可說是春、夏、秋、冬四個階段的變遷。他說：「文化，正如同田野裡的野花一樣，漫無目的地生長著。」「它誕生、茁長、衰老，而後一去不復返。」由誕生而茁長是增長、發育，是正的變遷，由茁長而衰老死亡是退縮，是負的變遷。

演化模式的社會變遷論認為社會變遷是常經，自然如此，教育在社會文化變遷中所被賦予的角色常受忽略，而在這演變中，教育隨變遷的社會作調整與適應。循環論的學者強調對「挑戰」之「回應」的非固定性創造性，在此種歷程中，少數具有創造力的領導份子如何創造領導，對於一社會文化之發展或衰亡具有很重要的決定力量，此或為教育在變遷中可能發生較積極的功能之所在（林生傳，1999）。

二、結構功能分析模式

結構功能分析學派強調社會結構的穩定性和功能的統整性，為發揮某些功能，故有結構的建立，結構的建立是為功能而存在。結構指社會制度及制度間的關係，社會制度在這種模式的分析裡面是一群相互關聯的社會角色，故社會結構也可能係指相互關聯的社會角色。

結構功能分析學派認為社會體系是整個行動體系的一部分，與行為有機體系、人格體系、文化體系互相關聯，構成人的行動系統。社會行動體系的主要功能在於整合，社會的自給自足端賴其本身內在的整合程度及社會體系與其他行動體系之間的和諧而定。當內部失卻均

衡，結構就必須重整以維持結構上再整合。失調的表徵是「角色緊張」
（role strains），在社會體系內進行社會互動的人們，如果感受到角色
緊張即顯示社會結構已失掉和諧。角色緊張可能產生變異行為。欲解
除角色緊張必須調整內部結構，矯正無法遂行其功能的單位或增添新
的單位，其結果將導致社會結構的分化及重整。

　　由結構功能模式來分析社會變遷之過程，可以幫助吾人了解有關
社會變遷與教育的關係。教育制度可能由於其他制度功能需求改變，
使教育制度無法充分發揮其功能，導致教育人員感受到角色緊張，產
生角色衝突，在此種情勢下，欲恢復社會結構的和諧均衡，勢須經歷
制度的重新檢討與調整，使結構發生分化，以增進適應力，然後社會
結構在另一新的狀況下復歸於和諧穩定。在教育系統裡面亦然，教育
系統本身所形成的結構，依循此種模式，也常會經歷同樣的歷程，並
發生類似的變遷。

三、衝突分析模式

　　衝突派從社會的衝突著眼，不同意結構功能分析學派之力主社會
為均衡穩定的體系。達連多福（Raif Dahrendorf, 1964）建立一個衝突
論，認為社會是權力分配不均衡的組合團體，其建立是由於權力關係
而非平分共享，為「勉強湊合的聯合或團體」（imperatively coordinat-
ed associations or groups）。

　　在團體中有居於優勢者，為「正支配角色」（positive dominance
roles）及處於劣勢的「負支配角色」（negative dominance roles）。正支
配角色享較多的權益，負支配角色缺乏足夠的權益，兩種角色常各基
於利害關係各形成「利益團體」，形成對峙的關係。衝突關係勢必有
力支配社會中的決定或決策。在這種衝突與紛爭中可能以協商、宣
導、溝通，也可能以鬥爭的方式來進行並導致權益關係的重新分配與
改變，進而改變原有的社會結構。

　　衝突分析模式所建立的社會變遷理論對社會變遷與教育的關係深

爲注意，它提醒教育人類學家對教育與經濟、社會流動、政治的關係重新檢討，對教育改變外在社會結構的可能性重加評估；對於今日急遽變遷的社會中的教育制度如何重建也提出新的分析，對於教育歷程中的社會關係之分析也別有見地，發人深省。

貳、社會變遷的因素與教育

引起社會變遷的因素有許多，諸如技術、經濟、意識形態、政治、經濟、生物、自然等等因素。

在技術因素方面，電被人類發現運用於十九世紀，接著電話（1874）、汽缸（1874）、電燈泡（1880）、電視（1926）、電腦（1946）陸續發明應用，改變了作息、溝通、資訊傳遞與保存應用方式以及人與人之間的關係，形成了最大、最顯著的社會變遷。此種變遷對社會結構中的教育制度影響甚爲明顯。由學校制度的建立、職技學校科系結構的調整、課程教材的改革、教學媒體改良，以至作息時間的調整，均可見到此種事實。技術運用形成一種新的物質環境並改變了社會環境，教育制度不能不反映社會變遷的實況。

經濟因素爲馬克思所強調可以改變歷史、變化整個社會結構的因素。在以經濟因素主導造成的社會變遷，教育往往被設計以協助經濟的發展爲目的，經濟的發展常又與其他的因素相互激盪，以致改變原來的社會結構，造成一種社會變遷。沒有教育的力量，經濟固無法眞正獲得發展；但教育的經濟功能並不期盼改變原來的社會結構導致社會變遷，故教育因素在此種社會變遷而言，只是條件而已。前者教育所生的功能即一般社會學者所謂之「顯著功能」（manifest function）；後者教育發生的是「潛在功能」（latent function）。

在意識形態因素方面，懷海德（Afred N. Whitehead）說：「一個平常的觀念常是既有秩序的一種威脅。」人類學家潘乃德（Benedict 著，黃道琳譯，1991）在《菊花與劍》這部膾炙人口的書中，倡論

分析日本人特殊的意識形態為教育人民向外擴張、以精神力量克服西洋優越的物質力量而發動世界大戰的主要原因。意識形態可能是促成社會變遷的有力因素，在此種關係中，教育常為培養意識形態的力量，也因之成為社會變遷的動因。

其他如生物或自然因素方面，教育常只反映其變遷的結果；政治因素則常與教育互相作用，以促成新的社會變遷。家庭是人類創立的社會制度中最基本的一種制度，也是吾人生活中最直接接觸一個初級團體（primary group）。傳統家庭不僅負有育兒養老、繁衍生命的生物功能；在經濟方面也是一個生產、分配與消費的單位，尤其在社會方面它是進行社會化的第一個媒介團體，在文化方面且負有傳遞文化的使命，家庭可以說是與個人關係最密切、影響個人發展最深遠的一個社會，其歷史極為悠遠，其分布極為普遍，其基礎也最為深固。家庭教育乃是教育主要的一環，即使學校教育發展如今日，學生未入學以前仍有相當長的一段期間完全在家庭接受家庭給予的社會化或教育，入學以後至少也有三分之二至二分之一的時間留在家裡，個人受家庭的影響不言可喻。因此家庭變遷不僅影響家庭份子之間的互動，以致影響家庭教育的意義，進一步也將影響家庭教育的進行。

現代的社會變遷更使生於此中的人們感受至深，適應困難，也更使關心人類未來的人們隨時在檢討今日的社會變遷。社會變遷泛指一個社會本身的結構、制度、功能、社會過程的改變。有些學者認為與文化變遷不同，文化變遷係指文化特徵與文化結構的改變，社會變遷係指社會生活、社會關係、社會結構的改變。但社會變遷與文化變遷兩者很難完全孤立開來，文化變遷理論，是衍生自人類學長期對文化成長、傳佈和改變的興趣，同時也來自晚近對人類文化組織形式和文化發展動力的關心，再加上對文化與社區關係的重視而形成。人類學以自然觀察法引導我們去探討文化轉變的過程，小至個人在參與成年禮這類通過儀式（rites of passage）時產生的改變，大至團體或社區由於外來壓力或內在壓力，因而發生變動時的處理情形。我們可以運用

變遷理論，去理解組織的形成、修正，甚至組織解構的過程，以及個人被接受作爲成員或者被摒斥於外的經過。鄭重信（1980）指出，文化變遷的研究，對不同文化接觸所帶來的衝擊、文化的適應、傳播、採借、遲滯、抗拒，有許多發現，這些發現可以使教育工作者更加了解文化如何在接觸中變遷，文化變遷有何困難與阻力，如何誘導形成有力的文化變遷等問題。對某一特別變遷事實卻認定其只屬於社會變遷或文化變遷是不太可能的，通常同時兼而有之。因此社會學者常稱此等變遷爲社會文化變遷。

第8章
族群的多元面貌

人類學把人當作社會的產物來研究，所關注的是一個社群與屬於不同傳統之其他社群的差別處，了解不同社群的體質特徵、公益技術、風俗習慣與價值標準。人類學與其他社會學科的主要不同，在於人類學家不但對自己的社會，同時也對其他社會進行嚴謹的研究。

　　對人類學家來說，自己的祭祀風俗與某一新幾內亞部族的祭祀風俗在功能上是兩種社會風俗習慣，如果對兩者的價值判斷有文化高低之分，就是犯了人類學家的大忌。人類學家感興趣的是任何傳統所孕育出的人類行為，關注的是不同文化中所能發現的各式各樣風俗，了解這些文化的變遷和分化途徑，明瞭文化藉以表達內涵時不同的呈現方式，以及任何族群的風俗對其構成份子的生活所具有的作用。

第一節　不同文化的風俗

　　從來沒有人能用不帶任何色彩的眼光看這個世界，一組特定的風俗、制度、思考模式塑造了我們對世界的看法。杜威說過類似的看法：以風俗對個人行為的影響與個人對傳統風俗的轉移兩者相比，其懸殊正如同整個英文詞彙與他小時候所說、而成為家人詞彙的那數個童語的多寡之差。只要我們認真研究那些能自主地發展出的社會體系，我們就可以發現杜威的比喻確是貼切的。一個人一生的歷史，是他自己對社群代代相傳下來的模式與標準進行適應的歷史。一個人從呱呱落地開始，社會的風俗就開始塑造他的經驗與行為，到了能言語時，他已成為文化的產品，到了成年參與社會活動時，社會的習慣就是他的習慣，社會的盲點就是他的盲點，社會的信仰就是他的信仰。每一個在同一群體內出生的幼孩與他共同享有文化的一切，然而在地球另一端群體的幼孩可能分享不到同樣的文化風俗民情。

　　以往有太多的資料顯示，人類時常抱著主觀的態度，劃分我們、初民、蠻族、異端的差別，認為自己所持守堅信的是信仰，他人的信

仰是迷信，珍惜前者而藐視後者。人類學首先教我們對這種膚淺的態
度與看法必須做一反省，因為科學研究對所考察的項目必須同等對
待。現代環境使許多不同的文明產生密切的接觸。當前文明最需要的
是能夠真正體認文化本質、能夠客觀地了解異族的社會制度如何制約
人的行為。地球村時代的來臨，大家共享有一切地球資源。異文化之
研究對當前人類的思想和行為所帶來的提醒和重要意義，是真正使人
們結合在一起的是他們的文化，體認文化乃是使我們連結在一起的因
素；我們一方面固須強調自己文化的主要優點，另一方面也要認清在
另一文化中可能發展出的不同價值觀，我們才能養成明智的思考。

　　誠如潘乃德（Benedict, 1934）所言，體認文化的型態，是社會思
想中不可或缺的一環。探討文化時，有一主要的先決條件，就是我們
必須廣泛選取文化的各種型態，以之作為探討的基礎。只有經由這些
分歧的事實，我們才能在人類的適應活動中區分何者為受文化制約而
形成，何者為人類普同、且大體可說是人類必然會有的現象。我們不
能單靠內省或觀察某一社會，就想藉此發現什麼行為是「本能的」、
是經由生理機能決定的。我們認定某些行為是本能的，除了必須證明
這些行為是自動、無意識的之外，還要考慮許多其他條件。受生理機
能所決定的反應固然是自動的、無意識的，受社會文化所制約的反應
也同樣如此；事實上，在人類所有的那麼多自動行為中，大半屬於社
會文化所制約。現以馬雅文化與台灣的布農族作為說明。

壹、馬雅文化

　　馬雅人居住的領域位於中美洲的心臟地帶，橫跨瓜地馬拉、貝利
斯、墨西哥、宏都拉斯和薩爾瓦多部分地區，分別以三個互相隔離的
區域為中心——齊阿巴斯和瓜地馬拉高原的南部高地、太平洋潮濕的
沿海平原與薩爾瓦多西部、墨西哥灣伸展到貝利斯一帶及宏都拉斯的
熱帶森林區。哥倫布在 1492 年遠渡重洋，發現新大陸時，中美洲只

剩不多的民族，輝煌燦爛的馬雅帝國已不知所蹤。有人說馬雅人是亞洲人的一支，據說與中國有些淵源。馬雅文化的金字塔是平頂式的，建有神殿，爲祭拜天神的地方。中國的祭壇也是高階的高台，也設有神殿爲祭拜天神的地方。此外馬雅的雷神爲羽蛇化身，在各類雕刻畫中有不少雨神具有龍或龍蛇的形貌，甚至於吐水，這與中國許多龍的圖像都很類似。

早期的馬雅宗教只是簡單的自然崇拜，把影響並規定他們生活的自然力量人格化。太陽、月亮、雨水、閃電、森林、河流、急湍這些自然力量包圍著馬雅人，其交互作用造成他們的漁業生活背景，所以只有簡單的祭祀儀式。隨著農業生產方式的興起，馬雅宗教日益體系化，眾神自己也漸漸特殊化，肩負向大眾詮釋、解釋神的旨意的祭司也興起，而宗教地點也興起，宗教變成少數人對多數人的事務，發展到一定程度時，祭司發明了三項專利：曆法、編年、象形文字，這三項發明給馬雅宗教帶來重大的轉折，讓宗教越來越複雜化和形式化，一種獨特的宗教哲學漸漸成形，衪圍繞著日益重要的天文科學，包含著曆法中的神衹。

在馬雅的諸多神衹之中，有一個被馬雅人奉爲神明，且被視爲馬雅人的主要神衹。這位神衹依其形貌稱之爲羽蛇神。羽蛇神的名字叫庫庫爾坎（Kukulcan），是馬雅人心目中帶來雨季、播種、收穫及與五穀豐收有關的神衹，因爲羽蛇神與雨季同來，而雨季又與馬雅人種玉米的時間重合，因此羽蛇神又成爲馬雅農人最崇敬的神衹。馬雅人可以藉助將天文學與建築工藝精湛的融合在一起準確地把握農時，也準確地把握崇拜羽蛇神的時機。馬雅人堅信某些事物，但對其他族群而言或許是一種迷信。以「夢」爲例，如果一個人夢到自己遭受拔牙之類的劇痛，那麼他的一個近親就快要死了；夢到紅色的土豆，諭示著嬰兒的死亡；夢到黑牛衝進家裡或夢中摔碎水罐，都諭示著家人的去世。

在馬雅人的文化之中，禁忌、迷信總是和天文、地理、數理、人

文齊頭並進地發展。馬雅人在祭祀之前要禁慾，有許多民族在進行活動時也都會禁慾，性在大多數民族的觀念中是不潔的。《聖經》中也揭示了這一點：禁果是罪惡之源、是不好的。大家的觀念是相近的。馬雅人相信一個人若違反了禁忌，自然會招來不祥，這些不祥影響所及的範圍多半限於觸犯禁忌本人，但有時則及於他人，甚至作物、獵獸、氣候及其他自然現象也受到影響。馬雅人中女性的地位也不高，有一些特殊禁忌如女人使用的東西男人不可觸碰，如織布機；男人使用的東西女人不可觸碰；吃飯時，馬雅女性必須等到家中的男性用完餐後才能接著吃，所有的烤肉都不能吃；女人要替丈夫提沈澡水，若太太沒做到，丈夫可以把她痛打一頓。

　　當西班牙入侵馬雅時，馬雅人很樂意地將知識介紹給西班牙人。可是西班牙人發現馬雅人的文明科技遠勝過西班牙，例如馬雅的天文曆法的精確程度是當初各民族所不及的。不過西班牙人沒有多元文化的包容性，也沒有取他人所長，補己知之短。西班牙人認為會有那麼高明的科技是受魔鬼之助，於是把馬雅人的書籍、高知識份子毀於一旦。由於宗教的影響，馬雅人對外來民族的入侵沒有採取任何的反抗，因為早在祭司時代，祭司就預言會有強大的民族來統治他們，所以他們就比較沒有反抗心。就針對與外民族接觸這件事而言，西班牙人對待馬雅人沒有多元文化包容性，只存有我族主義思想。其實在地球上大家都是平等的，任何人都不可以輕易否定其他異民族。

貳、布農文化

　　布農族的原名意思是「人」，是指全人類所有總稱。這支民族二十世紀初就住在一千至二千三百公尺的高地，是東南亞族群中海拔駐地最高的一族，布農族群在土著各民族中，活動力最強，移動率也最大，是最適合於高山生活的族群，故有「典型的山地人」之稱。布農族原來都是住在南投縣境內。南投縣原來為布農族在山地定居後的老

家，根據他們的傳說，布農在台灣最早的居留地是在西部平原裡，後來自平地入山，這和馬雅人的文化發展地點就剛剛好相反，先高原、而平原。布農族最初在濁水溪上游及其支流附近山地定居下來，他們來到山地，並沒有長期固定定居下來，他們還不斷地在移動著。布農族人大約在十八世紀初葉的時候越過了中央山脈向東南方與南方殖民，稍後更轉向西南及南方移動。

布農族人以動物為圖騰崇拜的對象，遇到百步蛇擋住了去路或妨礙了工作，布農族會遞上一塊小紅布，告訴牠說：「我們是朋友，請你讓開好嗎？」據說，布農人忌殺百步蛇，否則會遭到百步蛇報復，且路上遇到百步蛇也要讓其先行。古代布農族婦女編織衣服圖案，是參考百步蛇的圖紋。不管是馬雅或是布農族，他們的巫術發達，事無大小，都要請巫師祭祀祈禱。巫師介乎神與人之間，向以化解神罰、驅除鬼祟、醫治疾病為本職。雖然說布農族的百步蛇是一隻百步蛇，而馬雅的羽蛇神被人格化了，但大家的尊敬是不變的，而且蛇在各個民族中一直都扮演著重要的傳奇角色。禁忌對於布農族而言，正如同布農族的道德法律、教師和生活指南，布農族在「禁忌」面前一律平等。布農族舉辦祭祀活動時不可說下流語，甚至禁止異性接觸，這一點和馬雅人是十分相近的，因為在祭祀之前，也要禁欲。

布農族的宗教信仰是泛靈信仰，有繁複的農業儀式和生命禮儀，從出生到死亡絕對無法從宗教離開，一年四季都在宗教氣氛中度日，謹守宗教法律。史前時代的布農族，完全是以固定傳統的各種宗族祭儀為中心的原始部族，布農族五個社群中的各種神話和傳說、巫術、經濟和占卜等風俗習慣，曾控制布農族初期歷史。1930 年，有些布農族人不服從日本總督府當局的統治，集體從其居住地逃亡，並在玉山東方的山岳建立家園。警方雖也頻頻前往勸說，但他們依然不服從命令，直到 1935 年好不容易才歸順日據政府，這是台灣原住民中最後歸順的種族。

參、小結

　　人類與大自然共處所面臨的情境有類似的現象，如風、雨、地震。馬雅人或與布農族是太平洋兩端毫不相關的二個民族，他們在某一些方面有些共通點。他們的信仰習俗、傳說、巫術相似，不是誰學誰，而是文化的發展使二個民族遇到一些相同的境況，解決方法與呈現方式也有其共通性，像蛇類在每一民族幾乎均有其蹤跡，埃及的蛇、中國的龍（蛇的化身）、台灣布農族的白步蛇、馬雅人的羽蛇神，宗教信仰起源幾乎都是先從自己相關的事物開始，代表每一個人無不被喜怒哀樂所圍繞著。人類剛開始各族起源有類似情形，隨著民族特性，每一個民族漸漸發展出不一樣的文化，所以才有多元文化的產生，故大家要有多元文化的胸懷。

　　就涵化和濡化角度而言，很明顯的布農族已經被現代的漢人同化了，用漢語，寫漢字，也有漢名，也可以說布農族的文化已經快要不復存在了，但是反觀馬雅文化，西班牙對於他們的影響似乎不大，例如馬雅人還是說馬雅語言，而且現在的馬雅人還是存有馬雅人的純正血統。至於馬雅人是說馬雅語言，但是他們的文字卻是西班牙文，教堂對他們的影響也不大，可以說西班牙教堂只是虛設。布農族和馬雅會有如此大的差異，雖說所接觸的人不同外，文化與民族性格不同也有影響。

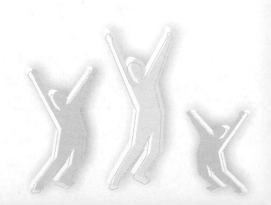

第二節　文化之間的歧異性

壹、甲社會與乙社會角度不同、視野不同

　　人的一生經歷不同的階段，不同的環境有不同的要求。人類對其所有權的種種型態、由財富權勢之高低所造成的社會階層制度、各種器物及複雜的工藝技術、性生活的無數樣式、爲人父母及中晚年的種種情境、形成社會骨幹的教會或廟堂、經濟交換、神祇和超自然制裁等等不同文化現象，是由於生活的經歷、環境的壓力以及人類的豐富想像力這三種因素的推引，才得以發展與設計出的使社會持續下去的策略。

　　有學者將我們生存其間的文化比喻成一個巨形的圓弧，上面分布著人類可能關心的種種事項。一個文化不可能專注於太多方面，猶如一個語言不可能使用所有的吸入音、喉塞音、唇音、舌尖音、擦音、舌根音、清音、濁音、鼻音，否則這個語言將變得不可理解。每一個文化只選擇圓弧上的某些部分，而形成其特色；每一個人類社會在文化制度的發展上都做過這種選擇。甲社會的選擇在乙社會看來是本末倒置，反之亦然。一個社會可能由於自然環境與資源的關係，會專注於某些特質或事物，其文化及儀式在這一方面即有複雜的發展；結果這一文化就把焦點投向專一的方向，其他特質即鮮少加以發展。所以甲社會所看重的事物或認爲生活的某些方面是特別重要的，別的民族可能對之卻毫不重視。這裡沒有文化優越的問題，別人的文化不比我們的貧乏，只是其追求的目標有所不同罷了。反過來說，也許有些民族在這些相同的生活層面遠比我們有更複雜的發展。

　　以青少年成長過程當中所面臨的不同問題，各文化對這些問題發

展出不同的觀念來因應與處理。若觀察其他社會處理青少年期的方式，可以發現青少年時期的年齡界定有文化的差異性。薩摩亞的兒童在很小的時候就必須有責任感，負起照顧弟妹的任務。青少年成熟時期的種種制度儀式，在某些文化裡是與生理上的成熟毫無關係，與此有關的儀式，其目的乃是在於用某種方式表明孩童獲得了成年的新地位。各個社會裡的責任和義務既然有很大的歧異，而且是受文化制約而定的，那麼，同樣的道理，各個社會在孩童成熟時期所給予他們的責任和義務，也是有歧異且受文化制約所影響。

再以喪葬為例，在人類文明的進展當中，喪葬儀式的出現，象徵著人文精神的萌發。藉由喪葬儀式的內容與表現形式，人們各自表達出對生命的信仰與期待，從而由物理生命生滅的大化歷程之中，轉進至不朽的精神領域。西藏是用天葬的方式處理屍體，屍解人會到死者家中，當家屬把遺體交給屍解人後，屍解人會將遺體帶往屍體分解處，轉交另一位屍體分解人。這個分解「處」是一塊偏僻土地，屍體分解人會將遺體置於這塊石板之上，剖開遺體，作深而且長的切口，以使肌肉容易剝離，接著將四肢分離、切開，最後將頭割下、剖開。在高空盤旋的兀鷹，一見屍體搬運人的影子，都會一窩蜂地俯衝下來，耐心地棲息在岩石上面，安靜地等待屍解人解剖遺體。當屍體分解人已將屍體的軀幹剖開，用大槌將它擊成細末，禿鷹便蜂擁啄食。若不了解西藏喪葬的背後意涵，會認為這是不人道的方式。

天葬的方式有其地理環境與資源的限制，如因為岩石堅硬而地皮又薄，難以挖成墓穴，遺體無法埋葬地下，火葬或焚化也不方便，這是由於西藏的木材要翻山越嶺從印度運來，棺木花費很大。水葬亦不容許，因為把屍體投在河川之中，必然污染生者的飲水。因此，除了上面所述分解遺體，讓鳥類分享死者的骨肉之外，別無他法可想。從我們的觀點，天葬看似嚇人，然而對西藏人民而言，這是他們生活中的一部分，天葬儀式具有轉化、提升西藏人生命的開展性價值，透過參與死亡，能使西藏人對於生命的不可任意侵犯，擁有更深刻的體

認；對我們又何嘗不是呢？文化的多元面貌，使我們更加了解自己所知有限，更應謙遜與尊重不同的文化，即使同一文化裡其他不同的次文化也應予以尊重。

貳、三個文化的教養方式

我國親子間的關係強調子女對父母的回報與奉養義務，孝道為傳統美德。然而薩摩亞人和台灣排灣族對子女的教養方式皆與漢人有相同與差異之處，以下藉由此三個族群來探討了解各族群間對子女教養方式的差異。

傳統上我國社會認為孝順父母是每一個社會階層的父母對下一代進行道德教育不可少的概念。兒童自小被灌輸以父母為大的思想，因為「身體髮膚受之父母」；所以凡事當聽從父母的吩咐不得獨斷獨行，對父母恭敬順從，日常噓寒問暖，為父母減輕病痛。相對的，傳統中國人父母對子女的愛是以行動代替言語，女兒結婚準備嫁妝，兒子娶媳婦準備聘禮與房子，希望婚後幸福。隨著時代變遷，父母子女的關係受西化的影響，父母依舊負起養育責任，但管教方式更為民主，不再期盼下一代要孝順奉養，養兒防老的念頭逐漸改為至養老院安身。近幾年來，台灣經濟不景氣，失業人口增加，貧窮人數增加，作姦犯科人數也相對增加，導致犯罪率升高。父母子女一起自殺，父母子女為錢、為細故互毆互砍的新聞也在增加，子女教養方式起了質的改變。

在原住民的相關研究裡，排灣族的教養方式一直扮演典範的角色。排灣族人理想中的父母要對孩子無微不至、公平體貼、關心呵護。傳統排灣族認為子女是珍寶，應該要受到疼愛保護，如果不能善盡父母的職責，不愛惜孩子的生命，是會被嚴厲制裁而且絕不寬容。但隨文化變遷教養方式，也有改變。

早期人類學家研究薩摩亞人子女的教養方式，發現六到七歲大的

小女孩就必須負責看顧家中的小嬰兒，男孩子在家做些像起火、清理油燈之類的雜務。西方文明進入後，希望小孩接受教育，但要是孩童們整天待在學校裡，那麼，家庭秩序勢必亂成一團。這就是薩摩亞的社會結構，家庭必須依靠孩子分擔家務，生活才能順利運作。薩摩亞在當時有擴展家庭，成員高達十五至二十人，沒有一個人會特別聲稱自己的小孩是哪位。在這裡，孩子屬於大家所共有，並不專屬於他自己的父母。在這種體制下，根本不會有哪個小孩不被雙親疼愛，或是產生溺愛的情況，如此，對孩子就不會造成任何不利的影響。

　　以上三個種族的兒童教養方式大異其趣。我國自古以來甚重孝道，自古的家庭教育非常重視孝心的培養。因此孝順父母是漢族社會不同階層的父母對下一代進行道德教育必不可少的　項內容。現在各地華人對待子女的態度有很大改變，為了追求更高的知識學位，父母多鼓勵子女至國外求學，從各國留學的資料顯示，以往「父母在，不遠遊」的概念轉向「讀萬卷書，行萬里路」。但望子成龍、望女成鳳的心情依舊，期待子女獲得較高的成就。

　　排灣族有關親子關係的研究報告顯示，大都是父母如何對待子女為主，很少談到子女如何對待父母。父母肩負著撫育子女長大的責任，族人也會在旁協助照料。排灣族並不支持「棒頭出孝子」的嚴格原則，相反的，他們表現出對子女寬容溫厚尊重的態度。一般漢人的觀點認為原住民學童學習成效不彰的因素之一，是家長對子女管教寬鬆放任，認為原住民未善盡為人父母之職。每個族群的親子關係原本就有不同的屬性，排灣族文化定義下的好父母是予子女自由探索的寬鬆空間，尊重兒女的自然發展，不在旁邊揠苗助長。問題是，知識以意想不到的速度前進，孩子的競爭力影響自己未來的發展，如何在原住民的價值觀與大社會的價值觀作一協調融合的發展，是教育當局該思考的方向。

　　排灣族有一種特別的習俗，就是小孩得將自己的食物分一些給長輩吃，表示孝敬。通常孩子們都會高興且爭先恐後地把食物分給長

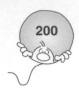

輩，兄弟姊妹之間也會互相比較誰最先給、誰給得最多，長輩也會用讚賞的話語回應這些熱情的孩子們，而小孩子多半陶醉在被稱讚的成就感中。這一個特別的習俗其實跟我國傳統的故事之一——「孔融讓梨」有相同的涵義，便是要尊敬長輩。

在薩摩亞社會裡，每家每戶都有很多孩子，父母對於所有的孩子都一視同仁，很少會去想到長子、獨子或幼子之分，故家庭裡沒有孩子會被賦予沉重的責任，也沒有孩子會被溺愛。而在我們現今社會裡，家庭人口結構簡單，故很容易有溺愛幼子的情形產生，這一現象與薩摩亞人的社會可以看出有很大的差異。每一個種族的教養方式都有其特殊的涵義，其重要的意義性不容忽視。由此可見「父母責任感」這樣一個概念，不同文化各賦予不同的內涵，彼此差異很大。隨時代的不同，教養方式或許會有改變，但有些概念是文化的主軸，不容易有變動，尤其是父母子女的親情關係。留美期間在奧瑞崗看到許多第二代帶著第三代至祖父母家或養老院陪老人度週末，使我深刻體驗老美對老人家的尊重與孝順，但這是因為奧瑞崗州有許多老人退休的社區，針對老人的福利，其他州則可能又有不同的做法了。

第三節　文化美學

人類的文化制度雖然在某些方面是源於環境或生理的需求，然兩者的因果對應並不如我們所想像的那麼貼近；二者的影響並不一定形成文化上的制度，尚有其他方面的因素。譬如，戰爭並非源於人類的好鬥本能，好鬥性在人類的本性中乃是極微小的因素，因此常常並不表現在部落之間的關係上。若有之，則其型態必然決定於其他因素，而非好鬥本能完全決定。如果我們將文化習俗比做球，那麼所謂好鬥性只不過是觸動這個球的力量；這種力量固然可以使球滾動，但我們也可以加以制止。

這一種對文化現象的看法，使得我們必須改變目前對傳統制度的許多論點或依賴。通常，這些論點的要點在於認爲人無法擺脫某些傳統制度。就事實而言，不管文化的發展程度是簡單或複雜，人所能抱持的動機和所發明的制度乃是無數之多的。我們對於這種歧異性的容忍必須大大的提高。每個人都必須在一個文化之下長大，遵循此文化的準則生活，然後他才能完全參與此文化。因此，自己的文化固然具有深重的意義，但我們必須體認到尊重別人的文化也具有同樣的意義。

　　人類的生存有許多可能的層面，每個社會在某些層面可能特別的發達，而對某些層面絕不涉及。文化的歧異性當然是由於這種選擇的不同所造成，但更重要的原因，則在於文化特質的錯綜織合。如前所述，文化的制度固然可能起源於人類的生理需求，但當它成爲一個文化傳統後，則其最終所具有的型態，可能與最初時相差甚遠，例如早期有許多行爲是因爲礙於地理環境或資源的緣故，有了一些生活型態以因應缺乏，但時代變遷，物換星移，現代人沿襲古人的習俗，已忘記習俗的最初原始動機。文化特質最終所採的型態，有賴它與其他生活層面之特質如何織合在一起的方式而決定。

　　我們極需弄清楚這種現象，否則便很容易把地域性文化織合的結果概推爲學理的定律，或者將其組合方式視爲普同的事態。以歐洲藝術史爲例，中古時代造型藝術的蓬勃，乃是由於宗教信仰的激發，藝術家藉藝術品來描繪及傳播當時社會非常注重的宗教景象和教條。設若歐洲藝術沒有在歷史上與宗教發生過於緊密的關係，而只是一種裝飾活動，那麼今天的美學理論必然會大大的改觀了。

　　二十世紀是知識爆炸的時代，隨著專業分工的發展，形成許多不同的學術領域。學校教育爲了傳遞人類的文化，實施分科教學，以利專業人才的養成。在這種情況下，注重知識教學的方式，逐漸占有優位性，於是產生偏頗的教育。這種現象對於人格的健全發展有不利影響，我國學校教育因爲受到升學主義的影響，向來偏重知識層面的教

學，對於道德判斷、審美鑑賞、體格涵養和宗教信仰的教育較爲忽略，以至於造成學生人格扭曲的現象，產生許多社會犯罪和宗教迷信的問題。雖然政府在各級學校廣開輔導諮商課程，企圖解決這些社會亂象。但是因爲見樹不見林，未能標本兼治，忽略學校完整人格教育課程的規劃，所以教育成效不彰，社會問題仍然層出不窮。審美教育是人格教育的一環，在各級學校教育中，占有非常重要的地位。照此章節的脈絡發展，理應介紹高度美學發展的西方藝術等議題，然換個角度，視野或許不同，台灣原住民文化的美，更有貼近的感受，因爲就在我們的周遭。介紹我們下一代從美的觀點看世界，欣賞生命，欣賞萬物，讓左右腦平衡發展，理性與感性兼顧，有助人格陶冶。以下將介紹泰雅族文化，從不同角度看其陽剛面貌、浪漫哀怨之美，以提升文化生活視野。

壹、泰雅族群分布

泰雅族之名由 Taiyal 或 Ataiyal 而來，族人散居於台灣中部以北山地，行政區域自南而北涵蓋：南投縣仁愛鄉、台中縣和平鄉、苗栗縣泰安、南庄、新竹縣尖石鄉、五峰鄉、關西鎮、桃園縣復興鄉、台北縣烏來鄉、宜蘭縣大同鄉、南澳鄉、花蓮縣的秀林、萬榮、卓溪、吉安四鄉等十五個鄉鎮，是原住民族群中分布區域最廣的一族。以流域而言，沿濁水溪、北港溪、大甲溪、大安溪、後龍溪、大漢溪、蘭陽溪、立霧溪、木瓜溪等本流及其支流所屬流域，高可到二千公尺，低至數百公尺之地，都有泰雅族人居住其間。

一般人都知道泰雅族是個剽悍的民族，震驚世界的「霧社事件」就是由他們所發起的，但很少人知道泰雅族因爲語言的不同，又分爲「泰雅」（Taiyal）和「賽德克」（Sedeq）兩支，在這兩支之下又分爲二十五個族群，發動「霧社事件」的英雄「莫那・魯道」其實是屬「賽德克」語系的。「泰雅」和「賽德克」兩支的起源相同，包括服

飾和信仰都大同小異，可能因為地域的區隔，長時間下來發展出有相
當差異性的語言；現今的演講比賽，泰雅語和賽德克語是各自獨立
的。以南投縣北港溪與花蓮縣極北的和平溪相連之一線為分界線，以
北是泰雅族，以南是賽德克族。

　　在泰雅族群始祖創生的口傳歷史中，流傳至今的有三處發祥地：
位於今南投縣仁愛鄉發祥村瑞岩部落附近的賓沙市幹巨岩，位於台中
縣、苗栗縣、新竹縣間交界的大霸尖山，以及位於中央山脈南投縣與
花蓮縣界的牡丹岩。有一則神話是這麼流傳的：南投縣白狗人山瑞岩
溪部落附近台地上（地點位於仁愛鄉發祥村瑞岩部落的附近，名為
「賓沙市幹」[pinsebukan]，意即祖先之地），有一巨石裂成兩片，形
成一座宮殿，住了一位女神與兩位男神，後來其中一位男神因為討厭
住在這樣的地方，於是退回原來的岩石中，成為部分族群的祖靈，而
其他兩人就成為泰雅族的祖先。其實不同族群所流傳的起源說都有些
相同處，可能發源自大山或山中大石，可見泰雅族人真的是山林的兒
女。

貳、泰雅文化信仰

　　超自然神靈信仰（rutux）是以祖靈為中心，在他們的傳統觀念
中，祖靈是操縱一切禍福的力量，以 rutux 作為一種無形的超自然力
量，使泰雅人在治病、消災祈福時都會祭祀 rutux 請其保佑，而祖靈
庇佑子孫的條件是族人都必須遵守祖先所留下來的習俗、教訓與規
範，泰雅族人的獵頭舊俗即充分表現出祖靈信仰的特色。祭祀的主旨
分成了為開運和消災而祈求庇護，以及表達謝恩、虔誠的信仰和莊嚴
的態度，促成祖靈祝福「共同生活、共同祭祀」的泛血親祭團 Gaga
（Gaya、Gaza、Waya）。一個人觸犯了 Gaga（Gaya、Gaza、
Waya），可能會受到處罰，被嚇到可能會生病；在戶外吃飯、喝酒時
要彈一點食物在地上給 rutux 吃，在祖靈祭以後，泰雅人要離開祭祀

地時，必須越過火堆，以示與 rutux 隔離，種種跡象顯示對 rutux 的懼怕。「神靈」有善惡之分，善靈是在正常情形下死亡者的靈魂，惡靈是死於非命者的靈魂。而只有善靈才受到後人的祭祀，泰雅族人服從神靈的意旨，以獲得神靈的喜悅，進而賜與平安幸福。

泰雅族的世界裡擁有獨特的 Gaga（Gaya、Gaza、Waya）社會組織，Gaga（Gaya、Gaza、Waya）是因血緣關係所形成的部落，負有共同祭祀、狩獵、對外抵抗欺侮的社會功能，一直深信社會要和諧安定，必須要有 Gaga（Gaya、Gaza、Waya）「社會規範」維繫秩序，觸犯 Gaga 的誡律與禁忌必將受到神靈的懲罰，一般泰雅族人的長老都認為，現今的社會亂象層出不窮，起緣於 rutux 的觀念淡薄及被遺忘使然。

泰雅族姓名的傳承是在子女本名後冠上父親名字，表示血統關係。以莫那‧魯道為例，長子名：塔達歐‧莫那，女兒：馬紅‧莫那；而塔達歐‧莫那兒子的名字是瓦利斯‧塔達歐‧莫那。泰雅族嚴守一夫一妻制（禁止同姓、近親通婚），重婚也不被允許，視婚姻外的情感為罪惡，尤其是未婚男女之私通，都採嚴格的制裁手段。泰雅族人對於私通懷孕男女必會令其結婚，如果這對男女有血親關係或男方已有配偶，則等孩子出生後把嬰兒活埋，或在分娩之前將女孩嫁給別的男子，而族眾則殺豬祛除不祥。泰雅族對於婚姻有特定的規範及儀式（有舉行搶奪新娘的儀式），當男方看中女方，男方必須請族中的長老到女方家，大夥兒面對面溝通，男女兩家的家譜溯及六代，若有血緣關係則無法成婚。子女長大後，除么兒有權繼承家業外，其餘的兄弟姊妹都得另創家庭，繼承家業的么兒得奉養父母，諸兄弟的家彼此間形成一大家族，戶長仍由老大擔任。

泰雅族的出草即所謂的獵首。泰雅族人獵頭的動機單純，絕非濫殺無辜，是因有人褻瀆神明、復仇、發生瘟疫、疫病以及獵場紛爭之故而起的行為。獵過人頭之後，對他們的社會又是一個新生命的誕生，更是人類與大自然之間重新和諧分享新生命的開始。在獵得人頭

後，會將腦漿從咽喉中拔出丟入溪流中，他們相信人的心思會隨著河流漂向祖靈的源泉處；而部落的男女老幼都會帶著酒，以歌舞迎接人頭的來臨。所獵的人頭，是族人生命昇華的最愛，也是祖靈垂愛家族的寶貝。對泰雅族人來說，「出草」乃是平衡自然力的一種表現，亦是對族人內部文化衝突、親族不睦時，解決問題的溝通方式；只要人頭落地，嚴肅的血祭儀式即展開，祖靈回歸平靜，部落社會組織的秩序才得以再次重整。

泰雅族人相信，人死後必須通過虹橋才能回到祖靈所在之地，男人的手上若沒有染血（指未曾參加過出草），就不能通過虹橋進入靈界。由此可見，「出草」是被視為「祖訓」。這個儀式，會讓人聯想到暴力美學，與同學談到相關話題，有同學聯想到電影《追殺比爾》，有的同學甚至會想到腥味。泰雅族人不再出草，使我們了解文化若是向真、善、美發展，對下一代的教育有正面的意義。

參、泰雅族的紋面與缺齒

從前泰雅族的社會價值觀，認為一個人臉上沒有刺青（紋面）是羞恥的事，人必須能夠忍受刺青時錐心刺骨的痛才算是個成人。男子必須在戰場、打獵時有英勇的表現才能紋面，女子則需有姣好的面貌及織布的本領才有資格紋面，或女人出嫁後代表貞節、忠於丈夫的表示。女子除前額中央之外，兩頰自耳根至唇中央刺寬約四到八公分的斜形紋兩條，男子多在有過出草（獵過首級）經驗之後，於前額頭和下顎中央（頤部）刺青一條或數條。族中獵頭多次成功的男子及織布技術超群的女子，有特權在胸、手、足、額刺特定的花紋，為榮耀的表徵。

以前泰雅族人非常禁忌婚前及婚外的性行為，認為任何人的姦情都會激怒祖先之靈，而禍及部落所有的成員，尤其青年男女若有不道德的行為，在紋面時必受到祖靈的懲戒，常導致紋面後傷口發炎難以

癒合，或是刺青的花紋模糊、顏色暗淡不清。所以刺青前紋面師都會詢問受施者是否有越軌之行為，如果有，則先向祖靈認罪，方可施術，當然費用也要加倍。刺青後，整個臉馬上就腫起來，連嘴巴都張不開，吃東西也難以下嚥，療養期間，整天待在家裡，不能出去吹風。如果有人到家裡求親，都會被家長回絕，父母親表示，必須等到療養好之後再說。如果該女子紋面色澤深、花紋清楚，則顯示該女子貞潔又賢淑，出嫁時可向男方多索禮聘或嫁好老公。所以紋面是泰雅族最具特質的表徵，古時候未曾紋面的男女，就很難找到理想的配偶了。紋面代表著：

1. 女子成年織藝精進是尋覓如意郎君的好時機。
2. 男子英俊勇武善獵首，成年可獨當一面保家衛社稷。
3. 個人生命中有成就的榮譽象徵。
4. 在出草時，具有辨識敵我的作用。
5. 能延長壽命和避邪氣，又代表貞節忠於丈夫。
6. 是死後認祖歸宗的應允和約定標誌。（資料來源：行政院原住民族委員會文化園區管理局網站）

　　缺齒是指男女成婚前，拔掉上顎門齒兩側前牙。其作用有三：其一，以示終身不易他人；其二，笑的時候顯得可愛；三，牙齒不會重疊長出。泰雅、布農、鄒族三族男女都有缺齒之風，有人拔掉左右兩邊犬齒，有人拔掉小臼齒各一支，或者是小臼齒與犬齒各一支。拔牙大多由父母進行，拔牙的年齡大約是八、九歲到十一、二歲之間，用木片抵住要拔掉的牙齒，再用柴刀的背敲擊，使牙根動搖，然後找一枝樹枝，在兩端繫上麻繩，綁在牙齒上，拉動樹枝拔掉牙齒，最後在傷口上塗些煤煙。拔掉的牙齒大都埋在戶外，或者在家裡屋簷滴水處。他們說缺齒是自古以來的習慣。

第四節　結語

　　文化在整體上所經歷的演變過程，就和藝術風格的演變一樣。文化內部會發展出一套潛意識的選擇標準；根據此一標準，所有為了滿足生存、求偶、戰爭、祭神等需要的各樣行為，都會統合而成一致的模式。就像藝術史上的某些時期一樣，有些文化無法達成這種統合性；我們對其他的許多文化則所知甚少，因而不了解促成統合性的動力為何。但是，無論是最簡單或複雜的文化，都有達成這種統合性者。大體而言，這些文化的主要成就在於行為的統合；最使我們訝異的是統合可以有許多不同的形貌（configuration）。

　　但是，極大部分的人類學研究卻都是專注於文化特質的分析，而很少把文化看作模式鮮明的整體加以研究。導致這種現象的主要原因，在於早期民族學記述的特殊性質。早期的人類學家並不是根據他們對原始民族的直接認識來撰寫論著；他們並不親身考察，而只依賴旅行家和傳教士的軼事傳聞，兼或採用早期民族學家的概略報導。當然，他們能夠從這些材料中追尋出諸如斷齒或內臟占卜術等風俗的分布；至於這些特質如何在不同的部族文化中嵌合而形成獨特的形貌，卻是早期的人類學家無法得知的了。

　　從事相關的研究時，絕不能再像這樣把地域性特徵視為所有原始民族的普同現象。過去的人類學家把原始文化看作單一的個體，想尋找普同的法則；現在的人類學家則漸漸能面對文化歧異性的事實，而試圖探討文化內部的統合性。這項轉變的意義，目前才開始為大家所了解。強調整體形貌研究重於組成部分之分析的信念，已漸為現代科學各分支接受。

第 9 章

多元文化教育

過去有許多學者認為各民族的文化曾經系統性地或按部就班地努力發展與精緻化，呈現對藝術或人文或不同類型的生活型態；小群落在彼此隔絕中獨立過活，所以他們在長時間的環境條件下自然而然地個別發展出本身的特色而變得各不相同。李維史陀認為這樣的情況是有害的，或者這些差異應該要被破除。事實上，差異是充滿生機的，唯有透過差異，才能有所進步。當前真正威脅人類的，可能是稱之為過度交流（over-communication）的趨勢——亦即站在世界的某一點上，卻可以精確地知道全世界各地的現況及趨勢。一個文化若要能活出真正的自我並創生出一些東西，這個文化和它的成員必須堅信自身的原創性，甚至在一定的程度上，相信自己優於其他的人類；只有在低度交流（under-communication）的條件下，它才能創造出一點東西。我們現在正受著一種可預見的情勢的威脅：我們變得只是一群消費者，能夠消費全世界任何地點、任何一個文化所生產出來的任何東西，而我們失去了一切的原創性。

　　如今，我們可以很容易地想像：將會有那麼一天，整個地球表面上只有一種文化與一種文明，例如麥當勞文化。但我們不相信這樣的情況會發生，因為人類總是有相互矛盾的趨勢在發揮作用——此方趨向同質化，而彼方則趨向新的分殊，如同物理學的反作用原理。一個文明越趨向同質化，其自身內部的差異就變得越清晰；在一個層面上所得到的，旋即便在另一個層面上失去（Levi-Strauss, 1978）。

第一節　多元文化教育的概念與意涵

　　文化是具有語言、風俗、習慣和經驗的個人所組合而成的團體，或許可以適用於大部分的國家，但是對於其他一些國家可能不適用。以加拿大為例，加拿大的原住民既不是因其土著的語言，也不是因其風俗和習慣而組成的。連結國度內的民族的並不是什麼共同的文化，

反而是共同接觸到的、來自各方面的歧視，以及長期作為「外來客」的共同經驗。這是一種衝突和對主流文化不甚順當的適應經驗，將少數民族結合在一起形成多元文化。深入了解形成多元文化和差異現象的諸多因素，並且揭露受漠視的權力不均的事實，以批判的態度看待文化的資產，有選擇地接受與維繫文化的傳統，是實施多元文化教育努力的方向。

近十年間，台灣教育界在民主化與本土化的思潮帶動下掀起了一股多元化教育（multicultural education）的改革浪潮。過去國內主要都在引述美國方面的理論與實務，美國的多元文化教育始於一九六○年代前後黑人爭取公民權利的運動，女性及其他弱勢團體的意識逐漸抬頭，了解多元文化教育是兼攝文化差異與機會均等的教育，以破除優勢族群的同化霸業，提供弱勢族群的教育出路。多元文化教育是全民共同參與的普通教育，優勢族群若以為事不關己而置身事外，則無法促進族群之間的共存共榮，將因此窄化了人類觀察世界的視野，也限制了文化之間相生相長的動態功能（張建成，2000）。

多元文化教育的實施須在課程中融入不同群體的歷史與文化事實，在教學時要反映不同群體的認知與溝通形式，重要的是整個學校體制及文化必須去除偏見與歧視，以培養學生社會批判的能力，對社會不公現象能夠潛心反省，並勇於付諸社會改革或重建的行動（Banks, 1993；張建成，2000）。不同的社會各有不同的文化差異現象或文化霸權背景，英國、加拿大、澳洲的多元文化教育的實施經驗可作為我們的借鏡。

壹、多元文化相關的概念

多元文化常與下列名詞混淆，國家主義（nationism）、民族主義（nationalism）、多元文化主義（multiculturalism）造成實施多元文化教育時的困擾。以下將幾個基本的相關概念予以解釋並澄清，國家主

義指在某一段時期，政治意識與教育政策在追求較多的地理政治的統合；民族主義指在某一段時期，政治意識與教育政策在追求較多的社會文化統合；多元文化主義是一種哲學立場與運動，主張一個多元社會的性別、種族、族群與文化多樣性必須反映在教育機構的所有制式結構裡，包括成員、價值觀範、課程及學生組成。

貳、多元文化教育的意涵

多元文化教育最常被用來指涉回應文化多元的教育措施，卻有很多批評認為它並沒有真正達到它原先所要達到的目標。一方面，由於多元文化教育非常強調文化多元，所以非常關心不同族群間的差異，與各族群不同的生活方式。但另一方面，多元文化教育只重視教育問題中的文化層面，忽略了社會、經濟、政治各方面的族群不平等。所以，它往往被利用來合理化並再製這些不平等。簡單地說，它變成了社會控制的一個工具（Verma, Zec & Skinner, 1994:16; Gillborn, 1990:152-153; Troyna & Carrington, 1990:1-3 ；林永豐， 2000）。多篇文獻顯示，多元文化教育成了另一種主流文化教育的宰制工具，成了另一種意識形態，剛起步的我們更應謹慎周延規劃，以利學校中課程的實施與人們生活的身體力行與實踐，避免成為口號。

一、反種族歧視教育

有些人認為多元文化教育是一種反種族歧視教育，反種族歧視教育更強調制度化的歧視與壓迫、潛在課程、探討考試與分流過程中的文化偏差、種族歧視的攻擊暴行等。另方面，反種族歧視教育也鼓勵家長與學生參與學校各種決策的制定，主張聘任更多的少數族群教師，公開討論與實施更民主的學校教育（Troyna & Carrington, 1990:1; Craft, 1986:86）。

反種族歧視教育所強調的不只是「個人」的偏見與歧視，它還包

括了各類「組織」（如學校機構、警察機構等）種種具有種族歧視的
信念與活動，表現在組織的日常運作中，也表現在組織的深層假設、
目標與價值中（Gillborn, 1990:154）。反種族歧視教育主張，假如不去
關心這些更廣泛、更細致層面的種族歧視，教育機會均等的理想不太
可能完全實現。反種族歧視教育在論述時，常使用衝突、壓迫、剝
削、分裂、種族歧視、爭取、結構與權力等字彙（Brandt,
1986:125），這些概念主要用來表達解構與重建（Gillborn,
1990:155）。反種族歧視教育被視為是比多元文化教育更激進的一種
主張，多元文化教育強調文化多元，但忽視了許多更微妙、更深層的
種族歧視型態。多元文化教育論述常用的字彙是文化、不等、偏見、
誤解、忽視，這些字眼的概念的特色在於提供知識、增加了解。

　　有關多元文化教育與反種族歧視教育之間的論辯在歐美國家延續
很長一段時間。這兩個概念本身都沒有一致的定義，往往在不同作
者、不同場合、不同時間有程度各異的不同用法。尊重文化多元與致
力對抗種族歧視，兩者都是多元文化社會中的重要面向，兩者既不能
被多元文化教育忽視，也不能被反種族歧視教育忽視。多元主義
（pluralism）、多元文化主義（multiculturalism）、多元文化教育（mul-
ticultural education）、多族群教育（multiethnic education）等概念，常
常被用來描述對族群與文化的多樣性更自由、更開放的態度與措施。
但這些概念在學術界與日常用法上常常引起混淆與爭議（Gillborn,
1990:148）。

　　多元文化教育注意文化的差異，而反種族歧視教育則進一步關心
這些差異是否為形成不平等的原因。反種族歧視教育對多元文化主義
的理想和實際所形成的落差，尋求補救之道。反種族歧視教育的實際
作法，特別關心在各機構和學校當中所明示的或是潛藏於體制內的歧
視現象。反種族歧視教育對文化而言是動詞，而非靜態的名詞；因為
它不再是鍾情於過去的習俗，而是著眼於現代的文化，特別是要看看
人們如何發現其生活中所存在的不公平，並且試圖以集體的行動來改

變之。

　　就學校的課程而言，反種族歧視教育有時會選擇具有代表性的文
學作品、自傳、音樂、詩歌和藝術等，融入課程當中，以便擴大學生
的經驗領域，並且讓學生有機會檢視族群、文化、階級等各層面不平
等的現象。從反種族歧視教育的觀點來看，多元文化的課程教材比較
強調民族的差異，而反種族歧視教育的課程則更注意社會階級所造成
的不平等現象，並進而改善族群關係。一般教師並不願意觸及這項論
題，唯有靠教育當局的要求和鼓勵。反種族歧視教育通常被認為是對
於自由式的多元文化主義較激進的反動。但是，反種族歧視教育也常
碰到來自各方面的批評，特別是將種族主義加以簡化概約，而違背了
原意。

二、群際文化教育與多元文化教育

　　1997 年，由倫敦大學教育學院出版的《1997 年世界教育年鑑》，
以《群際文化教育》作為書名，而倫敦大學將原有的「多元文化教育
中心」（Center for Multicultural Education, CME）改名為「國際群際文
化教育中心」（Intercultural Centre for Intercultural Studies, ICIS）。依據
這本書的觀點，多元文化教育與群際文化教育之間主要的差別有二：
英國界人士習慣用「多元文化」，而其他歐洲地區人士則傾向用「群
際文化」。「多元文化」一詞逐漸被用來反映社會的本質，是一個描
述性的用語，是形容詞；而「群際文化」則用來強調互動、協商與過
程，是動詞（Gundara, 1997:394-5）。

　　英國之外的歐洲地區的確比較常用「群際文化教育」一詞，國際
群際文化教育學會（International Association of Intercultural
Education，設於瑞典）所出版的期刊《歐洲群際文化研究》
（*European Journal of Intercultural Studies, EJIS*），英國則只有一份叫作
《歐洲群際文化期刊》（*European Journal of Intercultural Education,
EJIE*）的期刊。法國學者卡密李瑞（Camilleri）建議以群際文化教育

取代多元文化教育，多元文化教育是讓各種文化並存，而群際文化教育則是強調將各種文化結合成一個和諧及整體的措施（Camilleri, 1992:143）。法國學者博那（Verne）將文化多元的教育措施區分為五個階段（Leonetti, 1992:154）：(1)忽略的階段（prehistory）；(2)補償教育的階段，重視國語學習（the phase of compensatory, linguistic programmes）；(3)母語教學的階段（the phase of mother-tongue instruction）；(4)（移民）原有國家文化的教育（the phase of education in the cultures of origin）；(5)群際文化教育的階段（the phase of intercultural education）。

　　從博那的說明看來，前兩個階段的同化色彩濃厚；接下來的第三與第四時期則開始重視（移民）原有國家的語言與文化；到最後一個階段，相互了解的觀念才逐漸被凸顯出來。這個階段所謂的「群際文化教育」是用來強調：所有學生都需要的不同文化間的互相了解。在這種意義下，群際文化教育所凸顯的是不同文化間的互動與尊重（Leonetti, 1992:154）。

　　英國甘達拉使用「群際文化教育」這個概念，以強調過去和現在的種種多元現象，並致力於回應因種種差異所帶來的不平等問題；群際文化教育也重視政策的落實問題，以創造更具「包容性」（inclusive）的教育環境。許多學者的共同看法是通常「多元文化」概念描述社區、學校、社會上的多元文化，而以「群際文化」來說明更完整的、更周到的多元教育方案。西方國家原本被認為同質性很高的社會，陸陸續續出現了各種不同且多樣的族群、宗教、語言，因而有些社會變得越來越多元化，一九八○年代多元文化教育論述遂興盛起來。有鑑於各種文化現象變得越來越多元，要求教育對此作出回應的呼聲也越來越高。接下來以英國、加拿大和澳洲為例。

第二節　英國的多元文化教育

英國的文化多元現象在過去四十年間變得越來越明顯。英國少數族群的人口比二次戰後時期增加了十二倍，總數在三百到四百萬之間。英國不僅是白人的故鄉，也成了許多非白人的家。即使僅就白人而言，除了最多數的英格蘭人（四千八百萬）外，蘇格蘭人、威爾斯人、愛爾蘭人、英裔猶太人、英裔義大利人等各族群也都有程度不同的文化傳統（Pumfrey, 1994:26; Storry & Childs, 1997:244）。英語是世界上最強勢的語言，但在英語的發源地，語言的多樣性卻是一個事實。除了隨移民而引進的「外國語言」之外，英語本身也存在許多方言（ILEA, 1983；引自 Craft, 1986:82）。宗教方面，基督教是最主要的宗教，其他宗教尚有回教、錫克教、印度教、猶太教、佛教。

壹、英國多元文化教育的社會背景

英國的移民可以追溯到幾百年前，且一直持續到當代。但不可否認的是，亞裔移民與黑人移民的人口一直到二十世紀為止，都是相當少數的（Verma, Zec & Skinner, 1994:2）。根據柏馬（Verma）整理的資料，少數族群的人口在過去五十年間增加相當顯著，到 1991 年止，已占總人口的 5.5 %。根據這樣的趨勢，少數族群的人口很可能在 2020 年時，再增加一倍（Gillborn, 1997a:66）。在各個少數族群中，印度裔移民占總人口 1.5 %，是最大的一個族群。移民是導致英國成為多種族國家或多元文化社會的最主要因素。早在五百年以前，英國就已經和非洲、加勒比海國家、印度半島有了相當密切的關係，而且為數不少的黑人也開始在英國居住下來（Figueroa, 1995:778）。羅馬占領、維京人入侵到諾曼人的征服時期，具有各種文化背景的移

民就持續為英國文化注入新的元素。猶太人就是這些移民之一。在二十世紀初期，猶太人的人口已經在三十萬人之譜。由於受到納粹壓迫的影響，這個數目在戰後持續增加，到八○年代初期約在四十萬人左右。愛爾蘭人是另一個主要的移民群。除了地理因素之外，十八世紀初期英格蘭許多都市地區的工業化，也吸引愛爾蘭人前來工作與定居。在 1851 年以前，愛爾蘭移民有七萬五千人左右，幾乎占當時總人口的 3 ％（Craft, 1986:77）。

在這些移民當中，最大的移民群來自愛爾蘭共和國、大英國協中以白人為主的國家以及其他歐洲地區（Solomos, 1992:10）。相對於對這些白人移民的開放態度，來自西印度群島地區、印度半島和巴基斯坦的移民卻因為膚色的關係引起了很大的注意。這些「有色人種」在人眾、政府與媒體上引起了廣泛的關切與恐懼。但根據 1948 年的「英國國籍法」（British Nationality Act），英國的各殖民地與各人英國協國家的人民，都被視同英國公民，有權自由進出英國，並可以工作定居（Solomos, 1992:9）。這意味著，雖然黑人往往被當作「不受歡迎的人物」，他們的移民卻是受到法律保障的。他們也和其他英國公民一樣，得享充分的公民權利與義務。依據 1962 年的「大英國協移民法」，獨立的國協會員國公民必須受移民的限制。這個法案的通過，對當時的公共政策與後來的教育政策有很大的影響。

「大英國協移民法」是移民限制濫觴，隨後的移民法（大英國協移民法[1968]、英國國籍法[1983]）繼續維持對有色人種移民限制的主軸。此法帶有種族偏見的移民限制，為日後不安定的族群關係埋下了伏筆。種族的議題開始在公共政策的制定上扮演重要的角色。隨著移民限制逐年的落實，有色人種的移民人數開始降低。但是這些移民的第二代開始增加。所謂的移民問題開始變成移民第二代的問題，有關「外來者」、「新住民」的問題，開始變成「自己人」的問題了（林永豐，2000）。一九六○年代以前，英國既沒有移民限制，也沒有針對移民的教育措施。教育對移民學生基本上是放任或忽視的態

度。六〇年代開始，因移民人數的增加，而開始採行限制和各種「補救性」的教育措施。這些措施帶有種族歧視的色彩，而同化就是其思考的主軸。

貳、移民的同化問題

第一階段：一九六〇年代移民的同化階段

　　英國隨著戰後大量移民的到來，移民問題逐漸成了公眾關心的焦點，並在一九六〇年代達到高潮。此時期有兩份重要的政府文件，一份由內政部（Home Office）出版，報告中指出「英國正邁向某個程度上的多元族群的國家，學校為一個大社會的縮影，也邁向一個多元族群組織，教育的目的之一在於擴大移民學生的視野，學校中的移民學生可以擴大所有其他學生的視野。」（Home Office, 1964:8）。另外一份是教育部（Ministry of Education）的《移民的英語教學》（*English for Immigrants*），這是第一份由政府所出版有關移民教育的建議。這份報告強調的兩個重點分別是：把英語當作第二語言（English as a second language）的教學以及學校應採取積極的措施以避免各種的偏見與歧視。這份報告將移民學生視為一項資源，可以豐富課程的內容，也認同基本教育與傳統教育對移民學生的重要性（Jeffcoate, 1982:26）。

第二階段：一九七〇年代的融合階段

　　一九七〇年代英國開始對同化政策有些反省，也開始承認文化多元的事實與可能性。一方面受到美國民族復興運動（ethnic revitalization）的影響，一方面族群關係也逐漸受到大眾的關心，「移民」的概念開始被「少數族群」所取代（Jeffcoate, 1982:7）。但實際的教育措施尚未全面反省，意識形態上的刻版印象也仍普遍。和之前的同化

階段比起來，雖然主要還是量上的差別，而不是質上的差異，但已逐漸的向下一個多元主義的階段邁進（Craft, 1986:80）。

第三階段：一九八○年代多元文化教育階段

一九八○年代開始，英國社會氣氛逐漸開放，「多元文化教育」常被用來指那些對族群關係更積極的實際教育措施。英國有鑑於西印度裔學生在學校中一直成就不足，工黨政府於 1979 年設立了「少數族群兒童教育調查委員會」（Committee of Inquiry into the Education of Children from Ethnic Minority Groups）。委員會的主要任務，在於檢視來自各族群學生的教育需要與教育成就，尤其注重其入學前的經驗與離開學校之後的生涯前景（DES, 1981:1）。委員會的兩份報告，分別是期中報告「學校中的西印度裔兒童」（West Indian Children in Our School）（DES, 1981），簡稱「朗普頓報告」（Rempton Report）與期末報告「全民的教育」（Education for All）（DES, 1985），簡稱「史旺報告」（Swann Report）。

朗普頓報告主要是處理成就不足的問題，報告指出沒有單一的理由導致西印度裔學生的成就不足，而是老師與整個教育系統普遍持有的差別態度，以及西印度裔家長所持有的不同觀念，交織而成的網絡所造成的（DES, 1981:70）。此報告建議，有意或無意的種族歧視、教師的負面態度以及不適當的學校課程都應該加以改進。史旺報告繼續探討成就不足的問題外，並特別強調兩個多元文化教育的主題：為少數族群學生提供特別的教育需求（special needs），以及「全民的教育」（education for all）的概念（DES, 1985; Gillborn, 1990:149）；全民的教育旨在提供每位學生都能有相同的教育機會（DES, 1985:769），多元文化的理解不是單一的問題，它應該落實到學校活動的每個層面，讓所有不同族群的老師、學生都能參與。

英國是一個多元族群、多元文化的社會，教育體系所面臨的問題不只是如何教導少數族群的學生，而是如何教導所有的學生。由於多

元文化的挑戰是所有學生、所有學校所面對的，所以不應只是那些有少數族群學生就讀的學校與地方教育局來從事多元文化教育而已。一九八○年代末期有越來越的地方教育局自己制定並出版相關的多元文化教育政策。許多少數族群學生的家長被邀請到學校管理小組（school governing body）中發表意見。某些少數族群學生較多的地區，有許多家庭訪問的計畫，各種媽媽團體成立。學校中的各種告示常被翻譯成學生的母語（mother tongue），規模較大的教育局甚至聘請翻譯人員（Craft, 1986:82），課程方面的進步顯著改善。

第四階段：去種族化論述的階段

雖然文化多元的概念在一九八○年代受到英國的重視，這些理想在一九九○年代卻不受重視，捍衛機會平等的力量也逐漸式微。政府試圖透過市場經濟的原則提升教育的生產力（Tomlinson & Craft, 1995:foreword）。種族、少數族群等議題，多元文化教育、反種族歧視教育等主張，逐漸被排除在教育政策之外。「去種族化」（deracialized）的政策抬頭，主張族群不是政策制定時的考量因素，因而不談種族，不談族群。這樣的政策受到連年執政的保守黨所支持。「去種族化」論述的興起背景如下：

「去種族化」的概念受到「文化的種族歧視」的影響。產生於十九世紀的種族歧視是「科學的種族歧視」，主張世界上的人類可以依據生理上的差異（膚色、基因等），區分成不同的「種族」（races），而不同的種族彼此間有優劣（智力上）的差別。相對的，文化的種族歧視則只強調文化的不同和彼此的差異。依照文化差異的概念，文化的種族歧視明確地在「我們」與「他們」之間劃出界線。這些支持者常在嘴裡說「我們是英國人，你們不是；我們的文化是英國文化，你們的不是；這裡是我們的家，不是你們的家；我們是圈內人，而你們是圈外人。」文化的種族歧視不提誰比誰優劣的問題，只是強調「我們彼此不同」這樣的概念，相當有影響力，得到廣泛的回響，受到新

右派（New Right）人士的支持。由於它有別於十九世紀的種族歧視，所以又被稱爲「新種族歧視」。

　　在此階段，保守黨政府開始一連串的教育政策變革，旨在運用市場競爭的原則以提升成就標準。提升成就標準是一九八○年代末期與一九九○年代教育最關心的一個主題。受到注意的不僅是西印度裔學生的成就不足問題，且希望提升所有學生的學業表現。教育政策的內容包重視基本學科，保守黨政府試圖在「基本技能的教學」與「多元文化教育」之間，劃出不必要且錯誤的界線（Taylor & Bagley, 1995:118）。柴契爾夫人說：「學生需要學的是算數與乘法，卻花時間在學什麼『反種族歧視的數學』——不管那到底是指什麼東西。學生需要學的是如何能用清楚的英文來表達自己，卻被教導一大堆政治的口號。」（Gillborn, 1997b:27）繼任柴契爾的梅傑（John Major）首相，也採取相似的立場。他說：「小學老師應該學著如何教小孩讀書，而不是浪費時間在性別、種族、階級等政治議題上。」（Taylor & Bagley, 1995:118）。

　　英國在去種族化論述的階段，中央與地方教育機構越來越少投注心力在多元化的措施上，各種經費補助也減少了。國定課程與其他教育革新爲老師們帶來沉重的負擔，使他們往往沒有多餘的精力去發展多元文化的各種教學方案（Verma, Zec & Skinner, 1994:17）。教育的市場化創造了一個互相競爭的環境，各校關心的重點是有多少學生達到一定的學業水準。學校不僅要拿這項指標向政府負責，也要以此向家長證明自己的辦學績效。不管各校的學生組成彼此間差異有多大（如社會階級、性別、族群背景等），統統適用此同一且單一的標準。一九九○年代去種族化的教育政策是受到整個教育大環境與社會脈絡的影響，教育的發展忽視少數族群學生，鼓舞了新種族歧視的興起。

參、母語與方言的問題

　　語言是反映社會上文化多元的一個重要面向，移民帶來了不同的「外國語言」，使英國變成一個多語言的社會。除了英文之外，有相當多語言在英國被使用著。1983 年，一份針對英格蘭與威爾斯地區所有的地方教育局所做的調查顯示，單以內倫敦教育局（Inner London Education Authority, ILEA）有超過五百零二所的雙語學校。這份調查顯示，被明確指出的語言超過三十種，而被十個以上教育局指出的語言包括：烏爾都語（Urdu）、旁遮普語（Punjabi）、孟加拉語（Bengali）、甘哲瑞提語（Gujerati）、印度語（Hindi）、華語（Chinese）、義大利語（Italian）等（Tansley & Craft, 1984:368-372）。根據內倫敦教育局自行於同年所做的調查，有超過 16 ％的學生在家不是或不只是用英語交談，而這些非英語的口語總數達一百四十七種以上（Craft, 1986:82）。根據國定課程英語小組的推估，英格蘭地區中，大約有 5 ％以上的學校具有相當數量的不是以英語為母語的學生（Gillborn, 1990:184）。

　　移民及其子女各有其母語，因此英語乃是「第二」語言。這是一種補充性的、過渡性的措施，期望學生在熟練英語之後，能參與本地學生所上的一般性語言課程，把英語視為第二語言的教學（the teaching of English as a second language，ESL 教學）。但正式的學校教育對母語教學不積極，少數民族早已透過各種措施傳授自己的語言（Verma, Zec & Skinner, 1994:12）。直到今日，這種非正式、社區性的語言課程還是母語教學的主要形式。雖然有些得到地方教育局的資助，但大部分的財務與資源則主要來自社區或宗教團體。大部分的正式學校教育依然把母語教學排除在課表之外。其所持的主要理由在於：少數族群語言的種類太多了，學校與教育局不可能有足夠的經費與師資來辦理母語教學（Gillborn, 1990:187）。

一群來自西印度群島各國的移民不像其他地區的移民不會使用英語，相反地，他們都會說流利的英語，不過他們的英語不是所謂的「標準英語」，而是一種海外的英語方言（overseas dialects of English），這些方言被認爲是「不標準的」，使用方言往往被視爲語言能力不足，或是有語言學習的問題。有些教師受到這種觀念影響，積極教導學生熟練標準英語，要求學生忘掉自己的方言，改「學」標準英語。這個階段方言不僅被忽略，甚至被污名化了（Edwards，1984:82）。

肆、小結

英國多元文化的主要問題是族群問題，接著是相關的文化與語言問題。標準英語被視爲一種「特殊的方言」，但卻不應貶抑其他方言的價值。另一份早期的布洛克報告強調：「老師……應該對方言有所了解，並以積極和同情的態度看待方言的使用。」（DES, 1975:543）。教師的態度對學生動機與成就的有重要影響，應該透過各種方式鼓勵教師了解並欣賞各種方言的本質（DES, 1981:xv）。英國的多元文化教育很少被視爲只是單純的教育問題。不僅社會上所存在的族群不平等深深地影響到少數族群學生的教育表現，這些少數族群學生在學業上的失敗，也會加深其在社會上既有的不利地位。英國多元文化教育強調族群間對等的關係。不平等關係不僅表現在個人層面的偏見、歧視、刻板印象，也存於在組織許多層面。多元文化教育不在於向少數學生提供某種假想出來的共有文化，而在於向所有的學生呈現現實社會中的多元文化。英國多元文化教育的發展過程、所面臨的問題和解決方案實可供我國的借鏡和參考。

第三節　加拿大的多元文化教育

壹、加拿大為多元民族的社會

　　加拿大是一個由多元民族所組成的社會，除了原住民之外，尚有來自世界各地的移民，構成了加拿大多元民族的社會。加拿大尚未與歐洲有任何接觸以前，原住民大約可分為五十個不同的族群，使用十二種語言，每種語言又各有不同的方言。這些原住民有的以漁獵為生，有的則以農耕為生。自十六、十七世紀，以至 1760 年，受到皮毛貨物的吸引，法國的商人和移民成為首批移入加拿大的歐洲人。十八世紀，與法國移民同時來到加拿大的尚有來自英國的移民。 1763 年簽訂巴黎和約，使加拿大正式成為英國的殖民地之後，來自英國的移民越來越多。到了十九世紀中葉以後，來自英國的移民在人數上超越了來自法國的移民。第二次大戰事起，又興起新的移民潮。 1967 年之後，加拿大政府的移民政策更趨多元化，因而更多的「非白人」被准許移民到加拿大。從此之後，英、法二裔之外的加拿大人日益增多，而成為英、法二裔之外的「第三勢力」（Fleras & Elliott, 1992 ；單文經， 1996）。

　　一九六〇年代期間英裔加人和法裔加人衝突日益嚴重，「皇家雙語與雙文化委員會」（Royal Commission on Bilingualism and Biculturalism）提出種族衝突已至影響國家統一的地步。 1969 年加拿大通過「官方語言法案」（Official Language Act）明定英語與法語為官方語言。 1971 年總理杜魯道（Pierre Flliot Trudeau）宣布「在雙語架構之中的多元文化政策」（A policy of multiculturalism within a bilingualism framework）。此一政策的轉變是因為許多有識之士指出，雙

語和雙文化的政策讓既非英裔亦非法裔的加拿大人，覺得政府漠視他們的存在，使他們覺得疏離與失落，而這影響加拿大人的團結，足以破壞加拿大的統一。加拿大多元文化的作法在當時並沒有把不同民族統整到雙語和雙文化的國家認同上，反而把雙語和雙文化的政策加以埋葬。這種現象有改變是在 1972 年政府正式任命多元文化事務的部長（Minister of State for Multiculturalism）， 1980 年政府為促進其與民族傳統保持連結，把不同的民族「統整」改成「歸屬」，以提升其歸屬感。此種轉變，象徵「多元的理念」（pluralist ideal）戰勝了「雙語和雙文化的理念」（bilingual/bicultural ideal）（單文經， 2000）。

　　1973 年設立「加拿大多元文化審議會」（Canadian Consultative Council on Multiculturalism）， 1983 年更名「加拿大民族文化審議會」（Canadian Ethnocultural Council on Multiculturalism）。 1990 年更名「加拿大多元文化顧問委員會」，以便加強學校教育與社區活動，以落實「多元文化主義法案」的實施。目前，該委員會由一百三十七個團體的各個民族組織所組成。該委員會的主要工作是透過教育、研究、出版、會議等方式，推動多元文化的政策。

貳、加拿大多元文化教育的作法

　　一般對於少數族裔的教育，有兩種基本而且相互反對的觀點：第一，為社會病理觀（sociological-pathological perspectives），採取的是文化一元論的主張，把少數民族的文化背景或生活方式視為「問題」（the problem）的根源。這種觀點認為文化有高低好壞之別，以為某些少數族裔子弟的學業之所以落後，有其文化的病源。因此，有必要強迫原住民遠離其家庭和社區，以便將其隔離於「不足」的文化，並且施予補償教育（compensatory education），方才能彌補其「不足」的文化。在這種「文化不足觀」的觀點之下，把移民當作「外來客」（outsiders），在文化方面也有所不足，因而必須將其統整在主流文化

之下。

第二種反對的觀點是文化平等觀（egalitarian model of cultural）。這種觀點從人類學的立場出發，採取文化相對論與多元論的觀點，認為所有的文化皆各有其長處，各具其價值。對任何文化內容的評估，皆需設身處地從「局內人」（insiders）的觀點，考慮其社會、經濟與政治的背景，做全面的評估。這種觀點不把移民當作「局外人」，而是充分地尊重他們和主流文化間的差異，將這些差異當作是文化的特色資產，具有擴大其文化內涵的功能。加拿大這兩種學理上的不同觀點交織而成四項多元文化教育的作法，現分述於後：

一、官方語言教育

加拿大的官方語言教育，是指為原本沒有官方語言教育基礎的移民或是少數族裔子弟提供的以英語或法語為第二語言的教育，目的在協助他們能具有良好的溝通能力。目前，在加拿大至少有十三種不同的官方語言教育方式，其中以「過渡式」（transition）和「沉浸式」（immersion）兩種方式較受注意。所謂「過渡式」的官方語言教育方式，是以學生原來慣用的語言作為學習官方語言的「過渡」語言。學生一面學習新的語言，一面仍以原來的語言學習其他的功課，這樣的作法使學生不必有使用蹩腳的新語言學習功課的困擾，因而功課不會落後，而新的學習技能也學會了。在多倫多，即有以義大利語為「過渡式」的官方語言教育課程，經實驗證明有正面效果（Shapson & D'Oyley, 1984）。「沉浸式」的官方語言教育方式，則是讓學生在一段相當長的時間內「沉浸」在某種官方語言的教學環境當中，增加其以此種語言聽說讀寫的機會。在加拿大，有許多評鑑的研究針對此種雙語課程的影響做出評估，效果大多為正面的。其中，尤以「法語的沉浸式學程」最為著名，加拿大各地的家長皆紛紛要求學校開設這類的學程。

二、文化維繫課程

　　文化維繫課程的作法有多種不同的形式，某些溫哥華的學校替為數不少的印地安子弟提供文化充實課程（cultural enrichment programs）。其中一種作法，是從原來的課堂中把印地安子弟找出來，每日定期授以印地安文化教材。後來教師發現這項作法反而使印地安子弟落後於其他學生，乃採用另一類作法，要求全班同學每週定期接受印地安文化的教材。其他各地所實施的黑人研究（Black studies）也有類似的情況。這類課程的主旨在提升少數族裔子弟的自尊，基本的假設是：如果該族群對自我的看法呈積極的面向，則其成員的生涯發展也會有所不同。另外一方面，某些具有非官方語言背景的移民家長，希望能讓其子弟學習原居住地的語言，以免其疏遠了原來的文化。在一九七〇年代早期，多倫多的華人社區即訴請教育委員會，希望能考慮增加其子弟所接受的家庭和學校文化之間的相容性，因而要求學校能在日常上課時間內，提供華語和文化的教學。這項要求的結果是為華裔加拿大人開設了雙語雙文化的課程，學童每天撥出三十分鐘接受這樣的教學。官方後續的評估顯示，不僅學生的學業成績未受影響，且其對自身背景的知識有所增加，更重要的是學生的自重感亦有顯著的增加（Bhatnagar, 1982）。

三、多元文化教育

　　在加拿大的中小學教育系統中，多元文化教育的活動在小學階段比較常見，而且是附屬在社會科的課程之內。中學裡實施多元文化教育的情況，最能反映出其無法統整於課程的尷尬：「多元文化教育在中學實施的情況不如小學，是因為中學課程的學科取向太濃，而且中學教師的教學因為課程較小學更加的深入，比較少有創新的作法。」（McLeod, 1984:41）後來的研究也有同樣的發現（Fisher & Echols, 1989; Tator & Henry, 1991）。加拿大中小學多元文化教育的實際作法

當中，存在著兩個不同的重點：強調文化和生活方式，作法較具共識，被認爲不具爭議性且較具「正面」（positive）的意義，因而較受一般教師的歡迎；強調種族關係、權力和生存的機會，所處理的衝突性的議題較「負向」（negative）且具爭議性，過去較不爲教師接受。

大部分的多元文化教育課程皆強調尊重差異，並且承認相似性。在多元文化教育的文獻中，原住民教育相當受到忽視。這種情形有很多原因。印地安人被視爲加拿大人土著文化的整個部分，就好像是花草動物般地被描述爲自然的產物，在有偏見的社會科教科書中，被當作一種物品般地描述著（Werner, Connors, Aoki, & Dahile, 1980）。對大部分的移民而言，其祖國的存在至少代表其文化的存活，但是對原住民而言，其物質文化的基礎早已經被根本地改變了，因而印地安文化被認爲是虛無的而非眞實的；是博物館所陳列的東西，而不是眞實存在的文化。

早期印地安民俗文化和神話被大家傳頌著，但是現代印地安人的生活則被大家以病理的術語、用刻板印象的方式流傳著。因爲主流教育機構明顯地或無意地疏忽，原住民沒有機會流利地運用其民族語言，卻反過來被用作指稱其文化不值得保留的證據。由聯邦政府控制原住民教育的作法，反而使得地方教育當局對當地原住民的教育需求有所忽視。再加上有所謂的第一國族的人士，視多元文化主義爲一種將原住民和其他族裔擺平的作法，因而更如雪上加霜一般，造成原住民教育的諸多難題（Cummins, 1984）。

四、反種族主義教育

1993 年在溫哥華舉行的 CCMIE（The Canadian Council for Multicultural and Intercultural Education）年會中，論文發表和討論的議題，反種族主義的論題幾乎已經取代了多元文化教育（CCMIE, 1993）。所謂「反種族主義教育」是由英國輸入的概念，但是卻在加拿大人的各項論述中屢見不鮮，且常與多元文化教育相提並論。也正

因為如此，幾乎加拿大各機關或學校都定有所謂的「多元文化教育／反種族主義教育」的計畫，然而其實際的作法不盡然一致。聯邦政府相關部會在審核研究專案經費補助時，一向對反種族主義的教育專案，採取比較鼓勵的態度，而對於一些不著邊際的多元文化教育，即採取比較漠視的態度（Dei, 1996）。

反種族主義教育與多元文化教育之不同，在於後者係在現有的機構和權力結構之內，了解個人和團體的經驗。反種族主義教育則企圖理解潛藏於教育機構中的社會與政治的關係，並且試著透過批判思考教學能力的培養，增強學生對於個人和團體的意識，進而把握與質疑現有權力結構中的支配與不平等關係，終而轉變或重建原有的關係。因此，「多樣」和「差異」本身並不是一個問題，因著多元和差異而形成的權力有無與強弱所造成的「不公正」（injustice or inequity），才是反種族主義教育關心的重點（James, 1998）。

參、小結

從歷史演進的觀點來看，加拿大的多元文化主義的政策，乃是以英裔加人（Anglophone）為代表的主流文化勢力，與原住民、法裔加人（Francophone）和其餘的加拿大人（Allophone）等文化勢力相互爭執的產物。其間妥協的意味很濃，意義與內涵始終模糊不清，政策的方向與重點也是搖擺不定。這種跟隨多元文化政策而來的不確定性，同樣也可以解釋加拿人多元文化教育政策的性質。在教育上，究竟應如何善待文化的多元現象，始終未有定論。它試圖將文化多元的現象，以及不同背景學生的特殊需求都包含進去，最近也把以改變態度為主旨的反種族主義納入其範圍。這些以調和文化衝突、尋求族群和諧為主調的政策，是否能掌握教育機會均等的真義，以尋求真正的社會正義，則有待觀察。回歸到理念的層面，分析加拿大多元文化政策對「文化」概念的把握，以及多元文化教育重新定位，是學者們努

力的一致方向（Bannerji, 1997; Ghosh, 1996; James, 1998; Mansfield & Kehoe, 1994; Moodley, 1995）。

　　近年來，加拿大的文化主管當局辦理多元文化教育，已能站在多元文化教育的本身來看問題，回歸到統整的教育立場，確切了掌握問題的關鍵。過去，加拿大在中小學的課程中加入各種不同的文化教材，對於少數族裔子弟自我概念的提升很有幫助。但是，家長卻不一定領情。他們以為，在今天的加拿大社會當中，他們介意的是其子弟的教育機會被剝奪，而不是其文化機會被剝奪（educationally deprived rather than culturally deprived）（Moodley, 1995）。事實上，文化受到認可固然可使其自我概念提升，但是學業和生活知能的增進所帶來的競爭能力的提升，才更能提升自我的概念。

　　少數民族的家長所寄望於學校者，並非設計了一些經過割裂的、稀釋了的民族傳統文化教材，且由一些既「非真實的團體成員」（inauthentic group members）（Moodley, 1995:816），且不真正了解這些文化內涵的教師，所進行的粗糙的教學。他們所期望的是認真的、嚴格的教學，目標在讓子弟能精熟語文、數學和科學等，能讓他們在新的居住地生存下去的基本知能，而這些正是新移民之所以離開原來家園的主要理由。在文化形貌多元的學校內，欲了解各種不同的文化內涵，並且負起傳延文化傳統的責任，對於教育工作者而言，是一項艱鉅的工作。教師所面臨的挑戰最為嚴苛，因為他們的角色十分尷尬：他們必須擔任文化傳遞工作，但是其身分又往往只是「非真實代理人」（inauthentic agents）（Moodley, 1995:816）。

　　對於教師而言，了解多元文化的論題固然重要，但是清楚反種族主義的論題更為重要。特別是讓教師了解，社會和學校裡充斥著種族歧視的現象，尤其要讓教師明白因為教師態度的不當，往往會傳播負面的種族形象。的確，如果教師沒有偏見，即使教材充滿著我族中心的意味，也比滿心偏見的教師來教一些多元民族的教材要好得多。那麼教師在學校應該有哪些作為呢？Moodley（1995）認為：教師應該

蒐集有關學生文化背景的資料，以便診斷其認知形式的長處、短處和差異；應該給學生選擇學習民族語言的機會。教師應該激發學生的反種族主義的意識，自我檢視對學生的期望有無偏見，並且偵測教材中的刻板印象和偏見；應該接受與尊重課程資料中的文化多元性，更應該從全方位的觀點以主題的方式加以統整，而絕不只是隨意地把這項工作應付過去。

國內近幾年受到政治、經濟情勢變化的影響，在文化或教育政策上，也逐漸放棄以「漢文化沙文主義」爲核心的文化一元論，而以多元論的觀點，對於原住民的語言和文化採取尊重的態度。對於其語言與文化的復原與推廣的工作，也一改過去冷漠放任的態度，採取積極鼓勵的方式。就漢文化的系統而言，則逐漸擺脫獨尊「北京語」的一元作法，改採鼓勵「河洛語」和「客語」等語言並列的多元作法。在多元文化教育的作法上，近幾年除了原已具規模的特殊教育以外，以「多樣」與「差異」爲主要考慮的原住民教育、鄉土教育、本土語言教育、兩性平等教育，也逐漸受到重視（Shan, 1998）。學界人士也多方呼籲，培養個人的多元文化能力，爲當前教育與社會文化的重要部分。此種尊重他人文化的能力，再配合以眞正公平的發展與社會流動的機會，進而使社會的結構朝向公道合理的方向修正，多元文化教育才能眞正發揮應有的功能。更重要的是，多元文化教育一定要落實在整個教育文化社會政策改革的脈絡上，才是正確的作法（林清江，1997）。

第四節　澳洲的多元文化教育

壹、澳洲族群關係的回顧

澳洲古稱「未知的南方大陸」，曾於十六、十七世紀吸引荷蘭、

西班牙等國探尋。直至 1770 年，由於英國船長庫克（James Cook）的探勘，發現現今雪梨一帶地區，西方始對澳洲四圍有了完整的了解，並自此由英國占領並進行殖民。長期受到英國殖民，因此澳洲一向尊英國為祖國，並以英倫文化為主流文化。但是在白人進入澳洲之前，原住民早已居於此一大陸，並且可遠溯數萬年前。因此在英國殖民之初，澳洲境內實已是黑白種族並存。再者，由於農、礦業開發的需要，十九世紀陸續來自大洋洲與亞洲各國的工人，也使澳洲成為一個多民族的地區。

　　就澳洲原住民而言，十九世紀末時，他們一如美洲印地安人的命運，在種族毀滅政策之下，族群人數銳減。原住民教育人員始終堅決認為：「澳洲的原住民教育和多元文化教育有所不同。」他們強調：如果將原住民和外來移民混為一談，無異否定了原住民自我認同的獨特性，並且也否認了原住民教育在澳洲教育中的獨特地位。由於這些因素的影響，澳洲「多元文化教育」通常不包括原住民在內，而多元文化教育有關的政府機構和研究單位，絕大多數也都沒有原住民參與（Allan & Hill, 1995:763-764）。除了原住民之外，澳洲完全是一個移民國家。在英國人殖民之初，澳洲主要是移送囚犯的聚居地，間或夾雜著愛爾蘭政治異議人士。其他湧入的移民者不一定都是英國人，其中有受政治迫害的德國路德派教徒（Lutherans），他們住在澳洲南方；另有一些印度人、華人、馬來人，在新南威爾斯（New South Wales）一帶做牧場工人，地位很低。

　　糖業在昆士蘭（Queensland）北部開始發展，為了補充農業人力，太平洋地區的島民（Pacific Islanders）相繼進入澳洲。為了抗拒這些農工移民的進入，澳洲准許義大利裔移民遷入，此舉帶動了後續一連串的移民風潮，引進希臘人、西班牙人等歐裔移民。到十九世紀末時，澳洲已有許多族群，但英國裔的白人占大多數。二十世紀前葉（第二次世界大戰結束以前），澳洲新移民人數較少，但仍以英國人為主。自 1901 年建國以來，澳洲就將其施政方針定位為「將所有的澳

洲人同化進入英語系的盎格魯－塞爾特（Anglo-Celtic）文化」。這個觀念巧妙地排除了歐洲以外的移民，並建立了所謂的「白澳政策」（White Australia Policy）（澳大利亞商工辦事處，1998：29）。聯邦政府於 1901 年頒訂「限制移民法案」（Immigration Restriction Act），規定非白人只能獲得暫時進入澳洲的許可（Sherington, 1990:93-94）。此一法案確立了澳洲種族主義的面貌。

貳、多元文化政策與教育發展

多元主義的意識形態（ideology of pluralism）在澳洲發展的歷史，其實就是霸權再造的一系列意識形態的轉變過程，宰制團體再製其於少數民族、弱勢族群之統治霸權的方法之一（Bullivant, 1987:103）。而二次世界大戰後澳洲族群關係與多元文化教育政策的發展，正是白人霸權文化變遷的最佳佐證（譚光鼎、埔忠成、高德義、湯仁燕、鄭勝耀，2000）。各國移民大量移入，但澳洲多元文化的發展卻十分緩慢，因為白人仍堅持捍衛澳洲成為英國文化的堡壘。在一九七〇年代時，由於文化同質（cultural homogeneity）觀念的影響，澳洲白人認為，移民放棄他們的傳統文化乃是天經地義之事，不但社會政策必須保留「白人至上」的獨一價值觀，學校教育更不需要針對移民做任何的調整。以下這段話可為佐證：「許多政府官員拒絕承認『非英語移民族群改變了學校性質和教育目標』的事實，他們強調，移民者的學校經驗或是教師對於這些學生的教學經驗，和往常並無任何不同。」（Martin, 1978:133）

1960 年開始的越南戰爭，對澳洲也是一個時代的分水嶺，它促使澳洲重新評估她的角色（出兵與撤軍），以及她在亞洲的情境地位。由於地理位置的接近、歷任總理的敦促、和鄰國發展深廣關係的需要、傳統貿易伙伴（歐洲）之經濟衰退等諸種因素，促使澳洲越來越向亞洲新興經濟國家靠攏（Welch, 1996:109-110）。這種逐漸疏離歐

洲而和亞洲地區休戚與共的趨勢，對於澳洲多元文化主義的發展，影響十分明顯。

　　澳洲對非英語裔的移民，尤其是對亞裔有色人種採取排斥性的白澳政策，實施同化教育。此一政策延續到二十世紀中葉以後。但由於戰後大量開放移民進入，增加許多「民族社區」。為了因應族群多元文化的趨勢，一方面成立多元文化的研究機構，另一面補助學校進行相關教學。但一九八○年代以後，由於受到經濟衰退的影響，澳洲教育政策趨於緊縮，多元文化教育受到波及，經費減少。但另一方面由於和亞洲新興經濟國家的往來日趨密切，以這些國家為主的語言教學因而大量增加，成為澳洲多元文化教育的特色之一。許多研究者認為澳洲多元文化教育並非完全令人滿意，在實施上仍存在一些障礙：如政府經費不足為首要原因；以及學校內的潛在課程、課程教學、社區參與等因素（Welch, 1996:115-119）。以潛在課程而言，澳洲國家政經權力結構係以白人為主軸，學校教師多以英國文化為尊，因此由學校組織結構、教師態度、教室互動過程、課程取向、教科書觀點等因素所建構的學校潛在課程，可能仍在強化既有宰制文化霸權，讓少數民族學生體會到各民族之間「不平等權力結構」的現實（Bullivant, 1987; Kalantzis, Cope, Nobel, & Poynting, 1990:11; Welch, 1996:130）。

　　澳洲多元文化教育實施上的障礙尚包括移民家庭之文化背景的不同，使社區參與學校多元文化事務的情形也有差異（Kalantzis et al., 1990:130）。移民家長可能忙於工作事業而無暇參與家長座談會，或因語言障礙而對學校產生疏離感，或某些族群（如華裔、越南裔）因傳統文化賦予「教師」崇高社會地位而不願對學校發表任何批評。就課程教學而言，雖然澳洲政府從一九八○年代以後強調決策權力下放（decentralization），推動「以學校為本」的課程發展（school-based curriculum development）策略，使學校享有較多的多元文化教育自主權。但是實際並非如此，因為教師大多未曾受過多元文化教育的專業訓練，如需為移民族群規劃特殊教學方案，形同額外的負擔。因此許

多教師虛應故事，各行其是，使多元文化教育的品質降低（Kalantzis et al., 1990:231）。縱觀前述澳洲多元文化的發展過程，以及各階段之主要政策和措施，譚光鼎等（2000）曾綜合分析澳洲多元文化教育之特點，藉以為我國推動相關政策之借鏡，惟澳洲與我國之社會背景不盡相同，因此在參考上勢必有所限制。

參、澳洲實施多元文化教育對我們的提醒

澳洲多元文化教育的實施也是有階段性的，從早期協助非英語背景（NESB）學生適應學校生活，到增進各族群相互了解與尊重、促進社會和諧，再發展到一九八〇年代中期以後，強調亞洲地區語言作為第二語言學習。其發展脈絡與族群融合的發展相呼應，也充分滿足族群多元化之後的社會需求。惟就我國社會而言，情況並不相同。雖然就語言差別來區分，主要可分為閩、客、外省、原住民等族群，但原住民人口不及總人口 2 ％，閩、客、外省族群之基本文化內涵又十分相近，差異不大。因此，近年來我國多元文化發展的趨勢雖然可視為從中原文化轉向「本土化、鄉土化」發展的一個趨勢，但族群間的差別性不若澳洲各族群差異來得明顯。換言之，台灣地區多元文化發展的動因，似較偏重政治面的考量，而非如澳洲之偏重族群文化差異的考量。

澳洲多元文化教育政策的發展逐漸趨向功利主義，一九八〇年代以後，澳洲移民條件開始強調專業能力的優先性與必要性；為擴增經貿商機，澳洲強調培養亞洲語言人才的重要性；為增進與亞洲地區之雙邊關係，澳洲更加強學校教育之國際化，歡迎亞裔學生申請入學。以 1990 年政府補助各校實施第二語言教學之經費多寡而言，亞洲國家語言的排序已迅速竄升，顯示亞洲地區之潛在利益於澳洲的重要性。二次大戰以後澳洲大量開放移民申請，本質上是一種實用哲學，為了強化國防力量，對抗潛在的軍事威脅，所以要增加人口數量。即

使一九七○年代推動的多元文化主義，對於民族文化的尊重，強調雙文化認同，有助於改善族群關係，促進社會和諧，終極仍是以增進社會繁榮安定為目標。我國多元文化教育發展，未以經濟理性主義為基礎，較偏重於政治層面的考量。由於政治環境變遷，政黨輪替，促使本土文化與少數民族文化獲得發展空間，所以澳洲與我國多元文化教育的背景並不相同。

澳洲政府於一九七○年代實施多元文化主義後，即以積極主動的態度，採取多管齊下的方式推動多元文化教育。在政府方面，聯邦政府設置加百利委員會擬訂政策並規劃教育方案（DSP）。在學校教學方面，推動雙語教學，例如實施英語作為第二語言的教學（ESL），以協助移民學童適應學校的課程教學，或在少數民族聚集地區，設置社區學校或民族學校，實施「運用社區語言的教學」（LOTE），以強化少數民族的自我認同。而到一九八○年代中葉以後，澳洲更提供補助經費，鼓勵中學生學亞洲語言（第二語言教學）。其他措施還包括設置多元文化研究機構、開放民族語言的廣播（SBS）等。綜而觀之，澳洲政府推動多元文化教育的方式可謂相當多元化。

以我國原住民教育而論，我國教育部設有原住民教育委員會，已先後擬訂兩次「發展及改進原住民教育五年計畫」，並推動制定「原住民族教育法」，但我國缺乏民間團體的支持，也缺乏類似澳洲多元文化事務研究所（AIMA）的研究機構，雖然目前有五所師範學院設置原住民教育研究中心，但皆為區域性質，並無統整規劃全國多元文化教育之功能。就語言教學而言，國民學校所實施之母語教學（包括原住民之母語教學）目前仍非正式課程，政府亦無補助經費，有些學校的母語教學形同課外活動，其地位與功能均較澳洲差距甚大。澳洲多元文化教育實施係以社區文化為背景，並採取「以學校為中心」的策略。從二次大戰以來開放的移民政策，使大量不同文化背景的移民進入澳洲。因為文化差異以及社會適應的需要，移民族群大多聚居都會地區，形成一個個單一文化的社區。

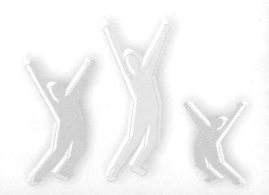

　　綜而言之，澳洲所採取之「以學校為中心」的多元文化教育策略，實際上具有「一石三鳥」的功能（陳伯璋，1991）：就移民族群與社區而言，它因地制宜，結合了社區民族文化資源，使學校教育既符合社區期望，也能強化移民族群的自我認同。就學童而言，它強調「社區語言」和「雙語計畫」的運用，是以「克服移民兒童的教育劣勢」為目的，因此既符合有教無類的理想，也能增強社會流動的競爭力，強化移民族群對澳洲社會的認同。就學校教師而言，它促使學校教師主動參與多元文化教育，透過多元文化的課程設計與教學，賦予教師更大的自主性與創造空間。澳洲多元文化教育之推動，頗有參考價值。我國中小學課程結構，由於特殊政治背景關係，歷來多被批評為僵化（陳伯璋，1991）。課程不但全國劃一，並且忽略因地制宜與本土文化。但是展望教育部推動的中小學課程「九年一貫化」的趨勢，課程結構中增加若干「空白課程」（null curriculum），其目的即是在推動國民教育課程的多元化，尤其是因地制宜的彈性化。

　　從人類文明演進的觀點來看，每一國度都有強勢主流文化，其他族群的文化則扮演次文化的角色，多元文化是在這些文次化勢力相互爭執的產物，多元文化的教育時常是妥協的意味很濃，意義與內涵始終模糊不清，政策的方向與重點也是搖擺不定。各國試圖將文化多元的現象，以及不同背景學生的特殊需求都包含進去，以調和文化衝突、尋求族群和諧為主調的政策，掌握教育機會均等的真義，以尋求真正的社會正義，是各國努力的方向。

第10章
鄉土教育

國內外研究顯示，政治上的權力關係時常決定了文化的位階與教育的方針；各國掌握政治權力的族群，爲了控制勢力範圍內各種不同文化的人民，通常會以本身文化爲尊，精心設計有利主流文化的教育或課程方案，透過教育及相關制度去同化居於附屬地位的族群。鄉土教育在台灣的發展，可說相當程度地印證了此一說法（張建成，2000）。

　　許多學者指出的鄉土教育熱由於事起倉促，又求速成，以致決策與執行之間出現落差，學理與實務之間缺乏聯繫，各方共識不足，準備不周，課程與教學容易急就章（單文經，1997）。此外，也有人擔心（張建成，1997）過度倚賴政治上的正確性，非但難以保障鄉土教育的實施成效，有時反會形成新的文化霸權，繼續侵蝕教育的根基。全球化與本土化的激烈交鋒是二十一世紀初影響人類文化的主要關鍵之一，不過台灣本土化的發展幾乎與「排他」、「去中國化」、「去中華民國化」劃上等號。

第一節　鄉土教育的意涵

壹、鄉土的定義

　　鄉土的定義，學者的見解不一，如：鄉土是一個人出生的地方；鄉土是一個人出生或長期居住和生活的地方；鄉土是與生活有密切關係之自然及社會；鄉土是指屬於吾人所居住之本鄉本地的一切人爲和自然環境。所以綜而言之鄉土是一個人出生或長期居住和生活的空間，由於長期生活接觸在此空間內，對此空間環境最爲熟悉了解，在歷史、文化、生活習慣和自然、人文與社會環境的薰陶下，產生深厚的感情並負有使命感的地方。

人對自己喜愛的鄉土有一種歸屬感、熟悉感、親切感、舒適感、價值感、責任感，這種知覺萌發於幼年、少年、長期居住時的人生階段，所以鄉土的概念是伴隨著個體的年齡、生活經驗、情境有所變更。例如居住於台北縣永和市者，因情境的改變，永和、台北、台灣、中國、亞洲、地球都是他的鄉土。因此，地球村、地球市或世界公民的概念，將隨時間的演進而更替，鄉土是有成長空間、生活空間。

貳、鄉土教育的意義

十八世紀的歐洲，法國的盧梭（Jean Jacques Rousseau, 1712-1778）即主張以兒童之家園作為地理教學的出發點，然後漸次向外推及所有方位。而德國的撒耳士曼（Christian Gotthilf Salzmann, 1744-1811）則強調以鄉土歷史養成兒童基本的歷史觀念，作為歷史教學預備（唐鉞、朱經農、高覺敷，1964）。十九世紀，鄉土教育的範疇逐漸擴大，包括在智育的功能上，兒童直接目擊之本土事物，可用作地理、歷史，乃至於自然、社會等分科教學的基礎，隨著民族國家運動的蔓延，兒童切身接觸的風土習俗，更與公民道德、民族精神、國家意識結合起來，進一步承擔起情意陶冶的使命（張建成，1997）。

有關鄉土教育的討論，學者有不同的看法。如認為鄉土教育在教導兒童認識本國鄉土的人文與生態，然後根據認知學習的漸進法則，啟迪兒童由近及遠，打下他們日後各方面學習的基礎。這種看法在地球村未來臨時較無爭議，因為當時大多數的人很少離開家鄉太遠，鄉土的定義單純而明確。另一派學者認為鄉土教育的實施可以激發學生的鄉土情懷，進而昇華為國家民族的大愛，用來強化、重塑或改造文化的認同，以滿足特定時空下的政治需要。日本從中日、日俄戰爭，到第二次世界大戰期間，便曾利用鄉土教育，培養愛鄉及愛國精神（詹茜如，1993；楊思偉，1995）。大部分的國家都不是只由一個民

族所組成，不見得每個民族都能對此時此刻的「鄉土」產生特別情懷，隨著時空的轉換，鄉土情感因時、因人、因地而有不同的感受。通常除了掌握政治權力的優勢族群外，其他族群的鄉土或文化，通常都因無法得到國家認同而飽受打壓，以致鄉土教育的實施不論名目為何，成為優勢族群維護政權的工具，在愛國主義的優美修辭包裝下，遂行殖民或同化異族的目的。

第二節　其他國家的鄉土教育

壹、美國的鄉土教育

　　美國地大物博各州自主性高，所以教育行政一向以地方分權方式進行，各州擁有教育行政的主控權，因此在鄉土教育方面有不同的理念與作法，但仍舊有脈絡可循。美國的鄉土教育不是一個教學的科目，它是放在「社會科」中實施，沒有課程標準之類的相關規定可供參考。美國學者認為鄉土教育乃是以鄉土歷史、地理、文化、生活或鄉土民俗、鄉土藝術等為內涵所進行的教育，以陶冶學生成為熱心參與鄉土事務的公民；幫助學生學習美國以及世界歷史和文化的基礎；提升學生學習興趣、強化學生自我認同及促進學生群性發展。少數族裔及原住民透過鄉土教育的基礎學習主流語言和文化，精熟雙語言和雙文化，可使學生具有良好的學校與社會適應。

　　美國的鄉土教育是在社會科領域中進行，所以基本上遵循社會科「由近而遠」的課程架構編製教材內容。學生自小學低年級起，依序學習家庭、鄰居、地方社區；高年級時，再擴至距離較遠且比較抽象的社區，如郡縣、州、國家及洲、全世界等，因此美國的鄉土教育範圍乃以家庭、鄰居、社區為主。至於其內涵則包含有地方的歷史、地

理、文化、生活、民俗、藝術等，範圍很廣，此和國內現在所定的內
涵較爲相近。

貳、德國的鄉土教育

　　德國共有十六個邦，教育上實施地方分權制度，給予各邦政府充
分的自主權，所以在教材標準及教學內容方面，各邦也都不同。德國
的鄉土教育在初等教育階段實施，至於中學部分，則分高級中學、主
幹中學及實科中學三種類型學校，分別在史地科不同科目名稱下進行
（陳惠邦，2000）。德國鄉土教育的內涵以方言教學、文化遺產與歷
史來源，地理、交通及氣候等內容爲主。德國強調普魯士精神的凝
聚，其鄉土教學其實是「德意志民族精神教育」。德國鄉土教育的目
標包括：實踐文化哲學及人文教育的理想；對個人與社會以及個人與
自然交互關係之間，主動探究及反省批判能力的培養；宣揚德國統一
的價值並消弭納粹意識與共產意識；從鄉土教育擴展至歐洲觀念的教
育，從自己文化認同到多元文化的開放與發展，並重視世界和平的發
展。

　　德國鄉土教育的教學在初等教育中無類似社會科的課程，其鄉土
教育的內涵似乎都和社會生活科、文化史等科目，以及其他領域扣
緊。鄉土教育的教學策略，是運用社區資源進行校外教學，尤其會充
分利用地方圖書館、博物館及紀念館等，以調查、訪問及實作等爲主
進行，以使學生「親身」去體會鄉土的教材內容。

參、日本的鄉土教育

　　日本的鄉土教育一向就受到重視，所以在這領域中的研究也有些
成果，日本在名稱使用上，戰後初期以「鄉土學習」爲名，但自
1968 年起，在修訂「學習指導要領」（即課程標準）的同時，將名稱

改為「地域學習」，但內容、本質和原有的鄉土學習並無不同。日本有關鄉土教育的進行，主要在小學低年級的「生活科」和中年級的「社會科」中，因此也無法從某單一的課程標準中找出其定義，只能就學者的相關研究中歸納出其定義大致為「透過了解鄉土地區公共團體、地理狀況及歷史文化的問題與課題，培養對鄉土的感情，進而培養能有心解決這些問題並願意獻身鄉土工作的態度與情操的教育」（楊思偉，1995）。至於目標方面，可歸納為三項：

1.培養成為鄉土地區社會成員的自覺。
2.培養重視鄉土地區社會的態度。
3.培養立志獻身發展鄉土地區社會的態度。

日本的鄉土教育主要在小學中年級的「社會科」和「自然科」（理科）中進行，不過其中仍以中年級社會科中的「鄉土學習」為主。在中年級的鄉土學習中，以學童周遭地區的：(1)公共福利安全有關的活動；(2)地理的狀況和產業；(3)地區的歷史等三項為其學習的內容，而且無論任何內容，主要都是為了理解鄉土地區人們的生活和各種活動的「過程和努力」的實態，亦即，透過知性地理鄉土地區人們的生活和活動，培育將來有心對鄉土貢獻心力的態度。日本對於鄉土學習的內涵和範圍，已跳脫傳統以歷史、文化及民俗等為主的內容介紹，而擴展至地區的生活及產業、公共設施等，這是值得我們學習的思維和推行的策略。

肆、小結

無論是對一般學生、少數族裔或是原住民學生，鄉土教育或是本土語言文化的研習，對學生學業的進步與人格的陶冶，皆具有積極而正面的影響，因此我們應該肯定鄉土教育的功能。美國及日本的鄉土教育，基本上定位在社會科的架構中，以此為主軸進行鄉土教學，間

或以特案方式或在自然科中亦加以觸及；德國亦在統整的科目「社會生活」中進行，或在廣義的中學社會科中實施，因此這三個國家將鄉土教育置放在社會科等為主的學科中，實施的方式值得參考。美國和日本鄉土教育的意義及目標，和「鄉土教育」的本質較為相近，而德國因為特殊的學科認知角度，鄉土教育的目標已包含強調國家民族意識及世界觀方面的較高層次的意識形態問題。

德國的鄉土教育目標非常明顯，且具宏觀面向，希望從「故鄉情」到「祖國愛」再到「世界觀」。層層擴充，既可避免陷入褊狹的地域意識，也不致走入極端國家主義，而重蹈軍國主義的覆轍。另外，教材強調文化史的深度考察，教材編輯亦注重學科橫的聯繫，這些都是德國鄉土教育的特色。日本的鄉土教育，正如同其名稱的改變——已改為「地域學習」，因此其內容除了地區的歷史文化、古蹟文物外，擴大包括生產活動、消費活動及周邊有關維護健康及安全相關機構的理解，所以從鄉土學習中，欲幫助學生成為地區社會有用的成員，欲培養學童的「觀察力」、「收集資料能力」、「解決問題能力」、「表達能力」、「判斷力」等，並強調教師充分參與的重要性，這些也都具有特色，值得參考。

第三節　台灣的鄉土教育

台灣在光復以前，各地方學校在日本殖民政府的鼓勵下，便編出了不少的「鄉土誌」，而地方政府也很重視州、廳、市、街、庄等資料之整理，現在保存在國立中央圖書館台灣分館裡的前總督府圖書館資料，便可窺得一斑。而台大圖書館、省文獻會資料室亦不少相關資料。惟光復以來，由於政治環境之特殊，「鄉土教育」始終無法落實。解嚴以後，政府與學界才有勇氣急謀匡正，使它在各級教育上能獲得正常的發展（蔡志展，1995）。「鄉土教育」、「鄉土教學」以

及「鄉土教材」等名詞早已出現在教育界的文獻裡。姜琦的〈本省鄉土教材選擇標準及其綱目〉（1951），王志宏的《實施鄉土教育》（1955），林永森、李園會的〈鄉土教育的原理〉（1967）等，就是幾個例子。前教育部長郭爲藩曾提出「鄉土情、中國心、世界觀」的國民教育理念，是一種「立足台灣、胸懷大陸、放眼天下」的理念。政府於八十五學年度，全面實施「鄉土教育」，這些年來各縣市教育局，常分區主辦「鄉土教學」研習活動；許多學校進行編輯「鄉土教材」，並紛紛成立「鄉土資料室」。

壹、台灣鄉土教育的內涵

　　蔡志展（1995）將台灣的鄉土教材發展的過程分爲幾個階段：以民國76年解嚴前的鄉土資料之研究和整理作爲胚胎，可以稱爲鄉土教材之「孕育期」。解嚴以後，各級學校紛紛進行編輯「鄉土教材」，難免要嘗試許多錯誤，可以稱爲「摸索期」。教材編了會不斷檢討，有錯誤會做「反思」，對於「鄉土資料」與「鄉土教材」的界定需要一定的拿捏標準；對於「鄉土」知識的充實，發現必須深耕，否則沒有根那有芽，這段不算短的時間，應該叫做「週整期」。在步驟經過調整後，對於鄉土教材的選擇會比較成熟；對鄉土教學的運用，會比較能夠得心應手，以「成型期」名之。四個階段的劃分不是絕對的，某些客觀條件的存在，可能需要同時並行。

　　我國目前在實際實施上，爲鄉土教育專闢教學時間，甚至單獨設科施教，是對過去完全忽視鄉土教育的一種反動。在已公布的鄉土教學課程中，鄉土教學活動包含五大類別的內容：鄉土語言、鄉土歷史、鄉土地理、鄉土自然、鄉土藝術，這五大內容仍然疏漏了許多「鄉土文化」的內涵，例如：宗教、習俗、休閒、娛樂等。鄉土教育宜以融入一般的課程與教學爲原則，應兼顧具有多元歧異鄉土意識與一元統整的文化通識，以免陷入褊狹分殊的地域主義或分離主義

（localism or separatism）。「鄉土」兩字應確實融入各科課程中，要求各科教材中所舉例子應加重地方性、生活性。「鄉土教學活動」課程則應採用實地參與以及「做中學」的教法；並以培育「鄉土情」的情意教學為範疇。在編輯鄉土教材時，宜採取批判的態度，兼顧其鄉土歷史與文化中光榮亮麗的一面以及瑕疵缺陷的一面，將眞實的面目呈現給學生，以免陷入浪漫主義（romanticism）。在設計教學活動時，亦宜兼顧理性與情性，既重視充滿興味的經驗學習或是實際動手的學習，也重視經過詳細規劃與準備且充滿理智探討的學習，以避免陷入反智主義（anti-intellectualism）（Patrick, 1992）。

一、台灣的鄉土範圍的定位

有人擔心目前的鄉土教育可能掉進地域主義的窠臼，而其中關鍵，主要在於鄉土範圍的定位問題。目前台灣地區的鄉土教育，主要是藉著國小的「鄉土教學活動」及國中的「鄉土藝術活動」、「認識台灣」等三個科目實施。前兩個活動科目，大致是以鄰里社區、鄉縣市作為鄉土的範圍，「認識台灣」一科則是以台灣作為鄉土的範圍。由於整個正規的鄉土教育課程，在上完這三個科目之後，至少在名義上告一段落，因此留給人家的印象，就是現行的鄉土教育殆以「台灣」為準，並不包括「大陸」在內。

這種以台灣為鄉土上限的作法，原本是想扭轉過去太過偏重中國的局勢，希望生活在這一塊土地上的人民，都能心繫台灣、立足台灣，但現階段下，若鄉土的範圍僅以台灣為限，容易引發意識形態的衝突。今天台灣的人民，大多數都承認台灣與大陸的歷史文化淵源，絕大多數也都能在大陸的某個地方，找到祖籍所在。因而不論政治如何分合，在許多台灣人的腦海裡，大陸縱使再遙遠，亦多少具有家鄉或老家的意義。可是目前台灣的鄉土教育，由於本土化的政治考量，似乎有意一刀切開兩岸之間的鄉土連帶關係，期望大家把「家」的認知和感覺，統統根留台灣。如此一來，兒童接受了鄉土教育後，將台

灣與鄉土劃上等號，認為只有台灣的種種才夠格稱得上鄉土，彼岸的一切既與鄉土無關，當然也就與台灣或「我國」無關。是以愛鄉土，遂僅限於愛台灣，而在愛台灣的前提下，愛中國好像變成一種原罪（張建成，2000），很少人敢公開或大聲的說出來，很多家長和老師碰到該不該愛中國之類的問題，也往往答不上來。長此以往，本土化的鄉土教育恐將造成褊狹的地域主義，或激情的民族主義。

　　以鄉土語言為例，目前小學的鄉土教學活動課程，內容包括鄉土語言教學，又稱「母語教學」。按照一般實施的情況來看，鄉土語言的母語教學，全國皆以閩南語、客家語及原住民語三者為範圍，至於有些國人也在使用的上海話、四川話、山東話、廣東話，甚至閩北地方話等，無人聞問。考其原因，最主要的就是本土的定位概以台灣本土為標準。但若僅依此標準進行篩選，真正合格的大概只有原住民而已。

　　有人會說，閩南語、客家語及原住民語這三種存在台灣多年的語言，係因戒嚴時期遭受「國語運動」的壓制而嚴重流失，所以今天必須還個公道。對於光復後來台且母語不是北京話或國語系統的外省人也有影響。我們必須思考，為何他們的母語就不重要？今天我們時而可聞一些外省小孩疑惑地回家問家長，我的母語是什麼？為什麼學校的母語課不教我的母語？教育體制若欲幫助國人流失的母語復興起來，豈可如此這般打著「鄉土語言教學」的招牌，厚彼而薄此。自民國 90 年實施國民中小學九年一貫制新課程以來，將閩南語、客家語及原住民語三種鄉土語言列為必選科目，所有兒童皆須選習一科。暫且不論台灣本土語言能否因此而恢復，比較可以確定的是，外省人的母語或將因此而亡失殆盡。

二、台灣鄉土教育的設計

　　「鄉土」一詞由於遷徙的關係而產生歧義，影響一般人對於家鄉的認知。一般而言，許多人一提到鄉土，立刻聯想到本鄉本土或土生

土長之地，可是這本鄉本土或土生土長之地，在現代交通發達、遷徙頻繁的多元族群社會裡，一個家庭的上下兩代之間，可能出現不同的解讀。譬如，第一代移民國外的華人，即使終老異國，他們所思念的鄉土，多半還是世界彼端的故國家園，目前落腳的地方只是第二故鄉而已。同樣的，那些因為教育、職業或婚姻之故，而在國境之內遷徙的人口，或許一輩子都待在外地，不再搬回故里。舉一實例，王大明從小生長在桃園，颱風大雨過後總是停水，舉家遷移台北市，第二代出生於台北市，全家上下習慣都市生活。王大明時常開車回復興鄉看父母，呼吸新鮮的空氣，但子女不喜歡那邊的環境。對王大明而言，復興鄉是他的家鄉，然而，對於這些移居的子女來說，他們耳熟能詳的鄉土，反而跟當地的鄉居一樣，是大安森林公園與台北 101 大樓。

　　鄉土教材與鄉土教學的活動設計，應該是一種「活用」的知識或常識。它不是為孩子增加了一本教科書，教學活動又回到填鴨式背書的老路——又是考試、又是測驗。這樣只會為孩子帶來負擔、恐懼與壓力，不會為他們帶來生活上的樂趣和提升他們的學習興趣。涉及鄉土的概念，應該是無所不在的，一磚一瓦涵泳著鄉土意義，一草一木也具有鄉土的特色。「鄉土教材」的經營，透過「鄉土教學」來達成，而且應該從有形資料的蒐集，提升到無形觀念的建立，這樣才能使「鄉土教育」在日常生活中生根。人類的學習是指個體經由練習和經驗而獲得較持久的行為改變的一種歷程。為了達成教學的目的，學習者須透過「練習」或「經驗」兩條學習的途徑。以往數學、語言、自然、史地等都依賴練習，甚至音樂、美術也靠練習而達成目的。然在「鄉土教學活動」課程中，應當暫時拋開「練習」，以「經驗」的方式來處理它。讓孩子嘗試擁抱過家鄉宗祠前的大樹、在田裡種花、種豆、在野外尋找小昆蟲、看雲、看星、看天空中雲彩的變化；而不是除了讀書之外，黃金年華全是一片空白。校園步道、門前的小溪、後山的樹林、廟宇、祠堂、博物館、古街等都是鄉土教學的場地，這些都是令人終身難忘的體驗。

由目前國小「鄉土教學活動」的內涵觀之，其所指稱的鄉土，蓋為「家鄉」之意。而這種「家鄉教育」，基本上是以學生現居地或學校所在地的鄉鎮縣市為準，來編輯教材、從事教學的一種「社區或本地研究」課程，但在原住民方面，加重了族籍的成分，有「族群或本族研究」的傾向。在族群多元的社會裡，讓遷居他地的子女入境隨俗，學習現居地的「鄉土」，或可促進族群的良性互動；惟若光是涵化而無濡化，了解其他族群之餘，反與自己族群漸行漸遠，此與同化教育何異？台灣地區的鄉土教育，殆有獨厚「世居一地者」而輕忽「遷居他地者」之嫌（張建成，2000）。在一個多元族群的動態社會裡，「家鄉」的意義——包括小鄉土的內涵及大鄉土的範圍，往往會因遷徙甚或政治意識形態的作用，而有不同的界定。如果一個鄉土教育科所呈現的小鄉土，對於同一個社區裡的兒童具有不同的意義，有些人可以藉此加強族群的文化聯繫，有些人卻可能因此失去族群的文化血源，豈是公平之舉，又豈是多元文化社會中的教育鵠的。

貳、台灣鄉土教育的目標

　　鄉土教育的目標，是在培養學生的「鄉土情懷」。人有了情懷，才會有愛，有了「鄉土之愛」才會有「意識」，鄉土意識的深淺要看鄉土之「愛」的濃淡。最後鄉土意識又會延伸成為「鄉土觀念」，鄉土意識的強弱將直接影響鄉土觀念的清楚或模糊，以及對鄉土了解的深度與廣度。如果未來的整個鄉土教育不能做「適性與適情」的發展，只是在知識的灌輸和資料的堆陳上下功夫，容易造成學生學習心態上的排斥性。鄉土教育的實施原應兼顧認知、情意及行動技能的均衡發展，讓認識鄉土、珍惜鄉土、傳承鄉土這三個層次或範疇的教學，攜手並進，相輔相成。目前在台灣從事相關研究的人員或學者、從事鄉土教育的中小學教師、教育行政人員，包括那些擔心鄉土教育可能走上地域主義的學者，在討論鄉土教育的目標時，大多強調情意

目標的優先性，認為鄉土情、鄉土愛之類的情操培養，應高於鄉土知
識與技能的傳授。

「鄉土教學活動」課程如以培養鄉土情為重點，應以經驗教學為
方法，教學內容可以取自周遭環境的任何議題。自然環境、人文環
境，或是歷史、地理、自然、藝術、語言等都可作為題材。鄉土教育
課程的內容提供學生學習連接日常鄉土經驗的能力，鄉土情意的培養
是鄉土教學最終的目的。

鄉土教育的美意與優質的目標教人們有關鄉土的自然要素與人文
要素，讓人們對鄉土的環境有充分的理解，以作為培養鄉土感情的基
礎。人們對鄉土有愛並具有責任感，鄉土觀念才能形成，顯示鄉土教
育具有情意的教育功能。缺乏情意的教育功能，便失去鄉土教育的意
義。台灣各鄉鎮有許多珍貴的鄉土藝術與技能，應該藉由鄉土藝術教
育與活動來發揚光大，同時凸顯台灣鄉土文化的特徵。但政黨輪替後
整個社會瀰漫著這種本土化的民族情緒及政治意識時，眾人皆受感染
而不自知，故在鄉土教育上，理所當然會因感性的反射，而將台灣鄉
土情及鄉土愛的情操，置於最高的位階，來教鄉土、學鄉土。順著這
樣的思維，對鄉土教育可能流於知識的灌輸。當科目一旦淪為知識記
誦之學，在現行的考試制度下，情意方面的目標便很難達成。只強調
情意的教學，不考量認知教學及評鑑方式的改進，是令人擔心的，如
此也未必能預防或解決知識灌輸的問題。

參、台灣鄉土教育實踐的問題

目前台灣鄉土教育課程轉換過劇，變動又大，在銜接上出現斷
層。課程必須因應時代的需要加以修訂，其理至明。但是修訂的時距
太短，修訂的幅度太大，都會影響課程的延續性，造成銜接上的困
難。就鄉土教育而言，現行課程與過去的差異，在於從前的鄉土教材
零散寥落，現在將之集中起來，設置了幾個前所未有的正式學科。未

來課程與現在的差異，在於將取消現行的分科制度，目前集中於鄉土
科目的各類鄉土教材，未來會依其屬性，分別劃歸各個不同的學習領
域。新設的鄉土分科課程剛剛上手，旋已轉進更新的鄉土融合課程，
間隔不過三、五年，課程組織丕變，教材教法翻新，鄉土教育若是持
續如此擺弄不定，令人憂心。

　　現行國中課程中，一年級學生有一科每週上課一節的「鄉土藝術
活動」，由於過去的課程沒有此一科目，當然也沒有這方面專長的現
成師資，那麼這門課應該由誰來教呢？一般學校大多採取配課方式來
滿足排課的需要。所以這門課可能交由歷史老師或地理老師來上，也
可能交由美術老師或音樂老師來上，因為他們的背景比較「藝術」之
故。擔任這門課的老師，若欲愉快勝任，恐須兼具正史、地理、美
術、音樂、體育，甚至民俗學或人類學等專長。因此，不論各校如何
配課，個別教師單憑一己之力，很難馬上落實教學的目標。目前鄉土
教學為了速學速成，以某一教學科目的名義，要求教師囫圇吞棗，學
生概括承受。是以很多學者及實務工作人員看到這個問題後認為，鄉
土素材單獨設科，固然可為鄉土教育保留一方空間。長程來看，應該
還是回到教育的本質，按其性質分別融入相關的課程，既可作為各個
領域學習的基礎，復可藉由鄉土課題的串連，加強各個領域學習的統
整與交流。

　　鄉土教材在一般人認知裡可能只有印刷資料的編輯，其實鄉土教
材有的是動態、有的是靜態；有的是有聲的、有的是無聲的；有的是
有影像的、有的是無影像的；有的是有味的、有的是無味的；還有的
是真人真事的、有的則是傳奇故事。鄉土教材往往非各學校有限的人
力與過去欠缺學科背景之下，在短期內可達到的。一般來說，鄉土的
材料有些可能為某地所獨有，如鹽水蜂炮；有些可能為各地所共有，
如媽祖信仰；有些可能只有少數地方才看得到，如水筆仔紅樹林；也
有些可能具有全國的普遍性，但不同地方各有特色，如車站建築。理
想的鄉土教育必須涵蓋這些面向，才能幫助學生完成由小鄉土到大鄉

土的旅程，故在教材的編輯上，便有必要同時呈現鄉土的共相與殊相。那些各地互通或舉國一致的鄉土題材，如節令風俗、民間藝術、歌謠傳唱等，應有一個超然的機構——如國立教育研究院，專責彙整，並編印工具書提供教師參考。教師的工作是根據本身的專長及興趣，進入學校所在的社區去取材，如史蹟、水文、產業、宗教、族群等，然後將之置於區域鄉土及全國鄉土的現有文獻中，比較其異同，找出當地鄉土的特殊性，用以教導學生認識自己，了解他人。這對用慣現成教科書的教師來說，是項全新的挑戰。

世代更替、思潮洶湧，為了培育下一代的國際觀和鄉土情，教育的觀念必須做調整，國民中小學教師必須覺醒，在學校本位的課程發展趨勢外，作為專業的知識份子，不能僅以「消費」知識為滿足，更要在這起碼的條件上，進一步去「生產」知識。如果說大學教授所開創的知識，是一種符號性的學術通則，中小學教師所體現的知識，則是一種具象性的實踐細則，大學教授重視的是共相，中小學教師關切的則是殊相，這兩者對於教育進步的貢獻，是無分軒輕的。

鄉土教育的可貴，從教育的觀點來看，在於把生活與課本結合在一起，讓兒童以其心智發展能夠接受的方式，從熟悉到陌生、從意象到抽象地進行學習。目前的課本，好像讓學習的人感到有距離，若能從生活周遭的事物開始，這樣學習應該比較有出路。惟因每一個地方的鄉土，都有它的特殊性格，局外人很難拿捏清楚，是以如何將之轉化，編成適合兒童心理及文化特質的學習材料，最恰當的人選莫過於在當地任教的老師。鄉土教材將分散至各個相關的學習領域，除非鄉土教育不幸因此而回到民國 80 年以前的沉潛狀態，甚或一蹶不振，否則以鄉土教材幾乎涵蓋所有學習領域的豐富性來看，鄉土教育反會成為一種全面性的普通基礎教育。然則，鄉土教育將不再是少數鄉土科目教師的責任，每一位教師不但都得熟悉本身領域的鄉土教材教法，更有必要捐輸己長、集思廣益，把社區生活的具體經驗及優良傳統進行跨域的串連，引導學生進入統整的鄉土世界。

第四節　台灣的母語教學

　　2001 年 3 月底，台灣當局公布「本土化教育」政策，即從當年 8 月的新學年開始，在小學一年級至六年級專設「鄉土語言」課程；爲落實九年一貫制，配合「鄉土語言」的「鄉土教學」也將在中學實行。一開始就遭到有識之士的強烈批評，認爲是改台灣歷史，從而推行其「去中國化」的做法。「鄉土教學」是推行「本土化教育」的重要環節，其大致內容是用閩南語作爲教學工具，對台灣中小學生進行台灣歷史、地理、人文、風俗、社區等方面的教育。該教學計畫在小學階段側重語言掌握，主要將方言學習融入各科教學之中；在中學階段則側重台灣「歷史文化」教育，以新編《認識台灣》作爲教學範本。

　　台灣的母語教學，是以幾種經過選擇的「族語」爲對象，如閩南語、客家語及各族原住民語，其他的上海話、廣東話等，則不在範圍之內。這樣的選擇不但有失公平，並且拿母語直接等同於族語的作法，亦值得商榷。學閩南語要用 TAPA（閩南語標準音標系統），學客家話要用注音符號和中文拼音，學原住民語言要用注音符號和羅馬拼音。學生們同時學習多種拼音系統，應接不暇。另外，由於目前能用台語授課的教師爲數有限，學校只好臨時抽調許多不合格的人來擔任。國外學者 Skutnabb-Kangas（1984）曾綜合語言學家、社會學家、社會語言學家、社會心理學家的意見，指出母語的定義，可從五方面來做判斷：

1.就出身（origin）而言，一個人最早學會或接觸的語言，稱爲母語。

2.就能力（competence）而言，一個人最爲精通的語言，稱爲母

語。

3.就功能（function）而言，一個人最常使用的語言，稱為母語。

4.就態度（attitude）而言，一個人自己認定或經別人認定為自己母語的語言，稱為母語。

5.就直覺（automation）而言，一個人思考、做夢、寫日記或寫詩所用的語言，稱為母語。

所以「母語教學」的實施，如果是想復興或重建某些族群流失的語言，便應正名為「族語教學」才對，並且適用的範圍亦應涵蓋台灣地區所有不同語系的族群。母語教學列入課表，成為一門每週在校只上個把小時課的科目；放學後，家裡若無同質的語言環境，社區又缺乏類似的語言支撐，下個星期再上課時，前次教的早已忘得差不多了。如此週復一週的上母語課，象徵的意義大於實質的作用，到最後族語依舊沉淪，母語還是國語。

舉例來說，很多從屏東搬到台北附近謀生的排灣族同胞，大多是年輕的一代，排灣族語流利的並不多，他們的子弟自然從小也跟著講「排灣族國語」。現在我們跟他們說：你們要學族語，升學考試照樣加分，可是不會講國語，書怎麼讀，工作那裡找，況且連國語都說不好了，又要再學排灣族語，學來學去，兩樣都不行，豈不害人。故就族語的傳承而言，若社會上沒有適當的誘因，不論升學或就業，族語皆無用處，家長和學生迫於現實生活的壓力，有什麼理由可以支持他們學習族語？而當家裡很少講或根本不講族語時，請問每週一節的母語教學，到底滿足了誰的需要？

語言的學習越自然的話，興趣越高，越常接觸，效果也越好。因此，母語或族語便不該成為一門時數偏低的「教學科目」，而應是時時都會用到的「教學語言」。在這方面，促使學校從單語（國語）的教學環境，轉變為雙語（或多語）的教學環境，不論上課或下課時間，都不限制學生一定得講國語，反而鼓勵他們多多用自己的族語，

應該是個值得思考的方向。目前國外已發展得相當成功的「雙語浸滲課程」（dua-language immersion programs or biliteracy immersion programs）顯示，承認學生的族語是一種正式的教學語言，不去打壓它，且經常使用它，通常都會產生增益性的學習效果，幫助學生在族語與國語之間遊走自如，相得益彰，成為一位適應良好的雙語或雙文化人，不但認知的彈性較大，語言技巧及概念形成的表現也較佳。關於這點，近來的研究已獲得相當程度的證實（Moran & Hakuta, 1995）。

檢識目前台灣的鄉土教學——國小鄉土教學和國中鄉土藝術活動，國小鄉土教學活動一科的內容包括：

1.鄉土語言：含說話教材、讀書教材。
2.鄉土歷史：含家鄉地名沿革、家鄉的族群、家鄉在台灣開發各期中的經營和發展、家鄉的民間信仰、家鄉的歲時節令、家鄉的先賢、家鄉的古蹟、家鄉的現代化。
3.鄉土地理：含家鄉的地理位置與行政區、家鄉的地質與地形、家鄉的氣候、家鄉的水文、家鄉的土壤、家鄉的礦產與能源、家鄉的人口、家鄉的產業、家鄉的交通與聚落、家鄉的土地利用與區域發展。
4.鄉土自然：含家鄉的植物景觀、與民俗節慶有關的家鄉植物、家鄉的民間藥草、家鄉常見的植物、家鄉的特產農作物、家鄉的動物、維護家鄉自然的生態平衡、家鄉的自然保育、保護家鄉生物的自然景觀。
5.鄉土藝術：含家鄉的傳統戲曲、家鄉的傳統音樂、家鄉的傳統舞蹈、家鄉的傳統美術。

國中鄉土藝術活動一科的內容包括：

1.鄉土藝術活動簡介：含民俗節日、民間禮俗、原住民儀式與祭

典。

2.鄉土造形藝術：含平面造形藝術、立體造形藝術、原住民造形
  藝術。

3.鄉土表演藝術：含地方民歌、說唱音樂、民間器樂、鄉土戲
  曲、傳統舞蹈、廟會儀慶舞蹈、原住民表演藝術。

4.鄉土藝術展演。

由上觀之，鄉土教學的內容涵蓋生活中的每一面向，也牽涉到學
術領域中的大部分學科，有歷史、地理、社會、自然，更有語言、民
俗、藝術及宗教信仰。橫跨多種學科，超出個別教師的專業能力。目
前鄉土教材的編輯授權地方自行處理，各地方政府重複投入資源編出
不同版本的鄉土教材。如有些縣市請知名作家編寫國小鄉土教材，文
辭或許優美，但教學目標交代不清，學生活動不足；有些縣市請地方
文獻專家編寫國中鄉土教材，厚如地方誌，學生讀起來吃力。因此應
加強學校本位的課程模式，讓教師直接參與教材的編輯。

鄉土教材的範圍以學區所在的鄰里鄉鎮為準，教師的直接觀察、
直接的認識經歷與生活經驗結合將更有傳神生動的教學。教育人類學
的民族誌觀察法在此刻能充分發揮功效，這也是師資培育過程中修習
教育人類學的原因，從多面向研究人類。

第五節　結語

綜而言之，從鄉土教育的本義來看，鄉土之所以具有教育意義，
係因其近在身邊，學生不時接觸，易有親切之感。在這個層次上，鄉
土所代表的是兩個具體相連的事物，一是社區，另一是生活。因此鄉
土教育的起點，原先是在促進教育的社區化及生活化，欲將本鄉本土
的材料與課題納入課程之內，讓學校教育與社區生活連成一氣，讓教

學活動與日常經驗水乳交融；然後以此為基礎，逐步將學習的觸角延伸出去，由近而遠地拉開縱深，拓廣範疇，提供兒童一個比較完整的社會化過程。「鄉土教學」有較適當的「教材」可用，將學校的校務運作、教學活動與學生的學習活動和生活教育，密切的結合在一起，落實「鄉土教育」才不至於又淪為口號。協助兒童認識生活周遭的事物，包括風土民情及山林野趣等。運用兒童身邊社區的題材，引導他們進入相關領域的學習。 There is no place like this place in this place. 學生如若能愛鄉（情意層次），可能比較容易知鄉（認知層次），也比較願意點燈傳薪，回饋鄉梓（行動技能層次），培養愛鄉愛土的意識，達成鄉土教育的崇高目標。

第11章

神話

神話（myths）一詞，乃源自希臘文 mythos，初時係指「寓言」、「民譚」、「傳說」等意。其後，則漸次與 logos 及 historia 成對照，意味著「現實的而帶神聖」之意。

神話最初探討的問題，大多是環繞於下列問題，如人最初是怎樣發生的？最初一種混沌的空間，又是怎麼發生了一個具有秩序的宇宙？世界上的動植物怎樣會生長出來？善與惡又是怎樣發生的？上述種種神話出現的行為，都是由於超自然的存在而產生的。現今人類因為沒有超自然觀念，故沒有能力產生同樣的行為。換言之，神話實為「超自然存在的創作主題」。因此，我們對於神話中某一可信度的敘述，遂構成了歷史的一部分。在相信神話的社會裡，神話和現實有深遠的關聯，即在神話的存在背後，勢必有某一種的意味予以支持，因此神話遂成為社會「歷史」的一部分，例如聖經裡的故事或神話成為以色列人的歷史。在此觀點下，神話必係在遠古時，原初實際所發生過的一項事實。這意味著，如果你否定神話，反過來說，同樣你也就否定了現在。不論人是由猴子演化而來（科學神話），或者人是泥土形成（聖經），這些都是告訴我們人類的起源，所以否定過去，就是否定現在。人類本能異於其他動物，因為人類能操語言和思考，對事物有把握論理的能力，對各種現象都有說明的體系。今日在西歐社會中，雖然因科學的昌明，常用科學方法說明體系來代替神話，可是，有不少學者最終還是回歸於宗教，這是常見的事實。

人類學研究中，逐漸重視神話理論的說明體系，學者們深深感覺到，如果否定了神話，同樣地也否定了世界的秩序以及思想體系了。因此在各種社會中，我們無法不承認神話是真實的。人類為了要探究宇宙萬物的奧秘，因此產生了神話。自然民族敘述神靈，或人類與大自然的關係，主要內容常具有一種宗教價值。因為神話就是原始心理的表現，而原始心理又極富於宗教觀念，因為神話和儀禮（祭儀）都是宗教的工具，神話能替人類信仰尋出解釋，儀禮可以增強信仰力量。

第一節　神話、傳說、民譚

壹、概念界定

　　許多學者曾經對神話、傳說和民譚作類型上的區別，可是都發生了困難。最大的原因，是其所在的不同社會裡，有不同的涵義（劉其偉，1991）。亦即某些用語，在某些社會中，和我們的解釋完全迥異。我們為了對它的「故事」易於了解，在方法上，把它作為一種假說來研究。可是，如果要將神話和傳說做一個明顯分別的話，傳說乃與神話不同，傳說所描述的不是起初的故事，而常用於起初與現在之間的時期中實際所產生史實事態，但其中或包含一些神話的要素或形成神話境界的內涵，因此兩者很難作明確的劃分。

　　所謂民譚，是迥異於神話與傳說的概念。典型的民譚，大都帶有教誨和娛樂的成分。神話在聽者可能會產生某一程度的真實性，可是民譚則反之，民譚雖然常帶有神話思考的作用，但它的內容，與其說是事物與現象的起源，毋寧說是現存社會的諸種關係或諸種觀念，來說明它的報應和結果。故民譚在表面上雖為娛樂性，但其內在則多潛有勸世之意。因此，神話與民譚，其立場完全不同，而機能也不一樣。

貳、神話的起源分類

　　劉其偉（1991）認為神話的起源分類有四種：(1)宇宙起源神話；(2)人類起源神話；(3)文化起源神話；(4)神話的研究，現分述於後：

一、宇宙起源神話

　　這一類型的起源神話，有「以超自然的存在（創造神）的方法作為創造宇宙」及「由某種原初物質自發的發生宇宙」等兩種類型。前者的神話，見於紐西蘭、北美、西伯利亞、亞洲內陸、東南亞等廣泛的地區，如創造神等神話。後者的神話，則見於波里尼西亞、舊大陸、東南亞、非洲等地域，宇宙是從卵誕生來乃其顯著的一例。

二、人類起源神話

　　人類是怎樣產生的神話，乃屬宇宙起源的一部分或為它的延長。創造神的神話中介入人類產生的故事，常見於世界各地區。動植物是由卵生的神話，見於東南亞、北亞、北歐等地。人類產生自超自然的神話，見於古印度、中國、非洲、波里尼西亞。

三、文化起源神話

　　此種神話，常包納人類文化的全部。其主題多與天體或自然有關，即在神話中有動物、植物、水、火，甚至涉及日常的器用和祭具等物質。

四、神話的研究

　　神話研究的歷史頗為久遠。自羅馬時代開始，就有不少哲學家和史學家從事研究埃及和希臘的神話，Heraclitus 曾就神話的寓喻做了很多研究，Euhemerus 對神話史實的研究、神話中諸神的比較、構造論、儀禮主義的解釋等提出了很多見解，Plutarch 為近代神話研究最知名的先驅者。近世關於神話的研究先驅者，尚有義大利哲學家 C. Vico、德國 F. Creuzer 和 K. O. Muller，迄至十九世紀後半葉，繼由 A. Kuhn 及 F. M. Muller 兩人奠定了基礎。其後英國 A. Lang 更基於 E. B. 泰勒的「有靈觀」，發展為宇宙要素的人格化的學說。

迄至二十世紀，Siecke 、 H. Winckler 及 E. Stucken 三人，爲研究神話與儀禮的著名學者，通稱「泛巴比倫尼亞派」（Pan-Babylonia School）。另一方面，在英國的人類學者和民俗學者 J. G. Frazer 及 J. Harrison 以民俗學資料爲背景，發展 F. M. Muller 的自然神話學說。可是，此一「自然神話學派」一度因在美國和英國同時發展田野調查爲主的文化人類學及社會人類學的非進化論的社會機能（構造）的流行，使此一門學問顯著的衰退。近年有部分學者，由於受到 G. Dumegil 的神話與儀禮構造分析學說的影響，使「比較神話學」又重新興起。

　　上述的神話研究，不論它是否受到學界的肯定或否定，在目前，獨自對神話研究的學者爲數仍然很多。例如以社會學的見地來研究神話者，有 E. Durkheim 及 M. Eliade 兩位學者，以現象學的立場來研究神話有 G. Leeuw ，以心理學的研究來探討的有 S. Freud 、 C. G. Jugn 以及 L. Levy-Bruhl 等人，以本質論探討神話者有 C. Kerenyi 及 E. Cassirer 等，上述諸學者對神話的研究都有重要的貢獻。

參、以台灣原住民的起源爲例

　　語言學家的研究發現，南島語系包括了五百至八百種互不相通的語言，台灣原住民的語言都屬於這個龐大語系的一支。而所謂的南島語系民族的分布，北邊即是台灣，南邊則在紐西蘭，西邊在非洲的馬達加斯加島，東邊在南美洲的復活島（**圖 11-1**），是世界上語言支系最多、地理分布最廣的語言，目前大約有二億的人口說南島語系的語言。

　　台灣被認定是南島民族起源地的學說是最近的事情，早期學界推論出南島民族的起源地，都不是在台灣。先用**表 11-1** 讓大家對於南島民族起源地的各家學說能一目瞭然。

　　古南島民族的起源地有三種可能：(1)台灣；(2)南洋群島；(3)其

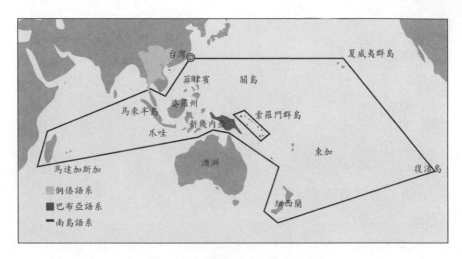

圖 11-1　南島語系民族的分布

資料來源：李壬癸（1997）。

他地方（例如華南）。他們認為以台灣為南島民族的起源地較好，理由有二：(1)台灣燒山林開墾的時代最早而且有繩紋陶文化的傳統；(2)離大陸傣語 Kadai 語區最近。如果起源地不在台灣，那就難以解釋為什麼這裡很早就有園藝。總而言之，根據考古的證據，南島語最紛歧的地區以及地理上最接近相關（有親屬關係）的語言區，這兩者都顯示台灣是南島民族起源地的最佳選擇。這雖不是絕對的，卻是最佳的解釋。

　　早期，日本學者對台灣原住民族的區分，依其居住的地理條件與漢化的程度，將居住在平地而且漢化較深的原住民統稱為「平埔族」。將居住在高山而漢化不深的原住民統稱為「高砂族」；也就是所稱的泰雅族、布農族、賽夏族、鄒族、邵族、排灣族、魯凱族、阿美族、卑南族、雅美族等等（圖 11-2）。

　　在荷蘭時期對平埔各社群人口的統計顯示，南部平原上的聚落人口與其他地方有著相當懸殊的差異。在台南平原上的蕭壟、麻豆、新

表 11-1　南島民族起源假設

學說	南島民族	提倡者	證據
麥克羅尼西亞	麥克羅尼	C. E. Fox	（無）
中國學說	中國長江之南	凌純聲	根據文化的特質與古史的記載。
中南半島學說	古南島民族居住在中南半島沿海一帶的Champa、中國與越南交界處、高棉，以及沿海的鄰近地區。	柯恩（H. A. Kern）	運用語言古生物學的方法以及一些線索。
西新幾內亞學說	西新幾內亞	戴恩（Isidore Dyen）	運用語言最紛歧（the greatest linguistic differentiation）的地區就是這個民族的古代居留中心，以及語言的分布、移民學說與詞彙統計法（lexical statistics）。
葛瑞斯的學說	西部南島語	葛瑞斯（George Grace）	由考古的、陶器的、語言的證據來探討史前民族在南中國及太平洋移動的可能路線與方向，並推測發生的年代。
施得樂與馬爾克的學說	台灣	施得樂（Richard Jr. Shulter）與馬爾克（Jeffrey C. Marck）	根據語言與考古的材料以及對於材料的解釋，再加上戴恩的語言分布與遷移學說。

資料來源：李壬癸（1997）。

港、灣裡等社群聚落都相當大，一個聚落的大小人口多達三千人左右，小則一千人左右；而台灣其他地方的平埔聚落人口都很少超過二百人的，有十一個聚落只有五十人左右。這也顯示平埔族群的社會結構與文化行為也必然存在著極大的差異。

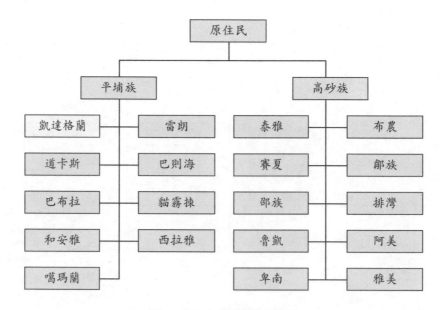

圖 11-2　台灣原住民體系

資料來源：作者參考台灣大學原住民文化研究整理。

　　在「平埔族群」下又分成噶瑪蘭族、凱達格蘭族、道卡斯族、巴布拉族、貓霧捒族、和安雅族、巴則海族、西拉雅族以及雷朗族等九族，其分布如圖 11-3 所示。

　　平埔族群很早就懂得耕作。他們耕作的方式相當簡單，卻非常有效。他們通常在離住家不遠的地方找一塊地，先將樹林砍掉，然後以火焚燒，利用焚燒樹林所留下來的灰燼爲肥料，等待來年土地肥沃了之後，就以樹枝做的木棍在土地上挖洞播種。二、三年之後，土地利用得差不多了，又換鄰近的另一塊地砍林燒樹，週而復始。這種耕作方式相當經濟，通常是女人的事。這種耕作的方式，也使得部落會慢慢地向四方遷徙。一般在平埔族群的社會中，女人通常負責耕作與魚撈的生計，男人則負責打獵與戰爭。在社會事務方面，女人通常負責宗教方面的事，男人則負責政治方面的事。不過，男人與女人的工作

雷朗族　淡水　凱達格蘭族
　　　　　　　　基隆
道卡斯族　　中壢　台北
　　　　新竹　宜蘭
巴則海族　苗栗　　噶瑪蘭族
巴布拉族　台中
貓霧捒族　彰化　　花蓮
　　　　南投
和安雅族　嘉義
　　　　台南
西拉雅族　屏東　台東
　　　高雄
　　　恆春

圖 11-3　平埔族的分布

資料來源：李壬癸（1992）。

並不是截然劃分開的，例如，男人從外面打獵回來，要進村之前，女人會出來歡迎，同時，也要做個儀式，希望獵物能重生，下次打獵時還能豐收。

　　而「平埔西拉雅族」是指居住在西南部平原及沿海地帶的人民，Siraya 字意中 raya 是來自南島語，有「陸地、山側、靠近山的地方、上游」之意。大致分為麻豆、蕭壠、目加溜灣與新港等四大社，最初社域分別在今麻豆、佳里、善化、新市等地方。它與其他平埔族較為不同的是它特有的宗教信仰——祀壺文化，以下就祀壺、夜祭、牽曲、公廨作一介紹：

1.祀壺

　　「祀壺」最吸引人的是，其所祭祀的主神是不「現身」的，也就

是說沒有雕刻成體的神像金身，而是以壺、罐、瓶、碗、甕等器皿盛水於內，下鋪香蕉葉或金紙，置於地上或桌上，表徵神明的存在。每個「祀壺」的呈現，不論是所看到的形體與行為，或所聽到的口述資料與傳說，都是一種文化的外顯表現。這些祀壺的外顯表現，在每個地方所發現的，各有不同。這是一種特別的祭拜行為，他們以檳榔和米酒祭拜被稱為「阿立祖」的「壺」，壺的形體一般而言是以瓷、陶、玻璃為質地的花瓶、酒瓶或罐瓶，因此，被通稱為「祀壺」的習俗。

2.夜祭

西拉雅族的宗教信仰，也就是平埔族人共有的祖靈崇拜，掌管各部落的人生禍福及農獵豐歉的事宜。他們稱這些徘徊在宇宙間的祖靈為「阿立祖」。基本上，這類以祀壺為主的年度儀式，在台南地區統稱為「阿立祖夜祭」、「太祖夜祭」，而媒體喜歡稱之為「平埔夜祭」，因為這類的年度祭儀多是在夜晚舉行的。在儀式的本來意涵上，「夜祭」兼容了神明聖誕與歲時祭儀的雙重意義。年度祭儀中的主神——太祖，一方面向宇宙最高的主宰「天公」，「繳旨」報告人間的禍福善惡，另一方面也為蒼生祈安賜福，因此掌管了人間的吉凶禍福。對村民而言，天公主宰宇宙間一切的生命，而太祖是受天公所託，掌管地上的一切生命，包括看得見的和看不見的、有形的與無形的，因此，太祖是掌管人間最重要的神祇，僅次於天公。

3.牽曲

傳說是先祖來台時，因褻瀆神明，遭受七年的苦旱，幸經阿立祖的指示，命族人跪地懺悔七七四十九個時辰，才能獲得原諒，族人依照指示懺悔，阿立祖則藉機指示族人處事的原則，要勤耕敬神，敦親睦族，果然天降甘霖。族人為紀念阿立祖的訓示，乃編成歌謠，每逢祭典舉行牽曲，傳誦給後世子孫。

4.公廨

早期公廨建造大多就地取材，以四根竹子為支柱，以甘蔗葉或茅

草爲屋頂，蘆葦或箭竹編製做成三面牆，是正面無門的簡陋草寮，由於阿立祖喜歡清潔幽靜，所以公廨都遠離群落。近年來受漢人廟宇的影響，一些公廨改爲磚壁、木柱、水泥黑片欄、琉璃瓦頂建造。一般「公廨內配置」，正中央奉祀主神阿立祖太上老君祀壺，兩側各放一裝有「向水」的陶甕，牆角鑄靠一枝掛有曬乾豬頭殼的將軍柱，及用萱草茭、圓仔花編織的頭環掛在其上。時至今日，公廨除了祭典的舉行之外，更有因重建的關係，加上了漢文化的因素，改爲廟堂或廟宇。而公廨前廣場有擴建成汽車練習跑道，供人民練習駕駛之用，成了一項新的現代化功能。

　　台灣的原住民文化有許多神話與傳說，至今仍流傳在我們的生活周遭，爲我們的生活增添不少的色彩。同屬於南島語系的原住民，與其他地方的原住民有何不同，有相似的地方嗎？李維史陀透過神話了解北美洲與南美洲有許多共通的神話，進而了解人類抽象思維有其共通性，使用故事的媒介也有其象徵意涵。

第二節　神話與科學的關聯

　　結構主義人類學的創發和法國人類學者李維史陀（Levi-Strauss, 1963）認爲，人腦是自然產物，人類的腦部構造均相似，那麼人類文化的產物（如神話傳說、事物分類）必定有一些共同特徵。過去人類學家著重探討人類文化的差異性，他認爲人類文化有差異的表象下有共同的特質，人類彼此間基本的和普同的特性是人們真實的天性，此概念爲結構主義的出發點。李維史陀的基本信念是：人類的本質在於能將文化與自然既能對立而又能予以統一。以下一則李維史陀研究的神話可以詮釋此概念。

　　加拿大西部有一則關於魟魚試圖駕御或支配南風並終於成功的神話。這是一個人類未出現在大地上以前，在人類與動物還未真正的分

家以前發生的故事。當時，一切的生物都是半人半獸，並且都深爲暴風所苦，因爲暴風，特別是惡風，無時無刻地在颳著，使他們不能抓魚或者到海邊撿貝殼。於是，幾個人似的動物和幾個動物似的人組成了一個義勇隊，魟魚也是其中一員，在逮獲南風的過程中立下了大功。南風做了如下的保證：「此後不再一直吹個不停，只偶爾吹吹，或者集中在一段固定的時間吹」之後，大夥兒才把他給放了。

　　李維史陀思考著這個故事給我們的啓示是什麼，爲什麼挑上魟魚？又爲什麼是南風？結果發現，若我們仔細地閱讀神話材料時，會發現魟魚的行止係緊密地扣合於其特徵，這個特徵包括兩方面：(1)它與所有的扁型魚一樣，有著平滑的腹部和粗糙的背部；(2)使魟魚在與其他動物對抗時，能夠非常成功地脫逃的關鍵：從上或下面來看，魟魚的體型都非常巨大，但從側面來看卻只是薄薄的一片。牠的敵人可能會認爲，因爲牠體型巨大，所以用弓箭射死一隻魟魚應是易如反掌的；然而，一旦用箭瞄準牠的時候，魟魚能夠倏然轉身或閃躲，只露出牠的側面，這樣一來就極難瞄準，在水中由於知覺感受的誤判，魟魚可隨即逃逸無蹤。

　　根據李維史陀的分析，印地安人挑上魟魚的理由是，魟魚體型的象徵意義是牠在水中悠游時，觀看者心中認爲可以順勢抓或用箭刺，但實際卻是不能夠，牠是一種只能給出「是」或「否」這樣簡單明瞭的答案的動物，牠能夠表現兩種截然不相連續的狀態：一個肯定，一個否定。將魟魚放在這個神話裡面的作用，就好像是現在的電腦裡的元件，透過推疊出一系列「是」或「否」這樣簡明的答案，就能用來解決極困難的問題。

　　從經驗觀點來看，「一條魟魚能夠對抗風」顯然是錯誤的、不可能的；但從邏輯的觀點來看，李維史陀認爲我們可以利用從經驗之中移借過來的意象加以運用，這就是神話思維的原創性，它實際上扮演了概念性思維的角色。一種動物如果具有李維史陀名之曰「二元切轉器」（binary operator）的特性，從邏輯的觀點來看，就可以跟一個二

元性的問題有所關聯。如果南風一年到頭吹個不停，人類就沒辦法生活下去，但是如果它在每兩天裡只颳一天——一天「是」，一天「否」等等，那麼，在人類的需求與自然界的普遍狀態條件之間，就可能達到一種妥協。

從科學的觀點來看，這個故事不是真的，但是，直到控制學與電腦已經在科學的世界裡存在，並給予我們一種對於二元切轉操作（binary operation）的理解之後，我們方能了解這則神話寓意，然而，神話的思維卻早已藉由具體的事物，以極為不同的方式運用了這個意念。所以，在神話學與科學之間並沒有真正的決裂，只不過科學思維目前的進展狀態，給了我們理解這則神話之寓意的能力，在我們熟悉二元切轉操作的觀念以前，對於這則神話，我們只能應之以一片茫然（Levi-Strauss, 1978）。

自從十七世紀科學誕生以來，人們便將神話視為迷信與原始心靈產物而予以摒棄，時至今日，我們對於神話在人類歷史中的性質與角色的理解，可謂漸臻完善。人類學家李維史陀窮畢生之力於詮釋神話、嘗試揭露神話對於人類知性的重要性而得到洞見。

李維史陀不是企圖把科學的解釋與神話學的解釋拉到同樣的立足點上。科學的解釋之偉大與優越，不僅體現於科學在實踐上與知識上的成就，還在於我們將會得到越來越多見證的這項事實：科學正在變得不僅能解釋它自身的有效性，還能解釋存在於神話思維中，具一定程度的真確性的事物。以聖經密碼為例，三千年前成書的基督教聖經，原來隱藏了一套預示一切事的密碼。如今，由於電腦運算的輔助，一位以色列數學家破解了這套密碼。密碼的發現最早約在五十年前，一位捷克猶太教士魏斯曼德（H. M. D. Weissmzndel）注意到，在舊約創世紀的開頭每隔五十個字母跳讀，就可以拼出"Torah"（意指摩西五書，即創世記、出埃及記、利未記、民數記及申命記）。另外在出埃及記、民數記和申命記中亦是如此，而後由一位以色列數學家伊利雅胡‧瑞普斯（Eliyahu Rips）及物理學家道倫‧魏茲滕（Doran

Witztum）完成數學運算程式，藉由電腦高速計算比對，終於發現在聖經中隱藏了三千年的密碼。這項論文發表之後，經過哈佛、耶魯及希伯來大學知名數學家的驗證，並通過美國數學學刊的三次覆核檢定，均認可這套運算法。

在那個時代，李維史陀帶給我們的是看見當時的學者對於質性的研究正產生日益濃厚的興趣，然而在十七到十八世紀期間純粹只有量性視野的科學，也已經開始將眞實（reality）的質的層面整合進來，這幫助我們理解許多表現於神話思維中、在過去常被我們斥爲荒謬無稽的東西。物理學未發現，我們是完全抗拒視覺化的可能性的。例如我們要怎樣想像，一顆電子可以在同一時間採取兩條或以上的路徑在空間裡行進呢？又或要怎樣想像，電子可以從一條軌道跑到另一條軌道，而不必經過兩條軌道之間的空間呢？我們要怎樣想像一個有邊無際的空間呢？在生命與思維之間，其實並不像十七世紀哲學的二元論所認爲理所當然的那樣，存在著一條絕對無法跨越的鴻溝。如果我們被引致這樣的信念：「在我們心靈中所發生的事，與基本的生命現象本身，並無實質性的或根本的不同」，如果我們再進一步被引致「在其他所有生物（不只是動物，還包括植物）與人類之間，並沒有不能克服的鴻溝」這樣的體會，也許就會參悟到遠超過我們所能臆想得到的更豐富的智慧。

第三節　不同的族群，相同的神話題材

有時神話如斷離的零件，是衰敗與解體過程的結果。有時我們只能找到以前的那個有意義的整體之破碎的殘片。我們可以假定不連貫的狀態才是神話古始的原形，後來才被土著的智者與哲人編纂成峽，而這樣的智者與哲人並非處處存在，只有某些特定型態的社會才能產生。

人類學家審視南、北美洲以及世界上其他地區已經出版的神話材料時，會發現這些神話的材料有兩種截然不同的體裁（Levi-Strauss，1963）。有時候，人類學家所蒐集的神話，看起來實在頗像是一堆斷簡殘編；片斷失聯的故事被一個接一個擺在一起，其間沒有任何清楚的關係。例如，有一則土庫納族（Tukuna）神話在原來的南美洲脈絡裡「無法加以解釋」，但當李維史陀把它放入一個由北美洲神話所剖析出來的「項類」時，就變得可以理解。又有些時候，好比說哥倫比亞的佛沛斯（Vaup'es）地區，我們卻能得到非常首尾一貫的神話故事，整個故事以相當合乎邏輯的秩序被分成一個接著一個的章節（Leach，1985）。兔唇與雙胞胎為許多族群共同的題材，也是台灣原住民的話題，以下將以兔唇與雙胞胎一宗分裂的神話來說明。

壹、有關雙胞胎的神話

　　一位西班牙傳教士阿里阿嘉（P. J. de Arriaga）神父，於十六世紀末在秘魯記錄了一段令人費解的觀察，他提到某個地方的神職人員在某個特別酷寒的時節，將當地居民中凡是出生時是腳先出娘胎的、兔唇的，還有雙胞胎的，統統都叫過來，指控他們是造成嚴寒的罪魁禍首，他們被迫吃下鹽和胡椒，又被迫悔過和招認其罪孽。雙胞胎與節氣失序有所關聯的想法，在各地有許多族群有類似的看法常普遍地為人所接受，包括有文字與沒有文字的國度。有些給予雙胞胎正面的回應，有些則否。在英屬哥倫比亞海岸地帶的印地安人，雙胞胎卻被賦予了帶來好天氣、驅走暴風雨等等之類的特異功能。

　　所有的神話學家如曾經幾次引述阿里阿嘉作品的佛雷策爵士等人類學家都不曾問過這個問題：「為什麼有兔唇的人和雙胞胎會被認為在某方面是相同的？」這令李維史陀感到驚訝！李維史陀認為要還原神話的真實意義應找出問題的癥結，如為什麼是兔唇、為什麼是雙胞胎、又為什麼將兔唇和雙胞胎湊在一塊兒。許多人曾抨擊李維史陀的

這種做法，他們認為某族群的神話只能在該族群本身的文化框架內來詮釋、理解。但李維史陀（Levi-Strauss, 1978）的看法是，以前美洲的人口一直被研究者所低估，直到哥倫布到達之後證實人口遠遠多於以往的猜測，柏克萊學派（Berkeley School）也證實了這一點。按照人的天性，眾多的人口會有相當程度的相互接觸，而信仰、習慣和風俗會廣為流布，任何一群人都會知道其鄰近的群體所發生的狀況到相當的程度，神話自然也包括在內。這些神話並不是分別在秘魯和加拿大相互隔絕地存在，相反的，在這兩地之間，人類學家和神話學家一再地發現到相同神話的存在。它們事實上是泛美洲的神話，而不是疏隔零散地分布在這個大陸上不同地區的神話。

李維史陀從南美洲到北美洲，因為一則北美洲的神話解開另一則南美洲神話的線索。在圖板納姆巴（Tupinambas）族（世居於巴西濱海地區的印地安人）以及秘魯的印地安人之中，都有這樣一則故事流傳：一個很猥瑣的男人用一種邪惡的手法成功地誘騙了一個女人。最廣為人知的版本，是由法國僧侶安德烈·塞維特（Andr'e Thevet）於十六世紀所作的記錄，該版本說道：

「這個被誘騙失身的女人生下了雙胞胎，其中的一胎得之於她合法的丈夫，另一胎則來自那個計誘她的騙子。那個女人原本是要去拜見將會成為她的丈夫的一個神，當她走在半路上，那名騙子出來糾纏，使她誤信他就是那尊神；於是，她就懷了那騙子的孩子。後來她發現了她合法的未婚夫，她就又懷了他的孩子，結果生下了雙胞胎。由於這對假的雙胞胎其實來自不同的父親，他們有著正好相反的特徵：一個是英勇的，另一個則是怯懦的；一個是印地安人的保衛者，另一個則是白人的狗腿子；一個給印地安人帶來好處，相反的，另一個則帶來了一大堆不幸事件。」

李維史陀在北美洲，可以發現到一模一樣的神話，特別是在美國與加拿大的西北隅。然而，與南美洲的版本相比對，來自加拿大地區的說法顯現出了兩點重要的差異。例如居住於落磯山脈的庫特尼

（Kootenay）族，以生下雙胞胎爲結局的故事只有一則，後來這對雙胞胎中一個成爲太陽，另一個成爲月亮。此外，一些居住於英屬哥倫比亞的賽里（Salish）語系印地安人，例如湯普森印地安人（Thompson Indians）和歐卡那岡（Okanagan）族，則傳說一對姊妹被顯然不同的兩人所分別誘騙，結果她們分別生下了一個孩子；這兩個孩子不是眞的雙胞胎，因爲他們並非一母所生，但既然他們是在一模一樣的環境下出生的，至少就道德上和心理上的觀點來看，他們在相當程度上近似於雙胞胎。這些案例後來都會有不同的遭遇，而這日後遭遇的不同，將會拆散他們的雙胞胎關係。

貳、有關兔唇的神話

在上述雙胞胎神話的賽里語系版本中，有一個令李維史陀十分好奇而且重要的細節：在這個版本中沒有任何雙胞胎存在，因爲是兩個姊妹分別出外去尋找自己的丈夫，然後她們分別被半路上遇見的騙子矇騙，而相信那登徒子就是自己應以身相許的良人。她們與騙徒春宵一度之後，後來分別產下一男。

「在騙徒的小茅棚裡度過了不幸失身的一夜之後，姊姊丟下了妹妹去見她的老祖母……她是一頭山羊，也是某種魔法師；因爲她預知了她孫女的到來，並差遣野兔到路上歡迎她。野兔躲在斷落在路當中的一根木頭底下，正當那女孩抬起腿要跨過木頭的時候，這隻野兔便看見了她的私處，還開了一個很不適當的玩笑。這女孩極爲光火，抄起手中棒子就打，結果把野兔的鼻子給打裂成兩半，這就是至今所有野兔家族的鼻子與上唇都裂成兩半的原因。而具有這種特徵的人類被稱爲『兔唇』，正是導源於兔類動物這種構造上的特徵。」

這個神話的意義爲何？李氏認爲那個姊姊開始打裂動物的肢體，如果這個打裂的行動不是在打裂了鼻子之後就停止，而是繼續下去擴延到全身和尾巴的話，她將會把一個個體變成雙胞胎，也就是兩個極

爲相似的個體，因爲他們均爲整體的一部分。從這個角度來看，去發掘全美洲的印地安人心目中關於雙胞胎之起源的觀念，就成爲非常重要的事。至今美洲印地安人普遍相信，雙胞胎是母體內會逐漸凝固而變成小孩的液體的一種內在分裂的結果。因此一些北美洲的印地安人禁止孕婦在躺著睡覺時很快地翻身，因爲若是如此，她體內的液體就會分成兩半，就會生出雙胞胎來。一個溫哥華島上的瓜求圖（Kwakiutl）印地安人的神話，說的是：

「一個小女孩，因爲她生了兔唇，所以每個人都討厭她。後來，出現了一個歐格雷斯（Ogress）超自然的吃人女妖，拐跑了所有的孩子，包括那個兔唇的小女孩。女妖把孩子們統統裝進她的籃子裡，好帶回家去吃，那個兔唇的小女孩是第一個被裝進籃子裡的，當然也就被壓在最底下。結果，小女孩成功地用一個她在海灘上拾的貝殼割破了籃子。因爲籃子是被背在歐格雷斯背上，於是這女孩才得以第一個掙脫逃跑。她是先用腳掙脫。」

這個兔唇小女孩的姿勢，與之前提到的那個神話中的野兔姿勢，是相當平行的，如當野兔躲在橫阻於女主角所經路上的木頭底下時，牠蜷伏在女主角底下，牠與她的這種相對姿勢，看起來就像牠是她所生出來的，而且是腳先出娘胎的姿勢。因此，在這一切的神話之中，李維史陀看到一種固定關係，將「雙胞胎」與「分娩時腳先出娘胎」或其他相同的姿勢（從隱喻的角度來講）連結在一起。這樣，就明白地廓清了我們在一開頭所講的阿里阿嘉神父的秘魯經驗之中，雙胞胎、出生時腳先出娘胎的人以及兔唇的人這三者之間的連結關係。

「兔唇被認爲是一種雙胞胎的原初型態」這項事實，可以協助我們解決一個相當根本的問題，這個問題對於專門研究加拿大的人類學家尤爲重要：歐吉布瓦印地安人（Ojibwa Indians）和其他屬於奧貢克語系（Algonkian-speaking family）的群體，爲什麼選擇野兔作爲他們所信奉的最高神祇，歷來已經有人提過幾種解釋：選擇野兔的理由是野兔是他們的重要食品，而且野兔跑得飛快，這是印地安人應有德性

之一個範例，但這些淺層的解釋沒有一個是足夠令人信服的，還是無法藉此了解神話的意義。李氏的詮釋是：(1)在整個齧齒類動物的家族中，野兔是體型比較引人注目、也比較重要的，所以牠可以被舉為齧齒類動物的代表；(2)所有的齧齒類動物都表現出一種使牠們被當成雙胞胎原初型態的肢體特徵，因為牠們的身體都有部分是裂開的。

在所有的美洲神話中，甚至是全世界的神話中，我們都可以見到神祇和超自然的人物，扮演著上界的權力與下界人類之間的中介角色，他們可以用諸多不同的方式出現。由色彩可以使我們了解一個概念，介於黑色與白色之間的顏色是灰色，灰色是一個中介色，中介讓人有曖昧難明的、混沌模糊的感受。奧貢克的神話中，野兔的象徵地位正好處於一個中介的角色，牠不是雙胞胎，但是始初型態的雙胞胎；牠雖是一個完整的個體，但牠有兔唇，牠處於變成雙胞胎過程的半途。將奧貢克印地安人挑選野兔的因素，解釋為野兔介乎兩種狀態之間：一位造福人類的神祇和雙胞胎；前者是好的，後者是壞的。因此可以理解野兔的屬性，由於兔子尚未完全分離成兩個，還沒有成為雙胞胎，兩種相反的性格可能糾結在同一個人、事、物的身上。如李維史陀認為，人類的本質在於能將文化以及自然既對立而又予以統一共存。

由雙胞胎、兔唇、野兔的故事，使我們了解一些北美洲和南美洲的神話典故。有一些概念是互相輝映的，無文字的民族有其民族共同的夢。回過頭來看看我們的原住民，他們的神話、他們的夢，我們是如何欣賞和詮釋，再反照我們民族的神話、我們民族的夢是如何地傳遞給下一代。重點是目前台灣是政治主導一切，不同的政治團體有不同的理念，這些政治現象影響了資源的分配和教育發展，重點是我們民族的共同神話在哪裡？我們民族共同的夢在哪裡？

第四節　神話和歷史的分野

壹、神話材料的彙集

　　十九世紀晚期和二十世紀初，絕大部分神話的材料是人類學家所蒐集的，也就是由外來者所蒐集的。其中有許多案例，特別是在加拿大，他們都有當地人作為其合作的伙伴。鮑亞士研究瓜求圖族時，有一位該族的助理喬治·杭特佐助。而在金襄（Tsimshian）族方面，鮑亞士得到一位識字的金襄族人亨利·泰特（Henry Tate）之助。

　　人類學家一開始需獲得土著的合作，例如杭特、泰特和班勇，都是在人類學家的指導之下做事，由於他們參與研究，反而成為了人類學家。他們知道最好的傳奇故事、他們本身氏族和宗族的傳說，但他們免不了也有興趣蒐集來自其他家族、氏族之類的資料。這項由人類學家所開啟的工作，於不經意之間，如今已經由加拿大印地安人自己為了不同的目標而擔負了起來，例如幫助印地安的孩子們可以在小學裡學到自己民族的語言與神話，這是當時的一項重要的工作。另外一項目標，則是以傳統神話故事為依據，去向白種人爭取政治和領土等權益。加拿大對原住民的方案可作為台灣輔導原住民的借鏡。原住民委員會主委陳建年說道：「台灣的原住民與加拿大的原住民密切交流，台灣原住民正在爭取的原住民自治、原住民與國家公園共管機制、原住民高等教育、傳播媒體都可加拿大的原住民取經。」（聯合報，2002）目前台灣的原住民開始有人讀研究所，企圖整理該族的資料，不再單是從事演藝事業或是從事一般人對原住民的刻板印象工作。

　　由外界蒐集的傳說與由內部蒐集的傳說兩者之間是否有差別？倘

若確有差別，其差別究竟爲何？加拿大在這方面是很幸運的，因爲關於其本身的神話與傳說故事的書籍，都已經由印地安人自己的專業人士組織出版了。這項工作開始甚早：有一本寶林‧強森（Pauline Johnson）所著的《溫哥華傳奇》（*Legends of Vancouver*, 1911），於第一次世界大戰前便已發行。後來又有了馬琉斯‧巴比奧的幾本書，他不是印地安人，但是他確實盡了力蒐集歷史和準歷史的材料，並努力將自己變成他的印地安報導的發言人，可說他提出了關於那些神話的一套自己的版本。台灣國立編譯館主編的一本漫畫性質的台灣原住民的神話與傳說《九族創世紀》，是介紹原住民神話故事的易讀刊物，但若要更深入的探討，我們也可參考李維史陀的方法，甚至我們也可研究中國大陸的神話。

貳、神話終止於何處？而歷史又從何處開始？

對於全然陌生的族群，沒有文獻可徵的過去，當然更沒有文字紀錄，我們只有透過口耳相傳的傳說了解該族群的歷史。神話終止於何處？而歷史又從何處開始？李維史陀憑藉現有的材料做實驗，比較人類學家所蒐集的資料與直接由印地安人本身所蒐集出版的資料。李維史陀以同一區域的興衰作比較，一份資料是得自史基納河流域中部的芮特酋長，另一份則是由出身史基納河上游的黑索墩（Hazelton）地區的家族的哈里斯酋長所著作出版的，李維史陀發現相似處，也發現不同處。

在芮特酋長的作品中，整個故事的目標在於解釋爲何從他們最早的源起之後，某個氏族或宗族或一群宗族，儘管克服了許許多多嚴酷的考驗，歷經了成功的時期，也熬過了失敗的時期，最終卻一步步地走向災難性的結局。而哈里斯酋長的著作，卻有著迥然相異的氣象。

這兩則故事、兩本書都一樣地引人入勝，但對人類學家而言，它們的主旨是要展現一種歷史的特徵，而這種歷史卻與我們自己的歷史

截然不同。我們所寫的歷史實際上完全歸本於文字紀錄，然而，這兩份歷史卻顯然沒有或者僅有極少的文字紀錄可供參考。當李維史陀嘗試去比較這兩者時發現這兩本書的一開頭，都是先講述在神話時期或者歷史時期的史基納河上游，接近今日的黑索墩地區，有一個名叫天喇罕的大城鎮，講述這個城鎮中發生的種種事實。兩本書所講的這段故事實際上是一模一樣的，這個城市被毀，剩下的活口棄城逃亡，沿著史基納河展開了一段艱苦的旅程。這可能是一個真實的歷史事件，但若我們仔細看它述說的方式，我們就會看出其事件在大體上是相同的，但細節之處則不然。

　　人類對故事都有一個解釋的細胞（explanatory cell），它的基本結構始終如一，但是細胞裡頭的內容就不同，是可以變化的；所以，李維史陀稱這兩份資料為一種迷你的神話，因為它非常短、非常濃縮，但還是具有一則神話的屬性，這是有關氏族的故事。這兩份歷史都具有高度的重複性；同一形式的事件可以被拿來用好幾次，以述說不同的事態。例如，有一件令人驚訝的事情是：對照芮特酋長所說的某個特定傳奇中的一些故事，以及哈里斯酋長所說的另一則傳奇中的一些故事，我們卻發現了同樣的事態，但它們並非發生在同一個地點，也未影響到同一個人，而且，看起來極像是發生在不同的歷史時期。

　　經由閱讀這兩本書，我們發現到的是：我們所習於塑造的所謂「神話」與「歷史」之間的簡單對立，絕非一種涇渭分明的狀態，兩者之間其實還存在著一個中介的層次。神話是靜態的，我們可以發現同樣的神話元素一而再、再而三地混合，但它們都還是在一閉鎖的系統裡面。神話與歷史構成了互異的對比，然而歷史是一個開放的系統。過去的人類學對於神話敘述有誤導之處，將原本屬於許多不同社會群體的傳說和信仰，東拉西抓地湊成一種大雜燴。這使我們忽視了材料的一項基本性格，某種形式的故事專屬於某個特定的群體、家族、宗族或氏族，並且是這些特定的群體、家族、宗族或氏族用以盡力解釋其命運（不論是成功，還是敗亡），或是意圖用以為其現今所

擁有的權利與特權之論據，或嘗試用以支持其索還失去多年之權利的訴求（Levi-Strauss, 1978）。

當我們嘗試去做科學性的歷史時，在我們邁入想將之做成純歷史的領域裡時，是否也還留了一腳跨在自己的神話上頭呢？設想在南美洲和北美洲的某個人，實則上是在世界上任何地方的每一個人，此人基於權利與繼承而擁有一種於他的團體的神話或傳奇故事的特定說法，當他聽見來自另一個家族、氏族或宗族的某人所提出的一種不同的說法時，這個說法相當程度上與其原本所知的說法相近，但另方面卻又迥然不同時，他將以何種方式反應？這將會是個非常有趣的觀察。就如同古老的日本人或韓國人在看待祖先的來源時，與中國人的記載相呼應，會有不同的旨趣。

兩種不一樣的說法不可能同時為真，在某些案例中，似乎真的不得不接受兩者都為真，我們所能做的唯一分別，只是認定其中一個說法比較好或比較精確罷了。至於另外一些案例，兩種說法可能會被認為一樣有效，因為兩者之間的差別無法用上述的那種角度來把握。當我們在日常生活中面對不同的歷史學家所寫的不同的歷史敘述時，其實正處於完全相同的情境裡，只是我們絲毫沒有意識到這一事實。我們只注意文本上類似的東西，而忽略掉由於歷史學家雕塑及詮釋資料的方式不完全相同所導致的差異。所以，如果我們閱讀有不同知識傳承、不同政治歷練的兩位歷史學家所寫的兩份敘述，不論其內容是關於美國革命、英法戰爭，還是法國大革命，看見他們告訴我們的不是完全一樣的東西，我們也不會感到多麼驚訝。

面對當代印地安作家嘗試將他們的過去告訴我們而寫成的這段歷史，要細心地研讀，不要認為這段歷史是一篇幻想的囈語，而是嘗試盡可能地仔細，輔以某種史前考古學之助——發掘在這段歷史中提及的村落遺址——並嘗試建立不同的敘述間的對照，再嘗試廓清哪些確實可以相互參照，哪些則互不符應。若果能如此，我們可能終究會對於「什麼是真正的歷史科學」達到一種更高境界的領會（Levi-

Strauss, 1978）。

　　在現今的社會中，歷史已經取代了神話，並發揮著同樣的功能。對於沒有文字、沒有史料的社會而言，神話的目的在於使未來盡可能地保持與過去和現在相同的樣態，然而對於我們而言，未來與現在必定是不同的，而且變化的幅度日益擴大（當然，某些方面的不同要視我們的政治偏好而定）。儘管如此，如果我們在研究歷史時，將它構想爲神話的一種延續而絕非與神話完全分離的歷史，那麼，在我們心靈之中縈迴不去的「神話」與「歷史」之間的鴻溝，還是有可能被衝破的。

　　人類文化的創作機制及結構是什麼？是神話。李維史陀認爲人類思維的創作機制並不與自然對立，也不是理性原則、邏輯主義所描述的連續演化過程，而是人類觀察自然萬物相互之間，在一定間隔內保持協調的整體性原則，藉此模擬或重演這些原則。人類文化的內在機制有個穩定結構。不同的歷史時代，文化型態可能有所不同，然而其深層有著同一穩定結構，如同環境不斷在變化，然而地層中不同時代的化石卻有相同的物質結構。

第五節　神話和夢

　　神話意象由各民族代代相傳下去，幾乎是無意識的在這麼做。神話是具有吸引力的，因爲它談論的是個人及所有其他事物的深層奧秘。它是一個謎，非常巧妙的奧秘，因爲它掃除掉我們對事物的既定看法。然而又非常吸引人，因爲它是我們的本性存有。在我們開始思考這些事物，這些內在的奧秘、內在的生命及永恆的生命時，並沒有太多意象可供我們選擇。我們靠自己便可勾勒出一些已經呈現在其他思想體系的意象來（Campbell & Moyers, 1988）。所有的神話都在我們自己心裡，他們是放大的夢，所有的夢則是相互衝突的身體能量以

意象表現出來的形式。這就是神話。神話是象徵、隱喻意象的顯現，是由身體器官能量相互衝突所產生的。我們在做夢時，是在一片滿是神話的汪洋大海中釣魚，這片神話大海非常的深，會被那些複雜意象搞混了。但就像一則波里尼西亞諺語所說的，你是「站在大魚上釣小魚」。我們像是站在一隻大鯨魚上，站立的基礎便是我們自己的存在。當我們轉身向外時，我們看到這裡一點、那裡一點的小問題，但是一旦轉而向內自觀，就知道自己是造成這些問題的源頭。

坎伯認為神話存在於此時此刻的夢境，就是在你睡覺時夢到自己心理的永恆狀態，與日前生活的現實世界發生聯繫。譬如說，如果你最近一直在擔心能不能通過某個考試，你便會夢到某種失敗的狀況，而這個特定的個案是和你生活中許多其他失敗現象有關。它們層層相疊在一起。佛洛依德指出，就算是經過詳細分析的夢，也不可能完全解說清楚。夢境是有關於一個人精神層面的資料來源，而且是永遠不會枯竭的。

「我會不會通過考試？」「我應不應該和這個女孩子結婚？」這個層次的夢反映純粹個人的問題，然而從另外一個層次來看，能不能夠通過考試並不單純是個人問題，人的一生中都必須通過某些門檻、某些考驗，因此這是一種原型的夢。就算是非常私人的夢境，其中也含括基本的神話主題。夢（神話）的兩個不同層面——個人的層面和以個人問題作為例子的一般性問題——是普遍存在於各個文化中。例如說，每個人都有面對死亡的問題，這是一個標準的人生謎題。「神話是公開的夢，夢是私人的神話。」（Campball & Moyers, 1988）

因為夢是個人對支撐我們意識生活那個深沉、隱秘無意識基礎的經驗，而神話是社會集體的夢。神話是公開的夢，夢是私人的神話。如果你私人的神話，也就是你的夢，碰巧和社會的夢一樣，你和你的生活以及社會便可以取得和諧，如果兩者不同，你就好像獨自在黑森林中冒險一樣。所以說，如果我私人的夢和公共的神話取得協調，我在這個社會中便可以活得比較健全（Campball & Moyers, 1988）。

　　許多人類學者研究各民族的神話時，會與佛洛依德對夢的闡釋作一個比較分析（Levi-Strauss, 1963, 1978; Campball & Moyers, 1988）。因此李維史陀的神話研究和佛洛依德對夢的闡釋具有同樣的魅力。神話是個意義混淆的名詞。有些人把神話看作假的歷史——關於過去的不實故事。如果說某件事是「神話的」，也就等於是說它未曾發生過。在此神話被看作是宗教神秘的敘述——「以可觀察的現象來表現不可觀察的實在」。這跟人類學家認為「神話是神聖故事」的普遍看法頗為相近。

　　那麼神話的特質並不在於它的虛假性，它的特質毋寧在於：對於相信的人，神話具有神聖的真實性，但對於不相信的人，它只是神仙故事而已。以真偽來區分歷史和神話是武斷的。幾乎所有人類社會對他們的過去都有一套傳述；像《聖經》一樣，它以創世故事起始。從所有角度來看，這必然是「神話的」。但接著創世故事的關於文化英雄（例如大衛王和所羅門王）功績的傳說，這些傳說就可能具有一些「真實歷史」的根據。再接下去是關於某些事件的傳述，這些事件被看作是「完全合乎史實的」，因為在別的地方也可找到這些事件的記錄。基督教的《新約》從一個角度看是歷史，從另一個角度看是神話；要在兩者之間劃上明顯界線是輕率之舉。

　　李維史陀所關心的是「集體現象的潛意識性質」。像佛洛依德一樣，他想要發現對所有人類心靈都能應用的思考形成原理。這些普遍原理（如果它們存在的話），在我們的頭腦以及南美洲印地安人的頭腦裡，都同樣的運作著。不過，由於我們生活在技術高度發達的社會裡，以及在學校或大學裡受教育，在這種情況下我們所接受的文化訓練，使得我們的思考已不表現原始思想的普遍邏輯，而原始神話正表現出這種非理性邏輯。

　　神話在起始時是一種與宗教儀式有關聯的口說傳述，故事本身通常是經過長久年月用原始民族的語言傳述下來的。這些故事到了分析者的手中時已經被縮短，改用通行語文記錄下來。在這過程中，這些

故事已經脫離了原來的宗教脈絡。關於符碼的性質以及可能的闡釋方式有幾個來源（Eribon 著，廖仁義譯， 1993）：

第一個來源是佛洛依德。神話所表達的是與意識經驗不相合的潛意識願望。在原始民族之間，政治體系的持續必須依賴於親屬小群體間聯合關係的持續。這些聯合關係靠交換婦女而創造及鞏固：父親將女兒送出、兄弟將姊妹送出。但如果男人要把婦女送出以便達到社會政治的目的，那麼他們必須不可把這些婦女作為性關係的對象。因此，亂倫禁忌和外婚制度乃同一件事的兩面，而亂倫禁忌在當時是社會的基石。這個道德的原則意味著：在想像的境況裡，「第一個女人」的故事都必然包含了一項邏輯的矛盾。因為如果他們是兄妹，那麼我們都是太古時亂倫關係所生的後代了。另一方面，如果他們不是同一個來源所生，則他們之中只有一位是第一個人類，另一位必定是（在某種意義下）人類以外的東西。

另一項類似的矛盾是生命的概念蘊涵著死亡的概念。生的東西就是非死的東西，死的東西就是非生的東西。但宗教卻試圖區分這兩個本質上互相依存的概念，因此神話裡有關於死亡之起源的描述，也有神話把死亡當作「永生之門」。當我們考察原始神話普同的一面時，我們必定會一再發現，神話內隱藏的訊息都是關於上述這類不受歡迎的矛盾的解決辦法。神話裡的重複和遁詞把問題遮掩住，因此當它明白表達不可解的邏輯矛盾時，我們也無法覺察到。

第二個根據是從一般訊息理論借用過來的論點。神話並不僅是神仙故事，它還含有一項訊息。雖然我們不很清楚是誰在傳送訊息，但我們卻知道是誰在接收訊息。初踏入社會的年輕人，當他們第一次聽到神話時，他們是在接受傳統傳承者的灌輸——這個傳統，至少在理論上講，是由遠古時代的祖先留傳下來的。因此我們可以把祖先（A）設想為訊息的（傳送者），而現在的世代（B）是「接收者」。

再讓我們想像有 A 、 B 兩個人， A 想要把一訊息傳送給相離甚遠的 B ；又假設這項傳遞受到各種干擾——風聲、車聲等等。在這情

況下 A 該怎麼辦？如果他是個明智的人，他就不會只把他要傳送的
訊息喊叫一次，而會喊叫數次，每次用不同的話來表達，甚至用可看
見的訊號來補充。在接收的一方，B 極可能略微誤解每次傳送的訊
息，但當他把各次的訊息集中在一起，他會從內容的重複、它們之間
的一致和不合之處明白對方「真正」在說的是什麼。

譬如說，假設 A 所要傳送的訊息包含八個要素，A 每次向 B 喊
叫時，訊息的不同部分受到雜音干擾，因此 B 所接收到的就像是交響
樂譜裡的一組「和絃」所構成的模式：

```
1 2  4      7 8
  2 3 4   6    8
1    4 5   7 8
1 2    5   7
   3  4 5 6   8
```

李維史陀認為一組神話構成這樣的一個「交響樂譜」。社會的年
長者集團經由宗教制度而潛意識地向年輕一輩傳遞訊息——神話的整
個「樂譜」，而不是任一則特定的神話，我們才可看出他們所傳遞的
基本訊息。一般英美派的社會人類學家——即李維史陀極力批評的功
能論者——大多能同意李維史陀此點的主張。如果我們把神話的謎題
定義為「沒有答案的問題」，那麼其反面將是「沒有問題的答案」。這
種以一個一般化公式為中心的巧譎辯論，乃是李維史陀建構假設時的
一貫作風。但這套方法不能向我們展示真理，它只能引導我們進入一
個什麼事都可能、但沒有一件事確定的世界（Levi-Strauss, 1978）。

李維史陀對於神話的研究，提供我們在進行鄉土教學時的一個省
思。台灣鄉土教學的熱潮，促使許多人隨手以蒐集的鄉土傳說作為教
材。這其中暗藏的陷阱是：蒐集者如果沒有對文化背景、族群期望、
神話傳說產生時空環境多所了解體會，教學者如果不細心體察，以致
作了不當的詮釋，不但不能達成文化認同、傳承，發揚光大的使命，

反而造成文化的傷害。

第六節　神話具有神奇的教育功能

壹、為什麼我們要了解神話？神話和我的生活有什麼關係？神話能為我們做什麼？

一、了解生命內在歷程

　　今日社會的問題之一是人們對心靈的內涵並不熟悉，反而只對每天所發生的事件，以及每小時所發生的問題感到興趣。過去大學校園曾經是一個隱密的園地，日常生活的雜務不會侵犯到我們對內心世界的追求。我們能夠潛心學習人類傳統的豐富遺產，如柏拉圖、孔子、佛陀、哥德等，而不會有生活上的雜務來干擾你。這些豐富遺產所訴說的永恆價值，和目前人們所追求的生命重心極具關係。

　　自古傳遞下來一點一滴的訊息，和幾千年來支撐人類生活、建構人類歷史、提供宗教內容的主題有關，也和人類內心底層的問題、人類內在的奧秘有關聯，如果你不知道人生方向的指引就在人生的路上，你就必須自己建立一套指標。但是一旦這些古老故事的主題和你相應，你便會對這些傳統，這些深刻、豐富、活生生的訊息發生感覺，而捨不得放棄它們了。美國神話學大師坎伯（Campbell & Moyers, 1988）認為讀神話可以發現許多人類的共通處。神話是每個人在自己一生中，隨著歲月增長，不斷追尋人生的真理、意義和重要性的故事。我們都要將人類的故事流傳下去，都要了解人類的故事。我們都必須了解死亡，都必須和死亡打交道，在我們由出生到生成、由生成再到死亡的過程中，都要靠神話的協助才能走完。我們需要神

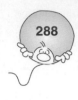

話來為自己的一生提供指引，需要藉由神話以接觸永恆，需要透過神話了解人生奧秘之處，並進一步發現自己本來的面貌。一般人認為生命的意義就是人類所追求的一切。但坎伯不認為這是人們真正在追求的。他認為人們真正追求的是一種存在經驗，因此我們一生的生活經驗才能和自己內心底層的存在感及現實感起共鳴，因此我們才能真正體會到存在的生命喜悅。

二、神話引導我們發現自我

　　神話是找出人類生活中精神潛能的線索。神話的定義不僅是追尋人生的意義，更是體驗人生的意義和體驗生命。

　　事物本身是沒有意義的，意義是人類加上去的。宇宙的意義是什麼？跳蚤的意義又是什麼？存在本身是不需要賦予人為意義的。它就是在那裡，如此而已。你的意義就是你的存在。人類一直汲汲於追求外在價值，卻忘了本來便存在的內在價值，這種內在價值就是存在本身的喜悅，也就是生命的意義。由坎伯的《上帝的面具》（*The Masks of God*）或《千面英雄》（*The Hero with a Thousand Faces*）中得知人類必須透過一些儀式來尋求生命的意義，現今有些儀式已經失去它的威力。過去能夠傳遞內在世界真相的儀式，現在只是徒具形式。這種情況可用來解釋社會的儀式，也可用來解釋個人婚姻與宗教儀式（Cambell & Moyers, 1988）。現在還有多少人在結婚前曾得到精神上的指導，告訴他們婚姻的意義呢？現在十分鐘之內便可以在法官面前完成公證結婚。而在印度，結婚儀式要舉行三天，新娘和新郎都要形影不離地在一起。婚姻不只是一種社會的安排，它也是一種精神層面的學習。今天文明是一個沒有儀式的社會，它主要是一種精神層面的學習。

　　如果社會不再擁有具震撼力的神話，會怎麼變化呢？就是像我們今日的情況。如果要了解什麼叫沒有儀式的社會，只要讀報紙就好，每天發生的新聞，包括年輕人所造成的破壞性和暴力性行為，因為他

們不知道如何在一個文明社中舉止合宜。年輕人要藉著儀式成爲部落的一員，成爲社區的一員，但現在的社會並沒有發揮這項功能。所有的兒童都必須二度出生，以學習如何理性地在現代社會中度過童年。這就是成人儀式的重要性。

三、使我們了解生命的意義

以今日一個在紐約市一二五街和百老匯大道附近長大的男孩子爲例，他們去哪裡找尋神話？ Cambell & Moyers（1988）認爲他們只有自己去創造了。這就是城市塗鴉的由來。這些青少年組成自己的幫派，創造自己的入會儀式及道德標準，他們極盡所能創造了自己的神話。但是這樣做是很危險的，因爲他們自己的法律和社會的不同，也沒有被納入社會中。許多心理學家指出，今日美國社會暴力充斥的原因，在於可以幫助青年男女和這個世界產生聯繫的偉大神話已經不存在了，也沒有神話幫助他們去了解在世界表象之外的世界。

神話告訴我們在文學及藝術背後的東西，神話教導我們認識自己的生活。神話和一個人生命中的各個階段有密切的關係，是我們由兒童期進入成人期，由單身狀態變成結婚狀態的啓蒙儀式。所有這些生活上的行爲都是神話的儀式，和我們對自己一生中所必須扮演的各種角色的認同也有很大關係。也是我們拋棄舊有的自己，以一個全新的個體出現，並扮演一個負責任新角色的歷程。人類透過神話儀式來了解生命歷程，和經歷那種內在感受而得到啓蒙。

法官一走入法庭內，每個人都會自動站起來。我們並不是向法官個人致敬，是向他身上穿的這件法袍、他所扮演的這個角色致敬。爲什麼他能夠穿上這件法袍呢？那是因爲他代表這個角色背後所具備的意義。他是誠實的，而不是他個人一部分偏見。所以站起來致敬的對象是一個神話的角色。

神話儀式發生在日常生活當中，結婚典禮是一種，總統或法官的就職典禮是另外一種，加入軍隊、穿上軍服又是另一種。學生畢業典

禮是一種，實習老師完成一年的實習，在公開場合試教觀摩也是一種。在現代的社會結構中，神話提供了生命的典範。這些典範必須適合人民生活的時代背景才行，時代變遷得太快，五十年前被認爲重要的價值觀，現在爲人民所唾棄。過去被認爲是惡的東西，今日反而成爲生活必需品。例如經常藉著藥物的協助才能領略馬斯洛的高峰經驗，其實這個經驗是需要一種心靈的提升、精神的飽足。

目前社會上存在的就是這種機械性感應的神秘經驗。美國心理學的年會，曾有一段時間主題都是在探討神秘經驗和精神分裂之間的不同。它們的差異在於，精神分裂者是湮沒在一片浮動著神秘經驗的大海中，身在其中者必須要有心理準備才行。例如美國校園內的迷幻藥文化，這種文化是印地安人在失去水牛及早期生活方式後，逐漸發展出來並且變成主流的。這整個過程是一種經驗的完整重現，而這種經驗和一個人的內心之旅是有關聯的。這個內心之旅發生在一個人離開外在世界而進入心靈領域的時候。印地安人將歷程中的每一階段視爲不同的心靈轉化。從頭到尾他們都處身在一個神聖的場所內。

例如印地安人要以複雜的過程來處理採集仙人掌這件事，因爲印地安人認爲仙人掌不只具有生物性、機械性、化學性等外表，更包含有轉化心靈的功能。如果人民對自己的心靈轉化完全沒有心理準備，則將無法衡量這個變化在身上產生的結果。人民的經歷將是一趟可怕的旅行，就像吃下 LSD 迷幻藥一樣。如果人民知道旅程的終點在哪裡，行程便不會恐怖了。Cambell and Moyers（1988）認爲這就是爲什麼溺水的人，會同時經歷心理學上的危機一樣，因爲必須要會游泳才跳到水裡，但溺水的人卻是沒有心理準備的。總之，同樣的情況也可以應用在一個人的精神生活上。一個人意識狀態的轉化是一種很可怕的經驗。意識狀態的真正意思是需要一個自己的神話。

四、使我們與大地和諧共處

觀看目前在以色列與巴勒斯坦的情況，猶太教、基督教和伊斯蘭

教三大最具影響力的西方宗教匯集在貝魯特那兒，三大西方宗教雖然信奉同一個《聖經》的神，但卻給了這個神三個不同的名字，這三大宗教因而無法和平相處。他們都困死在自己的隱喻中，無法了解這個隱喻的真正意旨，他們不肯將自己宗教的小圈圈向外打開，這是一個密封的圈圈。每一個宗教團體都說：「我們才是上帝選擇的子民，我們的神才是真正的神。」觀看愛爾蘭的情況，一群新教徒在克倫威爾的帶領下，於十七世紀來到愛爾蘭。自那時候起，他們便生活在自己的小圈圈內，從不接受當地的天主教徒。愛爾蘭的天主教徒和新教徒代表的是當地兩個完全不同的社會體系、兩個完全不同的理念，他們都各自需要一個新的神話。

他們一直都需要自己的神話，愛你的敵人，開放自己，不要評斷別人，萬事萬物皆有定時，萬事萬物皆應互相效力，這個概念早已存在於神話中。二十世紀的神話是教宗到清真寺拜訪。現代人已經將自然的啟發，從這個世界一步步剝除掉了。有一個故事關於一個小男孩在樹林中發現一隻鳥，並將鳥帶回家的小妖精傳奇。這隻鳥會唱非常美妙的歌。小男孩要求他爸爸餵食物給鳥吃，但他爸爸不願餵一隻無用的鳥，因而殺了牠。根據故事中說的，男人不但殺了小鳥，也毀掉了那首歌，因此謀殺了自己。他殺了小鳥後，自己也倒地死了，沒有再活過來。這則故事的啟示是描述人類在毀掉周遭的大自然環境、毀掉自己的世界、毀掉大自然和大自然的啟發後，會得到結果嗎？神話就是歌本身。那是一首富含想像力的歌，由身體的能量所激發出來的歌。

十九世紀的學者認為，神話和儀式都是人類為控制大自然所努力的結果。然而那應該是奇蹟，不是神話或宗教。自然傾向的宗教不是要操縱大自然，反而是要幫助你和自然保持和諧。當人類視大自然為罪惡的事物時，他不會想和自然和諧一致，反而會要控制它，或者想要毀滅它。因此產生緊張焦慮的情緒，以及鏟除樹林、消滅原住民的行為。而且這種要控制大自然的氣氛，將造成人類和自然的分離。我

們需要的神話不是只認同個人或自己小族群的神話，而是個人認同大
自然的神話。

貳、西雅圖酋長的信

　　大約 1852 年的時候，美國政府去函詢問酋長西雅圖，要求購買
印地安部落的土地，以供美國的新移民移居之用，西雅圖酋長回信告
知，天空與大地是不能買賣的，並告知「人類並不擁有大地，人類屬
於大地。就像所有人類體內都流著鮮血，所有的生物都是密不可分
的。人類並不自己編織生命之網，人類只是碰巧擱淺在生命之網內，
人類試圖要去改變生命的所有行為，都會報應到自己身上。」

　　「你和我們一樣，是這片大地的一部分。這片大地對我們是珍貴
的，它對你也是珍貴的。我們確知一件事：上帝只有一人，人類只有
一種。不論白人或紅人都不應被區分。我們畢竟應該是兄弟。」——
摘自西雅圖酋長的信（1852）http://hk.groups.yahoo.com/group/
lenyanTW/message/298/

　　對於西雅圖酋長的信我們會有很深的心靈悸動，那是因為我們和
古代的人有同樣的軀體，同樣身體上的體驗，因此我們對同樣的意象
會有反應。「同樣的神話，只是在不同時代有著不同的外貌。就像是
同樣的一齣戲在不同的時空內上演時，會穿上不同的戲服。」
（Cambell & Moyers, 1988）有的神話適合以自然動物生命力為基礎的
社會；有的神話適合以大地為基礎——也就是多產、創造性及大地之
母的社會；有的神話是適合天國光輝的，是適合天堂的。

　　在當代社會，我們已經超越依靠動物本能來生活的社會，已經超
越靠大地來生活的農業社會，我們已經對天上的繁星不再感興趣，頂
多只是出於一種好奇心，把它們當成太空旅行的領域而已。適合當代
人類生活方式的神話在哪裡呢？人類沒辦法保有一個歷久不衰的神
話。情勢不斷的在變，而且變得太快了，以致沒辦法成為神話。

第七節　結語

　　現代新神話所處理的問題和其他神話並沒有不同，那就是個人的成熟發展，也就是從依賴期、成人期、人格成熟期到死亡；另外就是個人怎麼和這個社會發生關聯，而這個社會又是怎麼和自然世界及宇宙發生關聯的。這就是過去所有神話所談論的，也是這個新發展的神話必須要去探討的。然而新的神話所關懷的社會，又必須是在這個地球上的社會，除非大家都有這層認識，否則是不可能有什麼結果的。我們這個時代的神話可以由地球的神話開始發展。這就是神話未來發展的基礎。

　　地球村時代的來臨，事實上，這樣的神話已經存在了：理性之眼，而非國族之眼；理性之眼，而非個人宗教社群之眼；理性之眼，而非個人語系社會之眼。這會是整個地球的哲學觀，而不是這個團體、或是那個團體、或是其他團體的。如果我們在月球上看向地球，我們看到的並不是依據國家或州區分的不同區域。一個完整的地球全貌真的會成為新的神話象徵。整個地球就是全人類要去珍惜的單一國家，所有人類都是一家（Campbell & Moyers, 1988）。

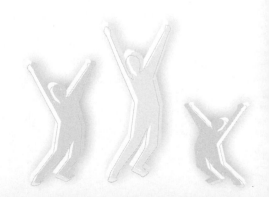

第 12 章

象徵理論

西方人穿衣服有一定的顏色邏輯。平時是可以穿五顏六色的衣服，但是在舉行儀式時就要穿無色的（non-colored）。無色又分成兩種，一種是白色，一種是黑色。從色彩學的觀點，黑色和白色都是無色。但是白色跟黑色還是各有一定的意義的，新娘在結婚穿白紗，還有哪一些人穿白色衣服？神父在做彌撒的時候是穿白衣服。利奇（E. R. Leach, 1910- ）說這種在特別的情境穿特定的顏色的衣服是因為在儀式當中（ritual-in）。那麼，哪一些人穿黑色的衣服呢？寡婦穿黑衣服，寡婦因丈夫已死，故是在婚姻儀式之外了，而神父在做彌撒時是穿白色的，但在外出時是穿黑色的，這是在儀式以外（ritual-out）。所以在西方白色表示儀式之中，黑色表示儀式之外，婚姻與做彌撒均同。

第一節　象徵人類學的發展過程

人怎麼樣「展演」自己的文化，才能達到一個特別現象或者說才有特色呢？文化好像一個劇場，我們在中國這樣一個大劇場裡面，來看我國怎麼樣展演祖先留給我們的文化。例如展演時的展演概念，展演者不一樣，以寫毛筆為例，有的人用繁體字，有的人寫簡體，字體多少有一點變異，但是大家都還認識字體。此外所用的道具，象徵物或符號，英國人用花，中國人用祭品，都是一種工具，都是用來展演文化的。有的時候，我們自己還跳進去展演，把人當作象徵品來展演。在台灣鄉下，很多儀式當中，人都變成道具，變成象徵品。

人類怎樣不同地展演，然後怎麼樣地展演才把它變成傳承。人在展演這些文化規則的時候，經過一次展演、兩次展演就變成熟悉的知識，傳給兒子，傳給孫子，這便是傳承。但是什麼時候才變遷、什麼時候才企圖走出這些原則？這又是另外一個問題。漢族人是不是比較注重傳承，而比較不注重變遷呢？日本是不是比較注重變動，而比較

不注重傳承？我們將不同的民族放在一起做比較的時候，能不能對各民族不同展演變動的情況有所理解呢？人類如何透過不同的儀式或象徵來傳達意義呢？過去人類學家著重探討人類文化的差異性，人類文化在差異的表象下是否有共同的特質呢？人類時常沉溺於表象，對於象徵的意義缺乏了解，無法體認到象徵意義的哲學和存在於各種族間的文化共通性。爲了引起讀者對事物背後的意義有了解。以下對於「象徵」這個主題加以闡述、研究，期望能引起大家對於觀察事物象徵意義的興趣，除了興趣之外，也要審愼詮釋，避免錯誤或遺憾的發生。會有這樣的提醒，是因爲創世紀 22 章 1-10 節描述先知亞伯拉罕將年老才生的兒子獻祭，證明對神的信心，這個故事爲中國大陸甘肅省的一位太太得知，仿照亞伯拉罕，結果殺了心愛的兒子。這個故事是神最後要求亞伯拉罕用一隻羊來代替。許多時候應更小心看事物背後的意涵，才不會誤用或被誤導。

壹、象徵的意涵

「當人在看到某一種花的時候，就『給花下植物學定義』這一意義而言，『這是薔薇花』是可以準確地認定的。但是這棵薔薇被象徵性地使用時，就有不同的意義，戀人贈送的薔薇包含著熱烈的愛；放置在棺木上的薔薇則表示沉痛的緬懷；家徽上的薔薇表示著某種特定的涵義；而廣告中出現薔薇則表示其他意思。……（Rodney Needham, 1954）

尼達姆把象徵論意義的解釋寓於薔薇花中，他在拓寬象徵所傳達的意思方面，首先給了我們一個簡明的印象。尼達姆議論的中心對象，不是象徵思考本身，而是一個邏輯嚴密的探討，主要圍繞說明事實是什麼、主觀和客觀、事實的表現和價值觀。「這是薔薇」這種單純的事實和被視爲其反面包含著價值觀的「這薔薇好看」這樣的說明，清楚表達了象徵論所要討論的內涵。

近二十年來的人類學產生了巨大影響，主要在於從認為人類行動的主要動機在於合理地滿足物質上的欲望的觀點，到認為只有意義和象徵作為人類的特徵才具有顯著重要性的科學觀點的改變。從重視社會和機能的角度到以文化和意義為研究對象的嘗試的重心轉移，明確地敘述了這個過程中的情況。這種重心的轉移或一系列的變化，不是只在人類學的範圍裡突然發生的，而是扎根在廣闊的其他領域裡，也包含在文藝體裁、長期形成的傳統中。在變化的根本上，存在著一個相互間的影響力。這說明了成為現代人類學中心方向的象徵論或象徵人類學的意義和概貌。一段音樂、一首詩、一個故事，不會比一隻野兔、一朵薔薇花更不真實。事物一旦進入我們的下意識，產生的象徵性的作品都是人類心靈的遊戲。如李安導演的《斷背山》、《綠巨人》、《臥虎藏龍》是有名的電影，但這些電影透過李安的轉述又有不同的意義，「每人心中有一座斷背山一個綠巨人或一把青冥劍」。

　　在談象徵人類學的時候，不能只認為僅具有單一的傾向，而應考慮到它是包含著幾個不同傾向的大範疇。例如葛慈，他主要致力於推動文化的記述和分析，透過象徵弄清楚社會的行動者是怎樣來感知和組合這個世界的現實的。像特納（Victor Turner, 1920-1983）所持的觀點，把象徵作為在社會過程中驅使人的工具，而不是意義的媒介和文化的窗口，這兩人的研究均反映了象徵人類學的幅度和廣度的。人類學中象徵論的研究，在其最廣泛的意義上，正在逐漸成為該領域的前提性常識，它跨越經濟人類學、政治人類學、醫療人類學等人類學的細微區分，對什麼都感興趣，對什麼都予以重視。作為時代的規範，將象徵的關心系統化，並使其成為一個理智的運動，當追溯到十八世紀浪漫主義運動的興起。

　　佛思（Raymond Firth, 1901- ）把其多樣性的特徵歸結為「對秩序井然的進步的懷疑，預感到包含革命的變化，注重於糾紛和暴力，對自然和人類之相互關係的重視」。對於城市所代表複雜的人類社會存在方式，回歸田園所象徵的、顯示自然的純粹和單純也具有了應有的

位置。於是可以說對近代合理主義提出異議的象徵問題也就顯眼起來
了。針對純粹的理性，（象徵論）明確地提出了一種注重感情、從內
部意義重新認識外部秩序的志向。

貳、人類善於運用超自然的象徵意義

超自然（supernatural）指的是遠離現實的世界秩序，進入神聖
的、始於象徵意義和行動的領域，透過它，人們解釋了那些終極控制
和塑造宇宙的力量。因而宗教涉及使用那些透過信仰及行動的神聖象
徵。人類學家在研究宗教信仰時關心的是，人們如何建構宗教的世界
觀、一種宗教的宇宙觀（cosmology），即有關這個世界中事物的進行
和基本因果的哲學。在這些興趣中包括諾瓦利斯（Von Hardenburg
Novalis）對咒語的研究、利希坦伯格（George Christoph Lichtenburg）
對夢幻象徵性的探索及古典學者們對希臘神話的重新解釋等等。可以
說自然所顯示的神秘力量、象徵的想像力等問題給當時的西方世界帶
來了寬廣的、被隱匿的意義世界。同樣的超自然現象在不同的文化有
不同的意義與呈現方式，如美國有萬聖節、台灣有鬼月，都有一個共
同的特質，鬼來自地獄，在一般特別的時間要請他們吃東西。電影在
呈現鬼時，西方較常用吸血鬼，東方的呈現方式時常是披髮的女生。

一、台灣鬼月

在台灣七月俗稱鬼月，習俗上鬼月諸事不宜收驚最旺。在這個特
別的月份，人類請「好兄弟」到陽間覓食，享用人間一個月的供施。
然而為何文化裡要設計一個這樣的日子，還要長達一個月？好兄弟要
透過儀式才能出鬼門關，這個儀式以基隆的開關儀式最為著名。基隆
中元祭祭典活動往年都是由「老大公廟」凌晨舉行的「起燈腳」點燈
儀式揭開序幕。農曆七月一日，基隆老大公廟的龕門一開，讓許多相
信有鬼魂的民眾，認為鬼門一開，好兄弟會四處遊蕩。懸掛普渡燈在

傳統的社會中有深遠意義，一般民間信仰相信冥界是幽暗無光，人們基於仁厚之心，乃在農曆七月間，每入夜時必家家門口點燃一盞明燈，書寫「慶讚中元」、「陰光普照」等字，意欲照耀往人間之道，使無主孤魂滯魄，得以順利返回人間享受供奉祭品，這是一種對往生者的尊重，但若在祭品上比較誰的比較豐富，或者用塑膠水果來呈現儀式，則是每個人的理解不同，祭祀則有不同。但不論每一家庭的祭祀或祭品，甚至祭拜的頻繁度，所呈現的心理意義是不同的。

二、墨西哥的玉蜀黍

　　墨西哥北部的 Huichol 人一直是覓食謀生，到幾世紀前被西班牙人影響而改成農業方式。因此他們保留很多過去覓食社會的文化及社會元素，而這些元素也持續在其宗教中出現，特別是在「鹿—玉蜀黍」。他們過去覓食生活的影響表現在鹿的象徵上，而農業則以玉蜀黍為象徵。透過宗教儀式把鹿血塗在玉蜀黍上，他們生活中這兩個基本要素就結合了。Huichol 人將鹿與玉蜀黍的象徵符號連在一起，或將焦點放在對人們的生存具有意義的元素上，日常生活已和超自然合為一體。這些符號使經驗和信仰具體化，因此能喚起他們最基本的感覺。因為符號具有整合及表達我們生活中之核心元素的能力，所以在宗教上扮演一個重要的角色。

　　一些宗教符號可能是全球性的，但大部分則具有文化獨特性，而個體在薰陶下會去了解和接受它們，如基督教和天主教的十字架、佛教的卍、道教陰陽的符號圖騰，對屬於這些信仰的人而言，符號的意義更是深遠。薰陶的過程是透過正式及非正式的教育，如原住民的青年被教導神聖場合中面具的意義代表神靈附身。這種學習的效果會藉著設計出一種環境來加強，使人們面對這些象徵符號時情緒會鼓動起來。這種環境可能包括令人印象深刻的建築或其他喚起情緒的場合、鼓動情緒的儀式或儀式性的集合，或者是這些的綜合。

三、頭髮的象徵意義

頭髮在不同的時代與不同的國度有不同的意義與呈現方式。拉斯塔法教徒的頭髮從不梳理、任其打結，他們稱爲「恐懼之結」（dread-lock）。這種髮型的裝束是以《聖經》上的一段話來辯護：「他們不應使頭頂光禿，不應刮他們的鬍子，也不應切割他們肉體上的任何東西。」（Howard, 1993）這「恐懼之結」的作用代表「有力的大眾」象徵。它使拉斯塔法教徒分離出來成爲「自然人（natural man），使其外表象徵不受阻礙的生命」（Barrett, 1977:137）。但除此之外，尚有反抗的意思存在，即拒絕接受白人所定義的世界。頭髮是許多牙買加人用作社會差異的指標。留著長而不加梳理的頭髮，使牙買加人被認定爲野蠻、危險、女人氣及恐怖的，拉斯塔法教徒凸顯了牙買加社會的矛盾，對社會秩序是一項威脅。「他們的頭髮象徵宣稱他們是處在社會之外，而且，除非社會對貧窮人的態度有根本的轉變，否則他們不在乎能不能融入這個社會環境。」（Barrett, 1977:138）當權者和其他希望維持社會現狀的人之反應便是剪掉他們的頭髮。

雖然髮型在所有的社會中都代表某種象徵意義，但其獨特的象徵意義每每不同。當很多西方人認爲宗教或他們的地方首長留長且不加梳理的頭髮是令人困擾的事時，很多其他社會的男人留長髮卻和神聖性有關；在一些社會中，那是社會地位的表徵。在西班牙人到達之前，地位高的馬雅人通常都留長髮。在西班牙人的影響及壓迫下，馬雅人剪掉他們的長髮，而今日大部分的馬雅人認爲留長頭髮是不受歡迎的。

以前中國男人把頭髮編成辮子，再剃個半頭，就是清朝人；若將一頭「秀髮」挽起，別上簪子，則是明朝人。明朝人留的是短髮，束髮髻，盤在頭頂。歷史紀載中國南方天熱，男人常出汗，頭要常洗，故剪短髮。清朝從大漠以北來，天冷，少汗少浴，編辮子留著。但他們統治南方後，要求老百姓把腦門前的一塊頭髮剃掉，然後把後面的

部分編起辮子來。在清朝統治初期，頭髮的長短和式樣不是單純的個人問題，而是意識形態問題。

「揚州十日」、「嘉定三屠」，清朝為建立這個意識形態，曾經在江南殺了許多人。江南人為保住自己頭上的漢人標誌，曾經流了許多血。清朝想要透過頭髮建立統一的意識形態，它要改變原有文化的所有結構，讓傳統人無法生活。所以大清帝國的人為自己腦後的辮子自豪，這根辮子和清朝的黃龍旗一樣，是中國人的象徵。從西元 1644 年南方人不肯剃髮留辮，到 1900 年大多數的南方人不願剪辮，這是政治的力量。清朝的二百六十七年統治，漢人也習慣了辮子。辮子，成了新的傳統。隨後的十年裡，西風的東漸，江南不少青春期的反叛青年，為了躲避家鄉的煩悶，到上海十里洋場狂歡，隨便就把辮子剪了，辮子又一次成為南方人的心理情結。情緒亢奮的年輕人，用剪辮子來表示自己的自由開放的作風。網路上流傳的故事，說首先告別清朝、剪掉了中國第一根辮子的是廣東人馮鏡如。十九世紀被販到舊金山的華僑們至死還拖著辮子，生怕因為活著吃過美國飯，死後翹不成辮子，成不了中國鬼。大清被日本打敗後，這種文化上的自信徹底毀滅了。馮鏡如在自己的店鋪前，掛起了英國旗幟，穿起了西裝，剪去了辮髮。有些精明實際的廣東海外商人，開始改變自己的身分認同感。他們仍然還是中國人，但不再承認自己是大清國人。國父革命推翻滿清後，男生開始剪頭髮，一來是為了清潔衛生，一來是潮流所趨。

日據時代台灣的學生頭髮因採軍事化方式管理，為了管理方便而有中學生的髮禁存在。台灣光復後，教育部延用以前的規定還是有髮禁，一直到民國 75 年，教育部才宣布廢除髮禁。頭髮管理並不是教育部的規定，而是各校自行決定。學生的頭髮到底要不要管，長久以來一直都是校方與學生之間的衝突點，為了抗議髮禁，2005 年有數百名國高中生在教育部集結抗議，他們說，要替髮禁舉辦告別式，要求學生頭髮的自主權。

　　2005 年 6 月，屏東恆春國中的學生，因為被校方認為頭髮太長，全部一百三十六人，都被理成了平頭，像這樣的髮禁規定，全台灣還有很多學校還嚴格執行著。目前國高中生的髮禁，都是由校方自行規定，除了一般的不能染燙之外，有些較嚴格的，還會規定長度等等。建中規定「不得蓄髮、鬢角及染燙，蓄西裝頭者前不覆額、邊不過耳，由髮根適度向上斜剪」，彰化中學規定「男生從後腦自衣領上約四公分或十五度向上斜剪，兩側自兩耳尖向上剪一公分，前額髮長不超過眉毛」，北一女中則規定「髮式以不染、不燙為原則，凡染、燙者扣德行成績五分，並限於一週內將頭髮恢復原狀，未依規定者續予小過處分」。其實管理自己的頭髮應被視為學習的一部分，可以刺激個人不同思考模式。如有些同學選擇剪平頭，認為這樣方便、舒服，這些都是個人的選擇。有時跳出事件的背後，釐清問題，頭髮不單是頭髮，對學生而言頭髮是一種自主權，頭髮樣式是一種美感教育的體驗，頭髮表示我是自己的主人。也有人認為對校方而言，頭髮是權力的展現，頭髮是一種統一的管理，頭髮表示學生是沒有審美概念。所以頭髮的意涵因人、因角色，甚至文化的不同而有不同。

四、食物的象徵意義

　　人們的飲食習慣通常和宗教信仰有密切的關聯。在很多宗教傳統中，特別的動物或植物會被賦予象徵地位；在有飲食禁忌的宗教中，人們禁止吃某些食物，除非在某些神聖的場合中。在很多社會中，母牛是有象徵意義的。對很多北美人來說，那是財富及富裕生活的象徵，但和宗教意義無直接相關。在蘇丹南部及北衣索比亞的牧人如 Nuer 及 Dinka，傳統上他們的生活與牛群緊密地糾纏在一起。Dinka 對顏色、光線和形狀的觀念和他們的牛群的顏色型態有關。Dinka 的文化對牛的重視反映在他們的宗教中，牛在他們的宗教信仰及行為中是一種很重要的元素。動物祭品是他們的宗教表徵之中心，這些犧牲的動物代表 Dinka 的社會，就像被分開的肉是以性別、年齡及氏族為

基礎的社會關係（Lienhardt, 1961）。

　　然而大部分在南亞的印度人不是那麼的依賴牛群維生，卻也同樣認為母牛在他們的宗教中有重要地位。對印度人來說，母牛是溫暖及潮濕的象徵，因而受到尊敬，就像大地母親，也是牛乳及間接的 ghi（淨化的奶油）之生產者，因此在祭品中相當重要。由於印度這種信仰及印度人非暴力的傳統，導致對牛群的屠殺有一套禁令，今日殺牛群及吃牛肉仍是非常能引起騷動的議題，會導致社群之間的緊張，有時也會造成暴動。

五、圖騰

　　圖騰（totem）是社會的一種信仰和習俗體系，通常存在於群體和某一類動植物之間的神秘或祭儀關係。一般圖騰是表示禁忌，例如禁止傷害與其圖騰有關的動植物，或對親屬關係的信仰，亦即深信群體成員乃是某一神秘圖騰祖先的後裔。但依部族的不同，圖騰有時並不是絕對和氏族組織連在一起，很多有氏族組織的社會並沒有圖騰。

　　一般學者均認 Haida 族行圖騰制，而 Haida 人也是那個圖騰動物的化身。他們在軀體上刺上那個動物的形象，雕刻方面也都雕著他們所屬的圖騰標記，可是這些圖騰標記卻又不能真正取代氏族的名號。澳洲土著就像很多其他的民族，「已建構一種獨特的、統合的宇宙秩序觀念，其中人和自然物種、祖靈、精靈及其他想像出來的實體之間是有對等關係的。他們都和系譜、風俗有關」（Tonkinson, 1974:74）。這種宇宙觀指的就是圖騰的宇宙觀。個體群體及特殊的動、植物和其他自然現象之間的連結是由圖騰象徵物（totemic emblems）的象徵形式表現出來，而他們之間的關係構成儀式及禮儀行為的基礎。

　　北美 Hobis 族印地安的圖騰是另一種形式，氏族選用某動植物作為表記名號。如採蝴蝶為名號，就不殺蝴蝶，採山狗為名號者就不殺山狗。至於採白兔者，該白兔族只不殺白兔，但對蝴蝶和山狗兩者都殺。他們所採圖騰只是作為氏族上的區別，此外並無其他涵義。

研究圖騰的人類學家佛雷策著眼於研究自然崇拜、圖騰崇拜、禁忌等課題，對其後圍繞宗教和咒術之象徵性的人類學研究產生了巨大影響。鮑亞士對未開發藝術的研究、對異文化的圖案、花紋等的象徵性研究有卓越的成就。此外，涂爾幹和佛洛依德的研究，前者的象徵觀可以歸結爲：集團的象徵主義、據於象徵的社會統一、個人和社會的一體化、強調社會性側面、反浪漫主義等；佛洛依德則立足於臨床性治療實踐和精神分析，比起個人象徵、統一，更明確地提出分裂症及精神異常所象徵的不協調、個人和社會的糾紛、潛意識的問題等。可以說涂爾幹的觀點給其後英國社會人類學帶來了特別巨大的影響，但在考慮今天象徵人類學的時候，也不可缺少地要評價佛洛依德所啓示的對否定性的興趣。他們雙方所代表的思考方式的差異，並不是一方比另一方優越，而是反映了對象徵論進行人類學式的研究時的兩個方向（綾部恆雄編，周濤譯，1991）。

　　十九世紀二〇年代逐步確立起來的田野調查使作爲一門學科的人類學增強了其存在感，然而在象徵研究這一觀點上，並沒有馬上取得成果。強調以嚴密科學爲方針，結果削弱了象徵理論與文藝和古典學的聯繫，使象徵理論看上去似乎被當作多餘的東西。在馬凌諾夫斯基關於初步蘭島的研究中有圍繞咒語的象徵論的傾向，在拉德克利夫－布朗有關圖騰研究中也並非完全沒有這樣的關心。因爲只要想對文化進行記述，就不可能忽視象徵問題。

第二節　象徵人類學的理論

壹、象徵人類學的研究內涵

　　從二十世紀五〇年代後半期開始，爲了尋求人類學結構的動向而

發生變化，從社會研究到文化研究，從表面上能夠看到的現實，轉向不能看見的深層結構的轉化，使人類學的思考階段發生轉變，這一點對象徵論人類學所起的作用是巨大的。有兩種象徵觀或研究傾向，一派是以李維史陀為代表的以結構人類學、結構語言學、社會語言學為中心的「抽象系統學派」，研究重點放在神話研究中象徵的分類和理論。另一派則是以特納為首的，包括微觀社會學、社會語言學、民族學（民俗學）、文藝批評等內容的「象徵和社會的人類學派」，研究重點放在慶祝和祭祀及其具體的過程。

　　日本人類學家綾部恆雄（1991）綜合東西方的觀點，歸納出象徵人類學是把文化看成是透過象徵形式表現的意義的模式，人們將它一代一代地繼承下去。或者把文化看作是傳達形式體系，解讀文化現象所傳達的訊息是人類學的工作。象徵人類學確認對象徵的關心，在於使諸如禮儀、神話、戲劇、會面行為、詼諧和俏皮話等的語言變為重要的研究對象。然而人類學中的象徵研究引起了功能主義規範的批判，研究者對象徵和意義的重視超越了對民族誌的記述、實地工作的再討論與單純分析和解釋的範圍，引起了一場方法論上的反省和批判。對象徵意義的追求，促進了對意義詮釋有更多的思考空間和與現實生活面的多元理解。對於人、事、時、物，從多方面的視角透視核心意涵，如人的表現行為絕不是單一的解釋其表面意義，而是雙義的或多義性的。綾部恆雄（1991）也認為象徵人類學並沒有給象徵以「單純的符號」、「非事實的東西」、「虛構」等這種否定性的評價，而是給予其積極的重要性和創造性的意義。

　　象徵研究過去只限於文藝的風俗畫中，而象徵人類學也包括了這些領域，並增進了跨領域學者的相關合作研究。即使在人類學內部，象徵人類學與其說其強調與結構人類學、符號論或解釋人類學的差異，倒不如說它具有為承認人類表現行為之重要性的共同觀點打基礎的總結性意義。根據這樣的特徵，在考察現在的象徵人類學時，日本人類學者綾部恆雄（1991）舉出，利奇的象徵操作理論和特納把焦點

放在象徵是驅使人們並鼓舞行動力學的觀點，有助於我們理解並得到一定程度的印象。

貳、象徵人類學的代表人物

一、利奇

E. R. 利奇是較早表述象徵人類學是一門具有讓人持不同見解的學問的人之一，是語言論性象徵主義者的代表。他一改原本枯燥的象徵研究，使人們對解讀文化的樂趣和驚險感抱持高度的期望，如他對馬凌諾夫基和拉德克利夫 布朗的古典性專題論文的重新解釋中，其明快而又充滿機智的論說。他在另一本書《文化和交流》（1968）內，舉出「一個人在餐廳的桌子上，選擇葡萄酒這一行為，不僅是味覺的問題和為了解渴，也是反映這個選擇者的趣味的社會和文化背景的行為。」利奇將文化視為傳達的體系。

他認為人類行動所表示的或者非語言性的傳達如姿勢、手勢、服裝、髮型、興趣及該人的居住，都是把語言體系作為一種象徵。語言性的語言和口語及書面語言在修辭法上存在著差異，例如，當擺出一個與平時行禮方法完全不同的姿勢，就不會被當作行禮。但在語言及文章方面，透過詞彙的組合和結構的變化，可以寫出新的文章。舉一個台灣的例子，有一家以玫瑰為圖騰的古典玫瑰園成立十五週年，是引領台灣下午茶與花茶風氣的店，去過的人都會印象深刻，賣的咖啡一杯四十五元，但用的是來自英國皇家御用的骨磁大廠 Aynsley ；裝潢給人的感受是英式下午茶的浪漫悠閒風情。主人並不單是單純的作生意賣茶，還包括精緻文化的推銷。假若有人以同樣重金手法開店，但主人沒有文化素養，製造出來的氣氛將會不同。

利奇研究的對象，都集中於探索以語言範疇、分類論、忌諱論為中心的邏輯結構以及靜止的宇宙觀所反映的象徵。即他所感興趣的是

服裝如正式與非正式的服裝、色彩如新婚帶面紗的白禮服與寡婦帶面紗的黑禮服等二項性規則化了的問題。利奇是對結構主義傾向有深刻理解的社會人類學者，一貫重視人類行動的「表現的側面（談論什麼）」，在這點上他對象徵人類學的貢獻是很大的（Leach, 1961）。

二、特納

英國人類學家特納是戲劇論性象徵主義者的代表，他透過研究以治療禮儀爲中心的禮儀符號，特別深刻地認識到了象徵作用的力量（Turner, 1967）。所以他把研究焦點放在邏輯性的構圖上與放在運動性的象徵性上。關於禮儀的象徵，特納將其研究對象分爲「生理學上的現象」如血液、性器、交接、誕生等；和「道德規範的價值」如對親族的寬大、對孩子的情愛、互助等。他將原本單純的、靜止的禮儀研究以及認識範疇象徵產生了轉換，使「生物學上的對象」變得抽象有意境，規範性價值發生了帶有情緒性的逆轉。以特納的尚比亞恩頓布族「雙子禮儀」中的兩種樹的象徵義意爲例，木迪樹是「女子成人禮儀」的象徵，另一象徵是「母乳和母系親族」。木克拉樹意味著「割禮的血」和「成熟部族的人的精神上的共同體」。同以樹爲例，樹有不同的象徵意涵，同一棵也有不同的意思。

特納認爲，象徵就是把身體性的、道德性的、政治經濟性的力量作爲現實化的手段。這種象徵的力量可在部族社會舉行禮儀的轉折狀態，例如舉行成人儀式時，在禮儀的進行過程中那種屬於既非小孩亦非大人的狀態中看到，或者在歷史性的轉折時期，例如當社會遇到危機時，更可清楚地看到這種力量。象徵不是永遠存在的，它是應社會的變化而改變其意義的，或者隨著時代的變化，人們又取出暫被遺忘的象徵，並賦予其與以前截然不同的意義。

特納對社會等於結構的看法持不同的意見，他認爲社會是由人們結合起來的反結構或集團化狀態組成的，它是超越圍繞有秩序的社會關係、規範的結構領域和公共的紐帶、地位身分差別的，強調少數者

的價值和意義。例如描寫人的時候，被選出暗示整個人類的往往是遊民、農奴等在社會中被輕視、被排斥的人。即可以說這些人是喚起性很強的象徵。特納的研究特色是賦予一個事物多層的意義，這意味著不同的觀點下，會有不同的象徵觀點，我們都應予以尊重，在這裡沒有所謂的高見或品味，有的是人的感受不同。

參、小結

人類學者在世界許多文化的研究顯示，象徵的選擇與作用每一個族群各不相同，象徵符號的呈現不是社會生活中的物質條件的次級反映（secondary reflection），符號的呈現已經進入觀念的領域，它是塑造人類行為的最重要的因素。特納主張象徵性具有多元意義（multi-vocality）和動態性（dynamic）兩個特質。多元意義的象徵符號在語意上通常是開放的，它的涵義會隨著情境的不同而起變化。象徵性的動態性是指一個象徵在不同的行動中，可能代表不同的意義。象徵符號的對象或行為其意義是由文化所賦予，所以有變動不居的特性。象徵在治癒疾病的禮儀中發揮了力量，在危機的時代產生了對抗外部、使社會團結一體的感覺。除這種危機狀況外，象徵有時猶如一種靜止性的表現，可以說它和指示對象形成一對一的格局。

孔子是誰？國父是誰？並不需要憲法及法律給與定位。如同美國的國父，沒有憲法及法律的定位。梅力門（Merrium）指出象徵符號顯示出人類思想和行為的較深過程，一幅遺照或一尊雕像它在第一層的意義是代表被塑像的人物，第二層意義是代表他人對這個人物的敬意或特殊的情感意義，意味著此族群想表達的祖先崇拜、宗教信仰、政治圖騰等觀念（引自何翠萍，1980）。我們尊稱孫文先生為國父，是因為他創建了中華民國，感懷孫文先生對中華人民及大中華歷史上的貢獻，尊稱其為國父。

象徵符號如何塑造人類的行為？這是教育人類學有興趣探究的問

題。文化的新成員——青少年如何學到合宜的行為，並且隨著生命週期的遞進扮演合宜學習的角色？文化是否有任何象徵的儀式告知？人類怎樣不同地展演，然後怎麼樣地展演才把它變成傳承。人在展演這些文化規則的時候，經過一次展演、兩次展演就變成熟悉的知識，傳給兒子，傳給孫子，但如何透過不同的儀式或象徵來傳達意義呢？以下將介紹青少年成長的過渡儀式。

第三節　青少年成長的過渡儀式與社群

壹、過渡儀式

　　簡倪樸（Van Gennep）（引自 Turner, 1967）曾指出，所有的成長或「過渡」儀式主要包括三個階段：隔離、過渡和回歸團體；(1)「隔離」：包含了象徵性的行為，意味著個人或群體自社會結構中原先某個特定的位置、某種文化狀態，或這二種情況脫離；(2)「過渡期」：參加儀式的主人翁（「過客」），其社會位階並不明確；所經歷的文化領域亦與他的過去或未來鮮有雷同，甚至完全不一樣；(3)「重新回歸團體的階段」：整個過程才算圓滿完成，接受儀式者，無論個人或團體，再度處於比較穩定的身分地位，且因為如此，對於社會結構上清楚界定的他者，才具備權利與義務；而一般成人也期待他的行為能夠依循該社會位置在整個體系中須遵從的例行規範與倫理標準。

　　特納認為過渡階段或處於這個階段的人，屬性必然曖昧不明，因為這個階段或這些人，逸出或滑出了文化空間裡一般定位身分與階級的分類網絡。在法律、習俗、成規所預設的位置上，處於過渡階段者是無法歸類的，既非彼亦非此。正如神話章節談到人類、社會、自然環境會有中介的現象，如大地初期有似人似動物的生命體出現，大地

與人之間有一位人子。青少年既不是兒童也不是成人，屬性曖昧不明。有許多文化會舉行各式各樣的象徵性的過渡儀式，表達這種模稜兩可的臨界屬性。而這些屬性經常被比喻成死亡、處於母體內的狀態、隱而不見、黑暗、具有雙重性徵、荒野以及日、月蝕等。

在一些部落社會裡，一群屬性曖昧不明的青少年在需要長期隔離的成人儀式裡彼此之間猶如天涯淪落人，不論是酋長的孩子或平民彼此之間也無從區別。一般來說，他們表現得順從謙虛，默默遵從導師的指示，對於恣意專斷的懲罰也從不抱怨，爲的是重新打造，並且獲得新的力量，能夠應付未來生活的挑戰。

特納觀察「神聖」的特質在成長儀式的過程中，是隨著改變的社會位置才能獲得；因爲透過成長儀式，接受儀式者改變了既有的社會位置。在儀式中，短暫的羞辱和一時失去依循，略微顯得神聖不可侵犯，可以改變、節制某些較高職位者表現的驕傲。這種儀式不僅賦予社會結構性位置的法統，而且也彰顯了基本天生的人類關係。過渡階段意味著所謂尊卑高下乃一體兩面；位尊權高必須從卑微開始。類似這種想法，倒有具體的例子。英國菲力浦親王曾決定將他的兒子——未來大英帝國王位之繼承人——送到澳洲一所叢林學校受訓，希望王子能學習「忍耐不方便的生活型態」。其實蔣中正先生也曾將經國先生送至西伯利亞接受磨練。

社會生活對個人或團體而言，是一種辯證過程，涉及一連串尊卑高下、社群與結構、同質與差異、平等與不平等的經驗。從較低的社會位階變遷到較高的社會位階，必須經歷沒有任何社會地位的過渡階段。每個部落社會有各色人物、團體和階級，也有它的發展週期；因此，在某個時刻，社會上有固定的社會位置，也同時存在許多處於過渡時期的位置。換句話說，每個人的生活經驗，包括不時觸及社會結構與社群並參與各種身分與過渡變遷的階段，亦即角色與角色之間的過渡期會影響我們的社會地位，例如七月的時候，有些學生畢業成爲失業人，有些學生找到工作成爲賺錢的社會人士。

貳、尚比亞拿丹布族的成長儀式

　　尚比亞拿丹布（Ndembu）部落的成長儀式，充分表現出上述所描述過渡階段的特色。儀式開始時，青少年先在離主要村落約一英里遠處，用樹葉搭建一間小屋，因為小屋正是未來酋長脫胎換骨的地方。丹布族的過渡儀式充滿死亡的意象；就像是小男孩行割禮的場所既秘密又神聖。在這個儀式中，未來的酋長幾乎一絲不掛，只在腰間繫塊碎布。他儀式中的妻子，可以是他的長妻，或者是特別挑選的女奴，也是類似的穿著。日落之後，他們由 Kafwana 召喚進入小屋。他和妻子二人都是由人帶領進入小屋。在屋中，二人蹲坐著，顯得羞愧或謙卑的樣子。這時有人用混著卡杜剛歐尼河（Katukangonyi）河水的藥物為他們浸洗。此外，給準酋長夫妻的木材，絕不可以用斧頭劈，必須是從地上撿起來的。這意味著木材是大地的產物，並非人為加工。

　　接下來進行 Kumukindyila 儀式，字面上意思是「辱罵準酋長」的儀式。開始的時候，Kafwana 在準酋長左手內側刻個凹痕，緊接著在該處戴上手環，將藥物塞入凹痕內；又在手臂上堆個墊子，並強迫準酋長和他的妻子要坐在墊子上。酋長的妻子絕不可以懷孕，而且這對夫妻在這些儀式舉行前幾天，絕對禁止性交。經過一番訓誡之後，任何人若覺得他過去遭準酋長傷害過，這時便有權痛斥他。整個過程裡，準酋長只得掩面謙卑靜坐。同時 Kafwana 用藥水潑灑在他身上，偶爾甚至辱罵他、踢他的臀部。整個儀式結束後準酋長重返社會團體時，會有公開盛大的排場儀式。在儀式中 Kafwana 和其他拿丹布族人具有特權，尋常百姓占了上風，能對未來最具權威的領袖展現威權，將至高無上的政治威權被當作「奴隸一般」。

　　在儀式中，領袖必須自我控制，以便日後面對權力誘惑時，也能自我把持。過渡儀式中的受禮者必須像一塊空白的石板，能夠刻上該

族的知識與智慧，足以擔任新的職位。試煉與羞辱，經常施加於受禮者的身體上，一方面表示除去他們過去的身分，一方面也陶冶他們的木性，協助他們承擔新的責任。

參、過渡狀態已被納入體制

隨著社會文化變遷，社會分工日趨複雜，部落社會中主要表現在文化與社會方面的過渡特質起了變化。在其他文化層面，大多數社會也有鮮明的象徵及相關信仰；譬如「弱者的力量」，位卑者總是或有時具備神聖的特質。有一些社群或開放群體自比人類真理的捍衛者，西方社會裡，「披頭族」（beat generation）的文學和行徑，可說是把社群價值發揮得淋漓盡致。他們的下一代是所謂的「嬉皮」（the hippies），其中不乏十幾歲的少男少女。這些「酷勁」十足的青少年不參加全國性的成長儀式，自外於講究位階的社會秩序，不刻意擺架子，穿著像遊民，習慣四處遊蕩，喜好充滿民俗風味的音樂，臨時打工也是從事僕役的差事。他們重視人際關係而不是社會責任。而且，社群原有的「神聖」色彩也未曾消失；因為嬉皮經常使用諸如「聖人」、「天使」等宗教語彙描繪同伴。

這些早期社群充分顯現了普遍、不分階級的特色。他們崇尚自由、當下此刻與「存在」，明白凸顯了社群與社會結構截然不同的意思。社群是屬於現在；而社會結構根植於過去，並且透過語言、法律和習俗延伸至未來。社群潛入社會結構的罅隙，表現在成長過渡儀式，存在於社會結構的邊緣，例如邊緣性的社群，或是來自社會的底層，像是弱勢團體。無論在哪兒，社群幾乎都被視為神聖不可侵犯，可能因為它超越或消融了政府建立的規範以及體制化的關係，並且提供絕無僅有、充滿活力的經驗。過渡成長儀式、邊緣性族群和社會弱勢團體，經常產生各種神話、象徵、儀式、哲學體系和藝術作品。這些文化形式為人們提供了一套樣板或模型，就某個程度，在不同時

期，將現實、人與社會、自然文化的關係重新歸類，而且，不只是分類而已，這些作品也激發人們去行動、思考。每種作品都具有多重特質，表現多重意義，同時在心理與生理層面都能感動人群。

因此，社群與社會結構之間產生了辯證關係。社群中原本直接密切的關係，在社會中不復存在。然而，在過渡儀式裡，人們自社會結構解放、進入社群，經由社群經驗重新攝取活力，再返回社會。可以確定的是，如果沒有這種辯證關係，任何社會均無法適當運作。過度彰顯社會結構，很可能導致社群滋生，遊走「法律」之外或對抗法律。反之，過度彰顯社群，就像某些宗教或政治運動，可能接踵而來的便是獨裁、過度官僚作風，或其他形式的結構性僵化體制。

第四節　污穢的象徵意義

壹、污穢的定義

一般人對於污穢（obsceneness）的看法，是清潔的相反，是一個負面的字眼。在中國人的習俗中，過年之前一定要打掃環境，地板、窗戶、窗簾、廚房都要整理一新。即使現代工作再忙，大家也總想在年前弄得乾淨一點，好有一個新氣象。一個對污穢的古老看法，認為它是脫序的事物。有學者認為污穢若是脫序，需要兩個條件：有一套符合規範的關係；同時有違反此規範的種種可能。這麼看來，污穢絕非獨立偶發的事件，有污穢必有體系。我們可以說污穢是系統分類下的副產品，因為秩序管理的過程都不免要摒除不合宜的成分。對污穢的這種看法將我們帶入象徵系統的領域中，使我們得以進一步地討論它與已明顯象徵化的純淨系統之間的連結，如打掃環境本來是每日或每週該做的事，為何要在除夕前完成？台灣的中小學生至今每日仍舊

要打掃教室與清潔區域，目的是要保持校園教室乾淨，但有的家長也可以請專人打掃。於是有小學小朋友的清潔區域是掃廁所，結果家長捐錢請專人打掃。難道打掃的意義就只是清潔污穢嗎？

以象徵人類學的觀點，污穢涵蓋所有被制度化和系統化排斥的事物，污穢被當成無所不包的字眼來使用。污穢是個相對性的概念，舉例來說，鞋子本身並不髒，但把它們放在餐桌上便是骯髒；食物本身也不髒，但把烹飪用具擱在臥室或把食物潑弄在衣服上就令人覺得髒；其他的例子，像是浴廁設備出現在客廳、衣服亂放在椅子上、室外用具擺在屋子裡、樓上用的東西扔在樓下、內衣外穿等等，都是一樣的道理。污穢行為是一種反作用，用來抗拒任何可能擾亂或牴觸我們遵行的分類體系的種種事物。

根據這樣的定義，污穢看來好像只是一種被我們慣常的分類系統排斥在外的剩餘物，若了解污穢的概念，我們會發現這個概念和習慣是相反的，不是習慣的思維，容易像垃圾一樣拋棄，因為會讓人不舒服。在美國有些白人家庭會基於人道關懷與悲天憫人的胸襟，領養不同膚色的小孩，進而愛小孩，同種膚色的成人，有時會以異樣眼光看待這樣的家庭，但有時候愛是可以超越國界、膚色的。時常我們感知的一切都被規範定型，而身為感知主體，由於有限的心理能量或資源，知覺所能接受的外在事物是有限的，所以會透過有的能量，讀取外在訊息（劉玉玲，2005）。感知並不是用聽覺或視覺器官，去被動地接收外來現成的印象，人仍舊是知覺的操縱者，植物人則不在此限。

感知主體在所有感官刺激中只選擇我們所關心的，而我們所關心的又是被尋求規律的傾向所主宰。我們處於各種瞬息萬變的印象混沌中，各自建構出一個穩定的世界，讓其中的物體有可辨識的形狀、立體，且具恆常不變的特質。感知外在世界的同時，我們其實也在建構秩序，遵守某些指示，而摒棄那些明顯符合建構模式要求的東西。此外，我們容易將模稜兩可的事物當成好像可融入此模式的其他部分；

不和諧的事物則被排斥在外。它們若被接納，原有的認知結構就必須
修正。隨著學習過程的推進，事物被命名，之後這名字影響下一回它
們被感知的方式：一旦被貼上標籤，事物在未來更輕易被擲入既定的
框架，從知覺心理學而言，這是一種知覺心理的捷徑。從人類學的觀
點，人對於不是系統內或是分類架構的概念，容易用非我族類、「非
我……」等思維二分法化。

貳、信仰上的污穢

　　猶太人是一個非常講究潔淨之禮的民族，他們一年到頭都講究潔
淨之禮。去過中東旅行的人，一定會發現最乾淨的地方就是以色列，
其他中東國家的機場廁所常是慘不忍睹，唯有以色列，即便是最荒野
之處的集體農場，它的公廁都是乾淨的。這就和以色列民族非常看重
潔淨之禮有很深的關係。聖與潔一直都是希伯來信仰的核心，神是聖
潔的，所以祂要祂的子民也是聖潔的，而聖的第一步就是潔，人或物
一旦污穢了，首先就需要潔淨，潔淨之物才能考慮是否能歸聖，若是
不潔淨，根本不考慮是否可以歸聖，連在百姓中間都不能存在，污穢
的物要除掉，污穢的人要待在營外直到潔淨。因此潔淨與否對以色列
人而言就十分重要。

　　舊約聖經有多處談到污穢，利未紀 5:3「或是他摸了別人的污
穢，無論是染了什麼污穢，他卻不知道，一知道了就有了罪」。利
7:19「挨了污穢物的肉就不可吃，要用火焚燒。至於平安祭的肉，凡
潔淨的人都要吃」。新約聖經馬太 15:11：「入口的不能污穢人，出
口的乃能污穢人」。太 15:18「唯獨出口的，是從心裡發出來的，這才
污穢人」。太 15:20「這都是污穢人的；至於不洗手吃飯，那卻不污穢
人」。可 7:15「從外面進去的不能污穢人，唯有從裡面出來的乃能污
穢人」。聖經詮釋的專家將有關的污穢分成禮上的潔淨與禮上的污
穢、外面的污穢與裡面的污穢兩大類別。禮上的潔淨規定倒水先由手

腕再由手尖，也有人說猶太人第一世紀的書籍都集中在什麼食物可吃、什麼食物不可吃之上。他們以為這樣就可以使他們在神面前有一個合法的地位。禮上的污穢提到俗手，就是不潔的手。吃前洗手、飯後漱口，這是好的衛生習慣。但當時的猶太人就陷在這樣的窠臼之中，以為這就是與神關係唯一可著墨之處的悲哀。當時的法利賽人的意思是，如果耶穌不合這些規範，按照規定，是不能承認他具有拉比資格。

　　神在舊約設立潔淨之禮的真正目的，是要以色列人成聖，使聖潔的神可以住在他們當中，「潔」只是聖的第一步，聖是目的，潔是手段。然而現在的猶太人卻看重外在的潔，遠勝過內在的聖。耶穌在這裡的說法是「外面的污穢與裡面的污穢」，外面的污穢就是禮上的污穢，不乾淨，或者不合禮儀（法），但是這樣的污穢僅能影響人的肚腹，食物不潔淨頂多排出來，並不影響人在神面前的生命，因此謹守這些潔淨之禮，也不能叫人在神面前潔淨了。究竟神設潔淨之禮的目的是什麼呢？是叫人思想生命的潔淨，叫人透過禮儀的潔淨來思想生命的潔淨。生命的潔淨在神面前才是重要的，它是成聖的第一步。耶穌指出生命的污穢會真正的污穢人，這裡的污穢人是指污穢他自己，使他自己不潔，在神的面前沒有地位。我們可以理解聖經是希望人們不僅在物質生活層面要潔淨，精神生活層面也不要污穢。

　　在台灣的宗教信仰裡，污穢的相關概念有「邪魔鬼魅諸障作祟祟，致不淨污染，使吾人精神上和道德上遭受障蔽，生種種苦惱，而虔信使用薰香則會斷淨上方兕神怖畏。」燒香是台灣初一和初十五最常見的拜拜現象，香上及天庭，可以保祐全家平安，因為家和萬事則興，說明了何者是污穢，以及如何去污穢。

　　有一大師在寫書時，來了一個自以為是的遊方僧，向大師道：「據說，禪是無一事可褒，無一物可貶，現在你寫那種書，有什麼用呢？」蓮池大師回答道：「五蘊纏繞無止境，四大奔放無比擬，你怎麼說沒有善惡呢？」遊方僧不服，再反駁說：「四大本空，五蘊非

有，善惡諸法，畢竟非禪。」大師說：「裝著懂事的人多得是，你也不是真的東西，怎麼樣？善惡之外，再議論其他的如何？」遊方僧滿面怒氣，瞋恨之心，從鐵青的面孔上一看即知。蓮池大師和緩地說道：「你怎麼不拂拭你臉上的污穢呢？」這個故事告訴我們，驕傲也是一種心靈的污穢。

參、混亂

一、混亂的意涵

　　介於清潔與污穢之間的概念是什麼呢？可以說是混亂吧！（Douglas, 1966）承上所言污穢涵蓋所有被制度化或系統化排斥的事物，既被排斥也帶來失衡現象，混亂雖會破壞既定模式，卻也為模式提供了構成要素。混亂的相反是秩序，秩序意味著有所節制，秩序代表是一種範圍內的限制，如在所有可能的素材中選出有限的幾項東西，在各種可能的關係中，只使用少數幾種，如一夫一妻制內如有第三者會為家庭帶來混亂，對個人堅貞的操守蒙上污穢。人會犯錯，犯錯帶來混亂，知錯不再犯是一種轉機。美國創意大師曾說了一個幼年發生的故事：因為要喝鮮奶，逕自從冰箱拿，但沒拿好整瓶翻倒，滿地都是牛奶，害怕挨媽媽罵的心油然而生，但媽媽看到後不僅沒有破口大罵，反而與孩子藉機玩了起來，順勢在地上作牛奶畫，度過一段特別的時刻。事後母親與他一起清洗地板，過程中告知要小心，母親的寬容與創意造就日後的他。混亂意謂著無限，找不到任何固定的模式，它將事物格式化的慣性轉化成無限的可能。這便是為什麼人類要創造秩序，卻不會排斥失序。因為了解混亂失序會破壞現有規範，同時也明白它的潛力。混亂象徵著危險與力量。歷史告訴我們，有時一國之君或一個企業組織管理者會讓屬下內鬥競爭，造成混亂的局面，但混亂之後又有新的平衡，直到下一次。

二、人為的混亂

　　以社會的邊緣人為例，他們在社會秩序化過程中被遺忘排斥，無處可歸。他們也許並沒有違反什麼道德戒律，但其身分無法被界定。一般的人們比喻一個好吃懶做無所事事的人稱之為「無業遊民」，社會上的確有此類的邊緣人充斥在群眾聚集的地方。每當夜深人靜或是晨露甦醒之際，必然發現這些社會的邊緣人躺臥在已停止發車的公車站牆角內與人行地下道，用單薄的草蓆做墊子，以污漬不堪的毛毯稍微地遮蓋著散發濃重體臭的身體，讓一般人見了都會避之唯恐而不及。另一種邊緣人早期被稱為「雞」、「妓女」、「婊子」，現改為「姐姐仔」、「姐姐」或「阿姐」的「性工作者」。長期以來，人們對這群社會邊緣人未曾好好地反思她們的身分建構及處境，所以潛藏在心底認為是「壞女人」形象。此外同性戀、外籍勞工、大陸新娘等都被當成社會的邊緣人，這些人都是真實生活在周遭，即使我們刻意地淡化彼此差異，也不能掩蓋或阻止生活在這裡的人們生活上與文化上日漸分歧的事實。一般所謂的好人是在社會道德、規範內的人；一般所謂的壞人是違背社會道德、規範的人。在社會道德、規範外的人是邊緣人，一群中間的人。這也提醒我們也有一群所謂的好人，遊走法律的邊緣欺騙沒有戒心的人。清潔與污穢、好人與壞人、愛女生的男人與愛男生的女人，是讓我們相當清楚明確的，我們感知的一切都被規範定型，而身為感知主體，我們大抵與這些模式的形成脫不了關係。身為感知主體的我們對不和諧的事物則將之排除在外。它們若被接納，原有的認知結構就必須修正。隨著學習過程的推進，一旦事物被貼上標籤，事物在未來更輕易被擲入既定的框架。

　　有關模糊或曖昧不明的狀況令人心煩鬱悶，被提名奧斯卡金像獎的影星，心理有類似煎熬的經驗：得獎了要上台講感言致謝詞，沒有得獎也要有心裡準備。以母親腹內的胎兒為例，會是男生亦或是女生；會平安產下，或是胎死腹中；它的現狀曖昧不明，因為沒人能確

定它的性別或者它是否能平安度過嬰兒期的種種危險。尼亞裘撒族人
（Nyakuysa）有胎兒會帶來危險的想法。他們相信懷孕的婦女若接近
農作物，該作物的產量便減少，因為她體內的胚胎貪婪無度地攫取了
穀物。若沒有先做表示善意的儀式動作來避凶，她不得與任何在收割
或釀酒的人交談。他們把胚胎說成「張著大嘴」攫取食物，並說這是
「體內的種」和「外面的種」之間無可避免的纏鬥：「肚子裡的孩子
……像巫婆；它會施展巫術毀壞作物；啤酒變味難入喉，穀物不發，
鐵匠的鐵難打，牛奶味道也不佳。」（Douglas, 1966）甚至是胎兒的
爸爸也會因妻子懷孕而在打仗或狩獵時遭遇危險。人類對尚未看到、
但即將來到或即將失去的等待過程都有這種曖昧不明的感受，有經驗
的人可以預測下一步會如何，但對無此相關知識的人則訴諸其他管
道，尋求心靈的平靜。

　　簡倪樸把社會看成一個有許多房間與迴廊的房屋，人在其中穿梭
出入是危險的（引自 Turner, 1969）。危險來自於轉接的狀態；就因為
轉接本身模糊無法定位，它既不是原先的狀態，也仍未形成新樣態。
處於轉接狀態的人本身有危險，可能會影響他周遭的人，但可透過儀
式化解；儀式確切地將過渡人與原先的身分兩分，隔離他一段時間後
再公開宣稱他正式進入新階段。

三、自然的混合

　　在原始文化中，天災不像人禍那般影響深遠，天災帶來的毀壞舉
世皆同，旱災與水災一樣帶來飢荒、傳染疾病、破壞原來的土地結
構、生態環境；人禍帶來傷亡、童工剝削、衰老孱弱——各文化對這
類經驗的感受大同小異。但每個文化有其獨特法則來統理這些災禍的
來去，如舉辦儀式或看風水以避免災害。個人行為被用來解釋此人為
何遭殃倒楣，因此若要了解天災人禍的發生，便必須從各種個人介入
他人命運的方式分門別類來進行。人禍所帶來的污穢，更影響生活。

　　污穢破壞的力量存在於意念結構本身用以懲罰違反象徵系統規制

的行為，拆散原本該被結合的事物，或連結該被分隔的事物。由此推之，如果沒有明確界定的天理人常，污穢破壞這樣的危險是不可能發生的。污穢破壞的始作俑者需負全責。他犯下某種失誤，或僅是跨出某條不可跨越的界限，而此位置錯亂為他人帶來危險。不像魔法或巫術，散播污穢乃是人與動物皆具備的能力，並不只有人類才會造成污穢。

肆、污穢意識有助於維繫現在的道德體系

Douglas（1966）認為污穢意識提供一種制度化懲治惡行的方式，這便是維繫現存公認道德體系之道。當某一狀況用道德標準難以明判之時，污穢意識可作為事後判定此狀況是否構成侵害行為的準則。道德原則互相衝突時，污穢邏輯能藉著提供簡明的焦點來減少混淆困惑。當某項行為被認定是敗德，卻不能挑起眾怒時，深信污穢會造成傷害性後果的想法具有誇張該惡行嚴重性的效果，並可將輿論引領至正義的一方。如果沒有實際的制裁行為來強化道德感時，污穢邏輯可以用以嚇阻犯罪。

某些污穢後果嚴重，不容始作俑者倖免無事。但大多數的污穢有非常簡單的化解方式，例如各種儀式，像反向操作、解開死結、埋葬、清洗、擦拭、薰香等等，只要少許時間及力氣便能將它們適度地去除。道德犯罪能否去除取決於受害者的心態及復仇的快感。某些逾越失禮造成的社會影響擴及各處難以彌補。彌補過失的和解儀式具有儀式本身改造的效果。這些儀式有助於遺忘往日過錯，並有益於培養正當意識。試圖將道德過錯淡化為可立即用儀式去除的污穢越界，這樣的努力對社會整體而言必然有其益處。馬太福音「入口的不能污穢人，出口的乃能污穢人」、「唯獨出口的，是從心裡發出來的，這才污穢人」、「污穢的言語一句不可出口，只要隨事說造就人的好話，叫聽見的人得益處」，所要表明的是舌頭就是火，在我們百體中，舌

頭是個罪惡的世界，能污穢全身。東西方都有共同的看法，不管什麼樣的人，來自什麼樣的文化，謹言慎行是避免造成污穢的方法之一。語言是一種象徵儀式，說合宜話的如同金蘋果掉在銀網子裡，「合宜的」語言沒有高低之分，也沒有社經背景的差別，倒是與個人修養有關。

第 13 章
人類的性和性教育

在人類當中，男性與女性之間的互動關係不僅止於偶爾的性行為或食物的分享而已。事實上，男女的關係已是社會生活大部分層面的核心所在。每個人類社會均已發展出各種制度來規範這種兩性關係，如在兩性愛情關係中異性相愛在大部分的社會中是屬於常態，並且不鼓勵雜交。

　　人類學家在不同文化間針對性方面所做的研究已揭露了許多西方社會的民族自我中心偏見，並證實了看似脫離正軌的非西方式的性行為，事實上也存在著理性道德的架構（Howard, 1993）。性衝動和此衝動所形成的附屬物是形成人類社會的根本。它們是生物繁衍的基礎，亦是促使社會緊密結合的部分力量。然而，性衝動也扮演著某些相互矛盾的功能，例如它們會加強個人之間的結合，同時也會帶來競爭、沮喪和罪惡感。為了避免產生混亂，人類必須在這些壓力與矛盾中建立一定程度的秩序。

第一節　性秩序和性定義

壹、由社會性來決定而非由生物性來決定性秩序

　　在文明社會中的人們大都試圖去控制生物性的衝動，並嘗試建立一個由社會性來決定而非由生物性來決定的性秩序。每個社會對於性活動的限制程度、限制範圍以及合理性伴侶的定義都各有不同。然而，大部分的群體均已針對這些限制訂下遵循的制度。較常見的情形是社會對性交限制只束縛已婚的配偶，並且限制一個人終其一生可以完婚的配偶數（Schneider, 1971）。在崇尚女性童貞觀念的地方，人類會發明一些試驗來證明女性婚前的貞潔。例如，在許多回教國家以及部分歐洲地中海一帶的國家中，婚禮過後他們會展示新人床上染血的

床單以「證明」這位新娘是處女。並非所有社會對於性關係都有種種限制。事實上，在社會規模與限制之間似乎有某些連帶關係。和大規模社會比較起來，小規模覓食和農業社會的性行為通常較開放，特別是指婚前的部分。

貳、性的意涵

性是一種權力，性行為及其意識形態的一個重要部分就是它們和神權與世俗權力間的關係（Howard, 1993）。在許多社會中均可見到性與宗教信仰及儀式間的關聯，這種關係可將性視為一種負面、具有威脅性的力量，但也可將性視為一種正面、可促進生活富足與生產力的力量。這種由宗教觀點切入負面或正面的概念、看法與態度在同一文化中並不一致，在貝里斯南部許多 Kekchi 人和 Mopan 人在清理農地和種植穀物之前與之後的某個時期會避免性交，以防止玷污並確保穀物的成長茁壯。聖經上也有類似教導，如利未記 15:24「男人若與那女人同房，染了他的污穢，就要七天不潔淨；所躺的床也為不潔淨。」然而，對於 Kekchi 族和 Mopan 族的某些觀點而言，他們卻有全然不同的作法：一對夫婦可能會在播種的前一晚在房子的每個角落模擬或實際性交以提升其農作物的生產力。在一個單獨的信仰系統中，對性的態度也會隨狀況之不同而異，例如，羅馬的天主教強調教士和修女的貞潔，但對於一般信徒卻鼓勵其生育。同樣地，在許多美拉尼西亞的社會中，對男女之間的性行為多採負面態度，但偶爾這些社會會對男性之間的性行為抱持正面的鼓勵態度。這樣的情形廣見於強調男性良師關係（mentorship）的社會習俗中，而男性良師關係主要是強調男性體液所代表的權力（Herdt, 1984）。

在非宗教的範疇內，性關係常能反映出一個社會之權力的本質與分布。性為那些希望展示和爭奪權力的人提供了一個舞台。因此，男性和女性的相對地位就經常是藉由性行為本身來展露。例如，

Mundurucu 的男性在想法和公開行為上常顯露出男性優越的概念，而這個觀念也帶入他們的性行為當中：他們想要與婦女媾合時，他們會說這是婦女們的要求，否則就不和她們發生性行為。

在密克羅尼西亞的 Truk 社會中，性行為上男性占優勢，但 Truk 的婦女卻非扮演屈從的角色。Truk 社會的男性會試圖藉由性事方面的勇武所建立的名譽來達到一種陽剛的形象。然而，勇武並不是單純地以征服對象之多寡或生育後代的數量來衡量。權力也是影響性伴侶的重要因素，特別是在那些地位與財富差別甚鉅的社會。在 Nova Scotia 或 Alabama，一個貧窮的黑人男性要和一個上層社會的白人女性發生性關係的機率是不太可能發生的，因為他們生活在不同的社交圈而且社會價值觀並不鼓勵這種膚色不同而產生的性關係。然而，不同社會階層間的性關係可以策略性地用以剝削或平衡這種不平等。在剝削這種不平等方面，位處社會高權力階層的男性常能運用他們的社會地位來換得某些性優勢。譬如，歐洲中世紀貴族就會藉由貴族的合法權利（droit de seigneur）的說法，宣稱自己有權可以和社會地位較低、新婚的婦女在其和丈夫圓房前發生性關係。

參、性行為和社會階層

不論東方或西方，位於下層社會的女性若想向上流動，性可視為她們獲取財富和社會地位的一種方法。在十九世紀奴隸制度廢止之前，對一些巴西和美洲其他地方的女性奴隸來說，成為主人的情婦是她們脫離農奴艱困生活的少數方法之一。早期在西方工業化國家中，這種情況較不嚴重，但許多低階層劣勢團體的成員仍試圖與地位較高的團體的成員發生性關係，以逃離因社會地位所帶來的困苦生活。時代的變遷，婦女不再只是想做情婦，嫁入貴族或豪門是許多年輕女孩的夢想，認為身分地位就此會不同，財富也會跟著來。即使英國戴安娜王妃事件，與許多演藝人士嫁入豪門後發生家暴事件或先生不斷讓

第三者有介入的機會，不像愛情童話「從此過著幸福快樂的日子」，一些社經地位低一階的婦女透過結婚想向上流動的動機還是沒有因為時代、文化改變，結果也不因為時代、文化改變。貧窮國家的經濟現代化也會影響性關係，尤其是妓女的地位和一般人看待她們的態度（Alam, 1985; Mink, 1989）。雖然經濟現代化為婦女提供了很大的自由以及離家外出工作的機會，讓她們可以跳脫傳統男性主宰的模式，但是，經濟的發展也導致了傳統上提供婦女支柱的來源（如：家庭和鄰居）的日益減弱。此外，也會破壞某些傳統的婦女角色，一如妻子、姐妹和母親，轉而強調婦女是性愛求歡的對象。而這種「婦女的性化」（sexualization of women）也可能進一步對婦女造成不利影響，例如，它會鼓勵男性拋棄年老的伴侶，轉而追求年輕且外表更具吸引力的女性。

有研究者認為貧窮國家的父權制度下，男性掌控了經濟與物質的權力，這個事實對性行為造成了影響（Basow, 1992），父權的主要影響是，若女性想要獲得經濟與物質的安全感，必須透過婚姻或是賣淫，以性的本錢交換。女性賣淫引起社會最大的爭議性是道德問題，包括有幾種情欲模式的想像：濫交、不是有愛才有性、以性換取金錢及其他利益、「一夜情」，以上皆完全違反了性只可以發生在婚姻關係或深厚的感情裡，打破了用來傳宗接代的功能，以及破壞了女性的特定形象和角色。至今文明的國度仍舊有所謂的紅燈區，早期女性因為貧窮的緣故從事此行業。隨時代的演進，從事此行業的人不再局限於女性，有越來越多的男性也加入，男女共同的理由與「金錢」、「物質」、「虛榮」、「解放」脫不了關係。道德主義者的立場認為性生活只應在婚姻關係內或有深厚感情的基礎下才可以發生，認為這些人為了少許利益而出賣自己的尊嚴，將自己的能力用在卑賤的用途上。性視為職業會影響社會的道德價值，令人以為性跟金錢掛鉤並無問題，對家庭對性更隨便，在意識形態層面有很壞的影響。西方浪漫主義者強調女性的性是需要解放以體驗快樂，並要從男性的壓迫中獲

得自由。但有些浪漫主義者基於性學道德上認為偏離於婚姻以外的性是不可為，並批評女性賣淫是體現及鞏固男性對女性的壓迫，這種買賣關係更突出女性是完全犧牲自己去服務及滿足男性的性欲望，而女性的意願卻被忽視了。

任何社會事件都有正反面的看法，甚至多元的看法，如果女性或男性從事性相關工作這個問題是不可能短時間有所改變，我們是否可不從批判的角度來談對或錯。若從關懷的角度正視問題，這一群希望工作的人，若沒有一技之長，真的不得已必須從事此行業，是否可以用更嚴厲的法律規範店家，例如禁止雛妓或未成年賣淫，美國有些州夜間警察會巡邏相關場所避免未成年賣淫或販毒。是否可以利用法律保障某些權益如顧客打劫、遇客人於性交途中脫去安全套、性交後收不足錢、甚至遭顧客強姦等問題。一些先進國家已開始實施相關措施，即行娼不僅已變得合法，還備有其他行業或工作的基本特徵：有公會、有行規、講究工作或買賣的道德等等，凸顯性工作是一份在社會上有勞工保障的工作。

在生物功能的掌控上，父權制度下的節育、懷孕及新生兒出生等法律與制度，大部分是由男性制定與執行，因此許多女性無權控制自己的身體。父權社會也藉著「強制的」異性戀來限制男女的性行為，男同性戀者與女同性戀者被視為脫軌而且受到嚴厲的責難。父權制度藉由性欲的支配與服從來影響性的關係。即使是同性伴侶之間的性關係也會被視為一種支配與順從的關係（夫[butch]與妻[femme]），但是證據顯示許多同性伴侶是在平等的基準上彼此對待（Howard, 1993）。以往同性戀都被當成是破壞社會集體的偏差份子，隨著多元價值觀與尊重差異，歐美有些國家開始實施同志公民權，強調包容差異、實現差異的理念。廣義的同志公民權不單是爭取同性相愛與情欲的權利，更重要的是對所有情欲主體的權利保護，因為在生命的各個階段，人們都有可能體驗不同性別、不同形式的情愛關係，透過各式各樣親密關係的建立來豐富自我的意義，跟所愛的人共度生命，跟朋

友分享生活種種，父母不會因爲子女的性傾向而痛苦，甚至形同陌
路。同志社群與多元的世界分享彼此的意義，期待在生活的每個層面
都能擁有基本的保障，安全且不虞匱乏，這應是人類社會「互相尊重」
的實踐。在不同的文化中，兩性各有不同的性腳本，而這些腳本經由
社會化納入個體對自己本身的觀念中。我們可以將性視爲一種社會建
構。從跨文化和歷史的證據中，揭露了性腳本的社會文化基礎，尤其
是父權文化，不僅塑造性的腳本，而且也塑造了我們在性方面的所有
定義（Basow, 1992）。

肆、不同文化對性行爲的看法

　　初步蘭島（Malinowski, 1922）的島民和澳洲的 Yolngu（Howard,
1993）人允許兒童之間出現性際遊戲如探索彼此的性器官的質與量是
有所差異；但這些性遊戲在美國是強烈制止（Basow, 1992）。波里尼
西亞的 Mangaia 和阿根廷的 Pilaga 的印地安人對婚前性行爲非常鼓
勵，但蘇門答臘北部的 Batak 和美國是大力反對（Howard, 1993）。
Mangaia 對婚後的性活動有極大的自由，不反對婚外的性關係，但
Batak 則是完全一生一婚制，美國則是一夫一妻制，但不限一生一
次，一生可以結婚也可以離婚，最有名的美國影星伊麗莎白泰勒曾經
結婚八次。性活動本身的重要性範圍從極度重要像是土魯克群島
（Malinowski, 1922）及 Mangaia 人，到非常不重要與次要的如新幾內
亞的 Arapesh 人。不同族群對同性性行爲的態度有所不同，美洲的摩
哈比族群印地安人是接納的，美拉尼西亞人則鼓勵持續性的雙性性關
係，在美國與尼加拉瓜則幾乎是全然的拒絕。

　　然而台灣對性行爲的看法呢？李亦園曾提出「父子軸」的家庭關
係，針對彰化縣劉和穆「娶」了十二房妻妾後，想再討第十三房，爲
大眾媒體揭露的故事（1992b），探討色情文化的根源。他根據許烺光
對中國人行爲的有趣理論，認爲中國人的家庭成員之間都是以父子關

係爲行爲典範，而傳統的中國父子關係的特性歸納起來共有四點：(1)延續性；(2)包容性；(3)權威性；(4)非「性」性。於此特別提出非「性」的特性，用以解釋今日社會上常看到的一些色情有關的現象。在「父子軸」的家庭關係中，父子同性，因此以之爲範型的文化，有意無意地忽略兩性的差異，這就是非「性」的特性。在美國則是以夫妻爲範型的文化，夫妻代表不同的性別，特別強調兩性的差異，以及其相互的關係。所以在美國人的心目中，「性」不是神秘的。男女的親密行爲不必躲躲藏藏，在公開場合裡夫婦或情人都可以表達親密的行爲，性不是被壓制或忽視的。

在很強調非「性」的中國傳統社會裡，個人性別的特徵常被抑制。特別是女性的服飾、體型或姿態都儘量不表露「性」的特徵，性的表現是不受鼓勵的，與性有關的事都以道德的立場來衡量。性成爲一種罪惡不能公開，也不能用之教育下一代；一切有關性的事都要遮蓋起來，或用替代方法轉移，性成爲一件神秘的事。非「性」文化在另一面的延伸，則是特殊色情行業普遍，所謂特殊色情行業，就是一些表面上與「性」無關的行業，然而卻是藉以進行性交易的場所（李亦園，1992b）。在台灣，最典型的莫如理髮廳、理療院（藉治病之名）、咖啡廳（藉喝飲料之名）、MTV（藉視聽之名）、檳榔攤（藉買檳榔之名）、援助交際（藉金錢援助之名）等衆多名堂的地方，而且不斷有新的名詞出現。李亦園認爲越把「性」神秘化，越想阻止性的自然表達，性的禁忌就越多，性的正確知識就越被歪曲，倒過來反而助長了無知的性行爲，助長了色情行業的更形猖獗。

伍、當下各國的性行爲

有一份跨文化的性行爲研究，是由戴銳斯保險套公司（Durex）一年一度的全球性調查報告，這份研究爲學術研究所詬病的是樣本一直不夠多、採樣平均也有爭議性、問卷設計不周延，然這是目前難得

的跨國跨文化研究，可以提供給我們一些參考。每年有超過二十多個
國家或地區接受調查，問卷的問題由有關性教育的來源、在性行為方
面、避孕及性病預防、有關性偏好方面等四個面向來分析。以 2001
年為例，全球有五分之一的人希望主要從學校獲得性知識，其次是母
親（19 ％）、書籍雜誌（13 ％）和朋友（13 ％）。女性有高達 31 ％
（遠超過學校的 22 ％）希望媽媽是主要的性教育來源，希望父親是性
教育主要來源的人只占 7 ％。

　　在性行為方面全球人們初次發生性行為的平均年齡為十八歲，不
過十六至二十歲的族群，平均在十六歲即開始有性行為。美國人仍是
全球最早有性行為的人，中國大陸則是最遲的，台灣以 20.6 歲名列
倒數第二。有關性伴侶的數目，是指有生以來的性伴侶人數，不是
「多重性伴侶」，2001 年全球有性生活的人們平均有 7.7 位性伴侶，
其中最多的是美國的 14.3 人和法國 13.2 人，台灣是平均 3.3 人。在
性行為的頻率方面由於各國景氣低迷，失業、減薪、工作壓力，加上
對愛滋病的擔心而變得相對保守，這些都減少了「性趣」。

　　在避孕及性病預防方面，全球有四成的人以保險套為主要的避孕
方式，尤其十六至二十歲的年輕人 64 ％是保險套愛用者，而 45 歲以
上卻只有 26 ％。台灣人有 58 ％愛用保險套，僅次於日本和希臘，和
西班牙並列第三。有關愛滋病的預防，全球 45 歲以上的人有半數未
採取任何防範措施，比年輕人危險得多；而台灣人有 59 ％如此，是
全球最嚴重的地區之一，這和國人有同樣高比率的保險套愛用者似有
矛盾之處。

　　有關性偏好方面調查了最希望做愛的場所，結果全球受調查的人
中，27 ％希望在海灘，其次是按摩浴缸、SPA 或熱水澡（24 ％），
再次是樹林中（11 ％）。台灣人喜歡做「車床族」的偏多，變成一種
特殊的性文化。台灣地區有關網交的調查，顯示四成的民眾可以接受
網交，其中男性還高達 56 ％。有二到三成的人認為網交可以解決性
壓抑、達到安全的性滿足，比性交更能滿足性幻想。8 ％的人表示本

人或周遭的朋友有網交經驗，但是 7％的人表示曾與網交對象發生真正的性交，也就是說虛擬性交之後，九成左右演變成肉體實戰，而這正是國內日益增多的網路詐騙、誘姦、勒索、拍裸照案件，值得各界正視。

第二節　性教育

壹、瑞典性教育

　　國內有幾份有關瑞典性教育的研究報告，其中 1999 年夏天清華大學人類學所研究生楊佳羚（2000）到斯德哥爾摩去蒐集與性教育相關的資料。回到台灣後，寫下一篇介紹瑞典性教育的文章。以下將簡介該篇文章的幾個重點提供我們對青少年性教育的思考，這一篇報告對有關性教育的核心價值提出重要的概念。作者指出在一九四〇至一九五〇年代，瑞典性教育的實施是十分謹慎並且「焦慮不安」的（anxiety-ridden），社會體認到性教育的重要，卻時時提醒「不可教太多，不可教太少」，對青少年的性教育強調禁欲，將性行為等同於危險。到了一九六〇年代，青少年批評學校老師在談性時都太負面了，總是警告性交會有性病、懷孕，警告女生要防範男生，談到避孕時則強調其不可信賴，完全沒有談到性的愉悅。而瑞典性教育也一直被詬病為「太生理了」，而在性教育調查委員會（USSU）於 1974 年提出進行十年的調查報告後，確定瑞典性教育應著重人際關係，在 1977年有了新的教師手冊，並且在之後的內容及方向都更動不大。

　　1942 年瑞典社會中就有「將性教育列入小學教育」的建議，1955 年，瑞典性教育成為義務，分別在 1945 、 1956 及 1977 年出版教師手冊，《可以真實感受的愛》是 1996 年最新版的教師手冊。在

瑞典社會裡同樣有避談性議題的禁忌。直到 1897 年，瑞典第一位女醫生 Karolina Widentorom 首倡性教育。 Elise Ottesen-jesen（被瑞典人暱稱奧塔[Ottar]）首倡從國小一年級開始性教育，並擔任瑞典性教育協會（RFSU）主席。奧塔的話仍是現今瑞典性教育協會及瑞典社會持續努力的目標：「我夢想有一天所有出生的孩子都是受歡迎的，所有男人和女人都是平等的，所有性關係都表達著親密、溫柔和歡愉。」所以瑞典性教育是從學生的角度出發，

1945 年一個國小老師建議教育部刪除手冊中對婚前、婚外性行為的批評，並建議以學生的感受及需要為優先考量；她的理由是：「身為老師，我知道有 13 ％的瑞典小孩在婚姻外出生，所以我不希望告訴小孩，她／他們的爸爸媽媽是不道德的人。」（Leif, 1977:20-21）她希望孩子對自己父母的認知不會因為學校教育而造成衝突，並期待學生對性有健康的態度。瑞典性教育所強調的是「讓每個人都能在其中找到自己」（Centerwall 著，劉慧君譯， 1998:25）。楊佳羚認為，在台灣我們談家庭性教育時的預設是「幸福美滿的家園」。然而，現代社會中有單親、隔代教養、離婚、分居、同性戀、頂客族等不同的家庭型態，如果我們的教學所呈現的是單一的家庭形象時，會讓學生無法在這樣的教育過程中「看見自己」。

這位老師早在 1944 年就從學生的角度出發，而瑞典政治的諮詢機制，也讓教育部認真考慮這位老師的建議。官方的回應是，將婚前性行為之批評全數刪除，但在「是否教導性行為」的部分仍予以保留。這樣以學生為中心的教育態度及瑞典教育部的善意回應，是值得我們再思考如何給與下一代正確的性教育及性關係教育，並思量哪一階段應有合宜的教導、何時給與，及家長或教師應扮演何種啟蒙角色。黃色畫報、色情廣告到處充斥，色情網站隨時可以連結，雖有電視保護級、普通級、限制級的設限，但有時裸露鏡頭不小心放映出，幼童或小學生仍會看見。大人為滿足自己的眼目欲望，開放尺度，但不良的影響也相對產生。

瑞典性教育強調基本價值與爭議的價值的概念，瑞典教育部首先區分「基本價值」（basic/common value）和「有爭議的價值」（divergent/controversial value）兩種價值觀。「基本價值」是這個社會普遍接受的民主價值，諸如包容、合作、平權、尊重真理與正義、尊重人性尊嚴、不可侵犯別人的生活並尊重個人隱私。老師必須在教學過程中，努力提升學生對這些價值的認同，因此，這時候老師與學校是有立場的。但面對「有爭議的價值」時，老師及學校就不該有任何預設立場，應保持中立的態度。教師在教導性教育時，學生可以清楚了解老師的價值觀在哪裡！瑞典教育強調學生獨立思考的能力，它並不希望學生只是服從外在權威而已。所以老師仍可以引導學生去檢視、討論這些基本價值，並納入學生的價值觀。在教學過程中，老師必須強調，當這些價值還沒有被改變之前，它仍是引領社會成員行動的準則。瑞典社會上的基本價值有哪些？以包容差異為例，同性戀和異性戀都應有平等的權利；性傾向是性伴侶及個人生活型態的一種選擇；我們不能侵犯別人的生活，也應對同性戀的隱私有所尊重。在性教育過程中，可以探討不公平的性別角色，注重種族、不同性傾向、肢體障礙、老人、監獄等機構中的人的性權利，以使社會上所有的人都能在性關係中受到公平的待遇。

瑞典社會有些議題是比較有爭議性的，教師不應用自己的立場去左右學生的決定。老師在這時應清楚呈現各種價值的全面事實，不可有偏頗立場，尤應注意不要用暗示性的字詞，留給學生獨立思考及做好自我決定。以墮胎議題為例，瑞典的墮胎法規定，在胎兒十八週前，可以由女人自身來決定是否墮胎。雖然法律的規定如此，但由於瑞典的性教育強調對性行為的思考、重視各種避孕方法的教學，因此，實際上瑞典的墮胎率極低，並且 91 ％墮胎者都在十二週前進行墮胎（Danish FPA, 1995:15）。即便瑞典法律與社會認為女人對性與生育有自主權，也希望每個孩子的出生都是受歡迎的，所以普遍接受墮胎，但教師手冊仍提醒老師，應明確呈現法律規定、贊成及反對墮胎

的雙方論點，留給學生自己去思考自己的立場何在。有 96 %的瑞典
人接受避孕，但仍有些人不接受。因此，學校從國小一年級開始教給
學生避孕知識，但同時也告訴學生，在瑞典約有一萬人覺得避孕違反
上帝旨意，所以仍必須尊重這些人的宗教信仰及其自主的決定
（Boethius, 1977:25）。

　　瑞典學校中的性教育主體是年輕人，因此應該以她／他們的經驗
爲主。不論有沒有性經驗，所有的學生都應該覺得自己被尊重，並得
到她／他們所需要的知識。青少年的性行爲應被理解及接受，從學校
得到支持與幫助。瑞典性教育是十分務實的，當青少年面臨與性有關
的問題時，瑞典在各社區都有免費且匿名的青少年門診，以供青少年
諮詢求助。瑞典藉由性教育提升民主社會中的基本價值，讓學生思考
「有爭議的價值」。瑞典性教育並非獨立存在，而是有瑞典社會性別平
權的法令、社會福利措施的整體配合。對照於台灣的性教育文本，有
許多需要探討改善的空間，如青少年的性沒有被好好討論、避孕知識
明顯不足，造成青少年避孕率低及生育率高，同時無助於價值觀的思
辨與促進社會的性別平等。

貳、台灣的性教育與兩性課題

　　前面已提到，戴銳斯保險套公司一年一度的全球性調查報告顯
示，全球有五分之一的人希望性知識的來源可以從學校獲得
（2003）。台灣社會雖已漸漸體認到性教育的重要，但對於該教什麼、
該談多少、如何教仍然有著成人的焦慮與禁忌。在現行的性教育文本
中，仍強調與生殖緊密相連、放在異性戀婚姻框架內的性，使學生們
無法在性教育課堂中看到「年輕人的性」，而把它放在「婚前性行爲」
這個範疇裡，認爲只有婚姻內的性才是唯一合法的性行爲。一般性教
育文本中將青少年的性行爲等同於性病、懷孕的危險，以「禁欲」和
「延後性行爲」爲訴求，無法和青少年好好討論如何做性決定。在避

孕方面，性教育課避談、語焉不詳或強調其失敗率，讓青少年無法取得明確資訊或沒有避孕意願。對於台灣性教育文本或性論述已有許多學者進行檢視，認爲衛教性教育過於強調性的責任與道德規範，忽略社會結構中的性別、權力關係而呈現社會文化眞空狀態及性別盲的現象。

　　台灣性教育在文本中對青少年呈現極爲矛盾的態度：它一方面認爲青少年是血氣方剛、欠缺思考的年紀，但另方面竟然要求青少年做成年人都不易做到的禁欲。當青少年不一定有親密伴侶時，「自慰」是她或他可以得到性滿足的管道，同時也是探索、了解自己身體與性欲很重要的方式。然而，性教育文本雖說自慰是正常的，但又強調「避免過度」、「避開色情刺激」、「避免獨居一室」、「打開房門」。就青少年的叛逆性來說，成人越說不，他們越說 YES。在性教育文本中，不鼓勵、不讚同青少年有性經驗，對有性經驗的青少年予以責難，甚至要求沒有性經驗的學生在朋友有性經驗時「停止和他們來往」，以顯示自己「很自尊及尊重他人」，企圖以同儕壓力孤立有性經驗的青少年。但從社會新聞事件看來，眞實生活中有一群青少年迷失在兩性關係中。每年台灣暑假過後，總在新聞中會出現「九月墮胎潮」的報導；週休二日實施後甚至還有所謂的「週末墮胎潮」。此外，台灣青少年的生育率爲亞洲之冠，台灣地區十二至十九歲未成年青少女的生育率在 2000 年爲 14 ％；台灣地區約 57.2 ％青少年與異性發生性行爲時，未採取任何避孕措施。而勵馨基金會的網路問卷調查也顯示，十五歲以下的受訪者約四分之一有過性經驗，其中近七成在二十四小時內與網友發生性行爲，逾半數在發生性行爲時未採取任何保護措施。在這些相似的新聞中，呈現出台灣青少年性行爲的現狀及社會的擔心。我們的性教育如何談青少年的性行爲？對於青少年的性決定、避孕方法的教學，究竟出了什麼問題？使得我們的青少年如報導中所述，「對避孕意志力的不足與生殖生理知識的缺乏」。其實我們需先教導孩子尊重自己和別人，性決定是屬於個人的抉擇，有性

經驗的人不能以此向沒有性經驗者「炫耀」、沒有性經驗的人也不表示比有性經驗者更「潔身自愛」。只因為個人的選擇就必須遭同儕孤立，這不但有違「尊重他人」、尊重差異的民主社會基本價值，也使得這群有性經驗的青少年必須在暗地裡摸索，無法和師長、同儕討論或求助，而更增加其錯誤決定的可能或緊急處理不當的傷害。

在台灣，很多人會擔心是否性教育會「越教越開放」，形同鼓勵學生從事性行為。然而許多研究發現，正確的知識並不會造成傷害，而且能讓人更控制自我的生活。

性教育是否有文化上的差異呢？當成人世界還在探討「為愛而性或為性而愛」時，對生理機能尚在發育中的孩子，我們應該用什麼態度來輔導他們呢？這是一件很重大的事情。通常會對男生說：「去打籃球消耗體力，又能幫助長高」，對女孩說：「幫忙多做家事，將來才能持家，相夫教子」，幫助他們分散因生理成長帶來的壓力。坊間有一些日文翻譯的漫畫書是由日本兩性學者所寫，他們為避免教條式的宣達，改以幽默的語氣來介紹男孩、女孩應該知道的生理概念，但對於心理性的概念則很少琢磨。

或許由於考試的壓力，不論它的形式是聯考或是基本學測，多少影響孩子在這方面的渴望，有些注意力是分散了，不知何謂「少年維特的煩惱」；而有些就是結交異性朋友。大多數的人除了親情、友情之外還會渴望愛情，一種單純被愛的感受，或是一種去愛的需求。無論這種愛的需求是以何種形式出現，都必須要求「尊重」他人，所以孩子更應該接受更為寬廣的兩性教育。這一次韓星裴勇俊再度來台，不分年齡層、國籍、職業的粉絲歡迎他的到來，這說明人對愛與被愛的欲求。這個欲求是可以昇華的，但是要透過良好的教育內容、老師的教學策略與情意方式來呈現。教師需審慎面對，免得畫虎不成反類犬，形成反效果。

台灣自九年一貫課程改革，將兩性議題融入正式課程。兩性教育是轉化取向的課程，從關懷倫理觀點切入；在教法上運用女性主義教

學法、批判思考教學法、合作省思等有效的兩性平等教學方法與策略，企圖打破教學歷程的性別刻板化印象，消除性別隔閡，透過師生互動提供性別平等的學習經驗，培養學生尊重異性，使之意識覺醒，建構兩性平等的概念。讓受教育者在學習歷程中能檢視並解構自我潛在的性別歧視意識與迷思，認知兩性生理、心理以及社會層面的異同，了解性別角色發展的多樣化與差異性，建構兩性適性發展與相互尊重的文化，落實兩性平等教育的真諦（莊明貞，1999）。九年一貫課程綱要指出兩性教育的核心能力，包括兩性的自我了解、兩性的人我關係、兩性自我突破。所以是希望國小與國中生透過課程的實施能夠了解性別在自我發展中的角色定位；探討性別發展與社會文化互動的關係；經由自我了解社會與文化的結合，得以重建和諧、尊重的兩性關係。

目前我國兩性教育的趨勢是希望組成兩性教育融入課程與教學發展小組，全體兩性教育教師一起構思規劃整體的學習，與在學區內、屬性相近的他校合作組成跨校課程發展小組，大家集思廣益完成規劃後，再依各校的特色或學校願景加以修正。教師是推動轉化性別意識的核心人物、兩性教育實施的重要關鍵，教師是否具備性別意識為引導學生性別意識轉化的關鍵，具有性別意識的教師不但容易察覺到周遭生活中性別角色刻板印象以及性別不公允的問題，更會針對自己本身性別意識加以省思，進而挑戰社會文化中傳統的性別角色。如此教師會將性別意識反思的成果經課程規劃、教材選擇以及教學策略運用，反映至教學環境及學生身上。具有性別意識的教師可以敏銳的覺察社會文化與實際生活中性別偏見、區隔與歧視的現象，在生活中實踐破除性別、種族與階級的區隔，更能在教學歷程中適當的協助面對與克服性別相關議題（謝臥龍，1999）。

林昱貞（2000）以深度訪談的方式了解女教師性別意識的發展、覺醒歷程與想法，同時進行教室觀察。研究敘述公立國中教師敏華的成長過程中，因為這位女性教師身體多病時常住院而得以做個十分自

由、很有意見的小孩，可是也因此成為老師、同儕眼中的特殊份子，甚至遭到排斥。因為曾經處在這樣一個邊緣的位置，使得她對於人們不能包容差異的感受特別強烈，也特別能夠體察弱勢者的需求。進入教職二十幾年，她一直抱持著「忠於自我」與「包容不同」的教育理念。敏華認為「性別平等」的概念相當重要，會考量不同學生的資質、背景、情境，針對她／他們不同的需求而施以不同的對待。例如，在國中打球場地有限，獲得資源的方式通常是用球技來一較高下，贏的人就有使用球場的優先權。那時敏華班上的女生因為球技不如男生，所以總是占不到球場。敏華發現這個問題後，就找機會和全班討論如何讓女生也可以享受相同的體育資源。

對女生而言，球場是一個充滿敵意的環境，以球技決定的球場使用權，成為一個資源取得的門檻，就算可以通過門檻進入球場，女生也足異數，必須背負比同齡男生史多等著被看笑話的輕視眼光。當男生能夠理解到女生的文化背景時，敏華提出「積極性差別待遇」的要求，學生就會很自然地接受了，而不會認為打球時要讓女生或是包容學習成就比較差的同學是一件不公平或麻煩的事情。類似的干預出現在其他事件上，像搬書這種需要體力勞動的事情如果總是用自願的方式，到最後總是男生自願的比較多。這時敏華就會做一些適度的干預，如鼓勵女生也可以自願或規定男女的權力運作關係，介入做出適度的調節與干預，

敏華認為性別平等教育的實踐絕對不單只有傳達「正確」的性別觀念或知識。強調「平等對待」、「尊重差異」的性別教育，不只教師的教學重心和目標有所轉移，教室中的權力關係和協商空間也勢必要重新調整，才能改變傳統性別權力的結構。林昱貞認為無論是種族、階級或是性別歧視的運作都不會旗幟張揚地昭舉在特定的事件或場所，相反地，通常是透過細微的方式不自覺地被傳遞、接收，不管是教室中的對談、教材、師生互動、突發事件都可以是複製父權的幫兇，也可以是抗拒父權的戰場。以敏華的作法為例，她的性別教育是

沒有時間、地點的限制，只要抓到適當的機會隨時就可以切入討論。敏華隨時激發學生的批判意識，營造以學生為主體的討論情境，並認為性別平等教育若是以教師一個人唱獨腳戲，效果不一定會比較大，若能讓同學自己去主動思考，效果會比較大，有時學生提出來的意見往往更能夠感動全場。

如果老師沒有注意到性別議題，通常男同學主導了教室中的溝通。男生不管是好求表現或喧鬧耍寶而被老師關注、指責時，女生總是習慣性地擔任旁觀者的角色。如果教師沒有意識到這個問題的話，整堂課往往會變成老師與男學生之間的對談，於是男生的發言能力在教師間接鼓勵和經常練習的情況下，更形出色，而女生更形退縮與沉默。長期以來，許多教師受到性別刻板印象的影響，而對男、女學生的行為表現有不一樣的期待。

性別刻板印象薰陶的結果，女生的沉默與男生的好動變成建構下的產物。面對這種男女大不同的上課反應，一般老師認為這是很自然的事情，敏華卻不願消極地做如是想，她希望能重新找回女生的聲音。敏華一開始的作法是儘量讓男、女生都有相同的發言機會，比如在指定學生發言時，她會男、女生交錯地點名以保持性別的平衡。「發聲」意味著一種主動參與的轉換過程，透過這個儀式，一個人從客體變成主體，因為只有主體才能說話，身為客體必須保持無聲，他們的存在只能讓別人來定義和詮釋（Hooks, 1989:12）。

以往性別教育都是以老師台上說、學生台下聽的單向溝通。近來有愈來愈多的老師重視雙向溝通、傾聽孩子的聲音。國小高年級至國中階段正值青春期第二性徵日益明顯，對自己與異性的身體充滿好奇心，會出現更強烈喜歡或討厭異性的情結，與其讓學生循不正當途徑獲得似是而非的觀念，不如公開討論。學生學習建構正確的身體概念，做自己身體的主人，了解自己身體的界限，尊重他人身體的界限。學習如何因應異性之間的感受、價值觀與行為模式，從中了解被另一個人喜愛、接觸與珍惜的快樂，進而提升自我價值。

國小高年級至國、高中階段對性別教育中最感興趣的主題，均是
兩性交往，其中包含性教育（洪久賢，2001）。兩性交往主題反映著
社會文化對性別的建構與框限，具有思辨性，在其中能思考與相互討
論對話的空間較大。「兩性教育」已被列為教育部倡導的重點教育，
但在實際落實層面上，學生依然認為有關兩性相處的課程內涵少，乃
是因以往教學較側重規範性的教導，而較少討論兩性間相處、情感的
表達、情緒的抒發等面向。因此為落實兩性教育的理念，在認知上、
情意上都應予以再強化雙向溝通的情況，了解孩子的心聲，對症下
藥，避免站在成人角度立場，錯失輔導的機會。

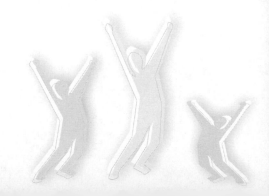

第 14 章
人類的婚姻和家庭

人之異於動物之處，在於動物的特質只關心自己的利益，但人類的心是開放給另一個人，當時機到的時候，人類透過婚姻和家庭來延續彼此的愛心。現代的人認為兩個人因為相愛而組成一個家庭，是天經地義的事。但早期東、西方的社會對於婚姻有些規定，在傳統文化中婚姻是由家庭安排，完全不是個人對個人的決定。中世紀的婚姻不是由新人來安排，而是由社會來安排。愛情（amor）這個字由後面拼過來是羅馬（Roma），也就是羅馬的天主教會，它認為婚姻具備政治及社會的本質。

　　就現代社會而言，婚姻是人生中的一個神話經驗，如果結婚是為了永遠談戀愛下去，夫妻很快便會離異，因為所有戀曲都會是因失望而結束。婚姻應該是去體認一種心靈上的契合。如果我們只專注於感官上的吸引力，便會和不合適的對象結婚。

第一節　婚姻的概念

壹、婚姻的意涵

　　婚姻是一種適應策略，不僅是一件兩個人出於愛或需要而結合在一起的事，更是人類社會的一部分、人類文化的產物（Howard, 1993）。性不單只是愛情的產品、娛樂或製造後代的工具，它是整個人類社會中相當複雜的一部分，也是一種社會和文化的現象，其重要性遠在其他事情之上。婚姻可以定義為一種男人與女人在社會認可下在性與經濟方面的結合。在某些社會裡，婚姻的定義可擴展到包含同性之間的結合。在人類社會幾近普及的婚姻現象似乎是人類面對許多問題時所提出之因應策略。許多文獻顯示，婚姻制度的存在，是為了培育下一代。人類嬰兒有一段長時間的依賴期，特別是在勞力密集和

分工不細的覓食和農業社會中,這種依賴對負責照顧嬰孩的人(通常是婦女)而言更是一個沉重的負擔,因為往往和生計活動有很大的衝突。在這個時期,看顧嬰孩的人也同時變得需要依賴他人的支助,而婚姻正是保障這些嬰孩和他的看護者得到照顧協助的最常見方式。

有些男性學者曾論道,性方面的競爭對社會的生存而言是一項繁殖和經濟上的威脅的最佳表現方式,所以人類的第二個適應問題就是有關性所帶來的競爭問題。不同於其他物種的雌性,成熟的人類女性多少在性的活動中一直扮演著生物上的接受者,這種狀況極有可能造成男性當中與女性當中出現的競爭,所以婚姻可以讓競爭者了解一切競爭情境都要停止。

婚姻可以提供以性別為基礎的社會分工,數百萬年前人類最主要的經濟適應型態是覓食,男性通常獵捕大型獵物,而女性則採集可食性植物及獵殺小型動物,許多學者強調這樣的模式恰能適切地滿足覓食社會的需求。在一些小規模的土著社會裡,女性時常以成群結隊的方式搜集食物,她們共同分擔照顧小孩的責任。男性則通常單獨或成對而且在沒有小孩纏身的情況下去打獵,因為和女性步調緩慢的覓食活動比起來,男性的狩獵活動需要更高、更快的機動性。婚姻確保了夫妻會將他們所尋得的食物拿出來共同分享。有些學者認為,婚姻在傳統上是男性操控女性的一種方式,這種情形在如今的某些狀況下仍然成立。因此,雖說女性覓食者能夠滿足自身大部分的維生需求,但婚姻卻使得男性可以獲得女性勞力的實質成果而減少他們的工作負擔。在我們今日的社會裡,有很多爭論針對家庭主婦所付出的勞力以及她們對賺取工資之男性的依賴。許多女性主義者強調家庭主婦是被剝削的勞工,她們從事各種必需卻相當瑣碎的家事,但先生卻將這種付出視為女人該做的事。

婚姻制度的適應優勢會隨著社會規模的增大而漸減,婚姻逐漸變得更具選擇性。在許多小規模社會中,成員們認定所有成人均需結婚,那些未婚的成年人不是在尋找配偶就是已經喪偶且年紀太大不適

再婚。例如，Mundurucu 的社會並沒有處女或單身漢的社會角色，凡是未婚的人都會被人以懷疑的眼光視為偷人配偶的姦夫淫婦（Murphy & Murphy, 1974:145）。至於在我們所處的這種大規模社會中，父母、親戚及同儕都會施加壓力來要求一個人成婚。但是，未婚的狀況也有可能被接受，這種解放反映了社會分工的日益精細以及親屬關係重要性的日益消褪，也促使有人會去預測婚姻制度最後將走向消失滅絕。然而，這樣的發展在近期的未來實現的可能性並不高，因為外在的壓力和適應上的優勢仍會確保大部分的人寧願選擇婚姻。

婚姻是一種聯盟的形成，婚姻很少只是兩個人的結合，婚姻使得雙方的親朋好友都受到這種新建立關係的影響，而且這項行為也有更深遠的涵義。大抵而言，婚姻結合了廣大的人群，提供了持久不衰的聯繫以及一系列廣泛社會意義的連結。例如，在加拿大東部紐芬蘭島的鄉村地區，人們因婚姻而結合成的關係網可能包括這個社區大部分的居民和一些鄰近社區居民。從群體的觀點來看，婚姻是交換人力與資源的工具，並在相互授予權利和特權之下建立聯盟。這種交換不僅止於婚禮之初人員和贈禮之互換，通常也包含了新人雙方家族對未來彼此互動的期待。期待可能小至需要幫忙時伸出援手的承諾，或大到包含一項堅定的協議以便在戰爭或政治的奮鬥中互相援助。

芬蘭著名人類學家韋斯特馬克在其著作《人類婚姻史》中，為婚姻下了一個定義：婚姻是「得到習俗或法律承認的一男或數男，與一女或數女相結合的關係，並包括他們在婚配期間相互所具有的一定的權利和義務」（引自任寅虎，1998；陳美華，2003）。在此定義下，我們可以了解婚姻必須得到社會承認。婚姻是男女結合，但不是任何男女結合都可稱為婚姻，婚姻必須得到習俗或法律的承認（如嫖妓、同居、通姦、強姦等，不能稱為婚姻），夫妻之間相互有一定的權利和義務。這種權利和義務的內容，因時因地有所不同，但主要有兩點，性的權利和義務、經濟的權利和義務。夫妻和他們的子女之間，也有一定的權利和義務。傳統婚姻的重要目的之一是生兒育女，按習

俗和法律，夫妻和他們的子女之間，要盡一定的義務，享受一定的權利，這種權利和義務，主要是相互供養和照料，當然沒有子女的兩性結合，只要具備前兩個條件，同樣爲合法婚姻。

貳、婚姻的類型

一、內婚制和外婚制

內婚制（endogamy）是指個人應與所屬群體內的人結婚，而外婚制（exogamy）則是指和該群體以外的人結婚。基本上，外婚制可以使不同的群體融合，而內婚制會使群體孤立及持續保有其特性。內婚制和外婚制的差別取決於自己群體如何界定，一般文明社會傾向於和親屬群體以外但屬同一社會經濟階層的人結婚。現今一個富裕的豪門世家不會因爲和藍領階級的人成婚而遭到拒絕，但是社會習俗和社會壓力卻會維護同階層結婚之制度，即門當互對。

家庭在文明社會中是基本的外婚制單位（如同姓氏不婚），但對象通常屬於同一個社會階層。然各個社會階層並非完全相似，在同一個社會階層內也會有不同種類的群體，而婚姻便能使這些不同的群體形成聯盟。人類社會並非均傾向於尋求群體外的通婚聯盟，有的反而會採取狹窄保守的內婚制政策，在中東和北非的父系回教民族，男性優先的結婚對象是他的父系表堂姐妹。這樣的婚姻方式確保了財產只在狹小的親屬圈中流通，同時也克服了可能違反回教法所規定的維護家族財產的危險，因回教法規定財產只能傳承給兒子或女兒。

二、配偶數目

一般而言，社會不僅會限定一個人的結婚對象，同時也會限制個人的配偶數目。在我們的社會中，某人若同時和一個以上的對象結婚就稱爲重婚者，若被抓到可能要坐牢。然而，回教社會允許男性擁

有一個以上的妻子，也有些社會認可女性可嫁一個以上的丈夫。

　　美國和其他西方工業國家的婚姻形式是一夫一妻制（monogamy），亦即指一次只能和一個人結婚。一夫一妻制不僅是這些社會的規範，還是一種強制規定，即重婚是非法的。有些社會的離婚現象相當普遍，於是個人便可能擁有一連串的婚姻——結婚、離婚、再結婚——但他們在同一時間內仍只能有一位配偶。我們將這種模式稱為連續性的一夫一妻制（serial monogamy）。有其他許多社會傾向於不限制一個人同時可成婚的配偶數目，這種同時擁有一個以上配偶的情形稱為多偶婚制（polygamy）。多偶婚制有兩種主要型態：一夫多妻（polygyny）和一妻多夫（polyandry）。

　　今日，一夫多妻的情形不如往昔普遍，但是，在一些以非基督教人口為主的國家仍然存在。例如，回教並不鼓勵一夫多妻，但《可蘭經》卻明文規定在某些特殊情況下男人可以擁有四個老婆。這些特殊情況包括戰爭，它造成了人口中女性多於男性的現象；以及女性精神錯亂、生理機能衰退或患有嚴重疾病；或妻子無法生育。

　　根據 Hazel Ayanga（1986）的調查，男性宣稱尋求第二個妻子的理由是因為元配忙於外面的工作而無法顧及家庭，因此他們需要一個教育程度較低但較會持家的小老婆。而有些男性則簡單直接地說娶小老婆只是為了好玩。此外，由於在非洲離婚是頗受譴責的一件事，而娶個小老婆就遠比和元配離婚來得容易。就婦女的觀點來看，Ayanga 寫道：「當一個年輕女性成為人家的小老婆時，她通常以為大老婆會被送走，……不過這種情形大部分都不會發生，而她永遠只是個小老婆。」（1986:10）擁有兩個太太可能造成的複雜紛爭可以藉著實際上將她們分開來避免，像讓她們一個住在城市一個住在鄉下。事實上，這兩個女人甚至可能彼此完全不認識。

　　一妻多夫制是指一個女人同時和一個以上的男性結婚，是一種罕見的結婚形式。大多數一妻多夫的社會存在於南亞，像西藏、印度、尼泊爾和斯里蘭卡。這種婚姻最常見的方式是兄弟同妻婚（fraternal polyandry），即眾兄弟共同擁有一個妻子。Levine 曾描述尼泊爾的西藏群體中這種一妻多夫的家庭。這個家庭由三代所組成，其中包括三個兄弟和他們的共同妻子以及他們的五個兒了和 個共同媳婦。在大部分的這種家庭中，最年長的兄弟通常最先結婚，他被賦與較高的地位並有操控家中大小事務的權利。在 Levine 所研究的這個家族中，兄弟們會去追溯小孩的父系起源，並對男性的後代較爲重視。不過，情形並非均是如此，像在 Gerald Berreman 所研究位於印度北部的Pahari 族中，生物性的父系就不受重視。

參、小結

婚姻的一項重要功能便是建立家庭，家庭也許叮以不需要依靠婚姻而存在，但唯有藉由婚姻，家庭方能成爲社會公認的合法實體。家庭是一個親密的親屬群體，至少包含了由雙親和子女共同組成的核心，而且它是最基本的社會單位，不僅在經濟上共同合作，還需負起撫養小孩的責任。除此之外，還有一些其他人會加入這個親子的核心，形成一個經濟上合作、撫養小孩的家庭群體，至於住所則可能共同或分開。

第二節　中國婚姻制度的演變軌跡

中國文化是中華民族延續和發展的精神支柱，它曾長期居於世界文明的前列，爲人類的文明與進步付出了貢獻，是世界文明史上的巨大財富。而婚姻制度在中華民族這五千多年的演進後，其中的過程是否爲我們人類帶來哪些啓示？對於中國婚姻的演進、風俗、型態、形式或是一些象徵意象應當有所了解，因爲它從一個側面窺探了中國古代傳統文化（影響到了現代），有助於人們多方面的認識社會，了解

人類在文化的演進中所展現的狀況。但是，在古代婚姻制度風俗中，受封建思想的影響，又不可避免混合著迷信之類的問題。因此我們在展示中國古代婚俗的全貌，汲取這方面的知識時，要用審慎的態度區分正確與否。

壹、婚姻制度的演進

一、雜婚

人類最早的社會組織是原始群。人類之初，剛剛從動物中分化出來，或尋覓山洞，穴居野處，或構木爲巢，爲了對付禽獸的侵害，獲取生活資源，抵抗大自然，只有充分發揮群體力量，聚生群處。在生育方面實行性的共有制，每一位女性屬於每一位男性，每一位男性同樣屬於每一位女性，男女交媾沒有輩分限制、沒有親疏限制、沒有後世形成的有關規則，不過母子交媾者無或甚少。

古籍中對性自由有許多記載，如：《呂氏春秋‧君覽》寫到：「昔太古嘗無君矣，其民聚生群處，知母不知父，無親戚、兄弟、夫妻、男女之別，無上下長幼之道。」所謂無夫妻、男女之別，就是無婚姻。漢王充也認爲，古代曾有一個時期，人們「亂骨肉，犯親戚，無上下之序」，即指性自由，就是亂倫。《春秋公羊傳》說：「聖人皆無父，感天而生。」傳說中，安登感神龍而生神農，女嬉吞薏苡而生禹，這種感天而生的說法，反映了兩性關係的混亂。據《四疆風土記》記載，清朝時期，新疆某些民族「男女無別，除生己之母，己之女外，皆可苟合，亦公然婚配」。這些例子皆說明了遠古人們在實行一夫一妻制之前，是難以確定生父的。此外由配偶合葬的概念可以了解家庭的關係，遠古沒有配偶合葬，人死後和誰葬在一起，反映了他們在塵世的關係，在中國已發現的原始社會墓葬中，未發現一例配偶合葬，沒有配偶合葬的現象，說明當時不存在夫妻制度或夫妻制度尚

不鞏固，此外，亦無發現父子合葬，但卻有母子合葬，這說明當時母子關係是固定的，父子關係是不明確或不固定的。

二、血緣婚

血緣婚是雜婚的進一步發展，是排斥了父輩與女兒輩、母輩與兒子輩的通婚之後，在群居生活中，以同胞兄弟和姊妹之間的婚姻為基礎，並逐步擴展至同輩，血緣婚還有更多是表現在表兄弟、表姊妹之間的婚姻上，唐末《獨異志》中記錄女媧兄妹自相婚配的故事說：「昔宇宙初開之時，只有女媧兄妹二人在崑崙山，而天下未有人民，議以為夫妻又自羞恥，兄即與其妹上崑崙山咒曰：天若遣我兄妹二人為夫妻，而因煙悉合，若不，使煙散，於煙合，其妹即來就。」在台灣也有這樣一段兄妹婚的傳說：「洪水把世上的人都淹死了，只剩下兄妹二人，妹妹要求和哥哥結婚，哥哥不同意，妹妹說：『山下岩洞裡有個姑娘』，勸哥哥與那姑娘結婚，哥哥去岩洞中，果真見到一位蒙面姑娘，結婚後，才知道那個姑娘原來正是自己的妹妹。」

三、群婚

前蘇聯學者科瓦列夫斯基和謝苗諾夫等人認為，在原始群內部，男性爭奪女性，往往打得不可開交，你死我活，為了維護族群的生存，慢慢形成了一定時間內（如打獵期間）的性禁忌，而其他時間仍實行雜亂性交，以後，性禁忌的時間逐漸延長，亂交時間逐漸縮短，終於在群內完全禁止兩性交媾。芬蘭人類學家維斯特馬克的看法與此正好相反，他認為一個群體內的兩性成員從小生活在一起，過於習慣熟悉彼此之間，不但沒有性的吸引力，甚至一想起這件事就會覺得厭惡，這是禁止內婚的基本原因（任寅虎，1998）。

也有學者認為，族群間群婚的形成是自然淘汰原則起作用，恩格斯：「沒有血緣關係的氏族之間的婚姻，創造出在體質上和智力上都更強壯的人種，兩個正在進步的部落混合在一起，新生一代的顱骨和

腦髓便自然地擴大到綜合了兩個部落才能的程度。」（Engels, 1979）
「這樣實行氏族制度的部落，便自然會相對比落後的部落占上風，或
者帶動他們來仿效自己，於是，自然界優勝劣汰的自然選擇，便逐步
廢除了族內亂交，實行族間群婚。」（Engels, 1979）

　　古時群婚的規則是成丁後才允許過性生活，禁止族內交媾而實行
族間交媾。族間群婚有多種形式，如兩個固定氏族間異性的交媾，即
甲氏族的男性只能同乙氏族的女子交媾、乙氏族的男性只能同甲氏族
的女子交媾；也有幾個氏族間異性順序循環交媾，即甲氏族的男性只
能同乙氏族的女子交媾、乙氏族的男性只能同丙氏族的女子交媾、丙
氏族的男性只能同甲氏族的女子交媾。資料顯示，當時群婚的主要形
式是兩個固定氏族間的異性交媾。

四、準偶婚

　　準偶婚的偶指的是專偶，專偶制婚姻即一夫一妻制婚姻，在專偶
前加個準字，就是階段的兩性關係形式，還不是正式的一夫一妻制，
它是由群婚邁向一夫一妻制過渡的一種形式，具有一夫一妻制的某些
特點。準偶婚本身又分為兩種形式，即走訪準偶婚與同居準偶婚。走
訪準偶婚的特點有：(1)兩性結合採取走訪形式；(2)性伴侶數量有
限；(3)經濟因素介入異性交往；(4)男方同女方親族開始有聯繫。同
居準偶婚的特點有：(1)男女同居有共同的經濟生活，但多半仍依附於
一方的親族，缺乏獨立的經濟基礎；(2)同居前沒有貞操觀念，同居後
也沒有相互的獨占；(3)可以任意離異，子女與過去一樣只屬於母親；
(4)從這種兩性關係再向前跨一步，便是一夫一妻制了。

五、一夫一妻制的確立

　　一夫一妻制的婚姻形式是在偶婚產生了父權和夫權觀念後才形成
的，父權也只有在一夫一妻家庭中才能鞏固下來，父權在控制和獨占
了自己的子女和妻子同時，也占有了財富，同樣，女子從自己的父系

家族中轉移到丈夫的氏族後，即從結婚起，便失去了從父方應得的權利，到夫家後，又同樣得不到權利上的補償，於是，自然突出了夫權，這樣一來，男子在夫權、父權方面奠定了自己的穩固基礎，開始有了向自己的子孫轉移財產的繼承觀念，開始了男權世襲的發展，這就是一夫一妻婚姻制度的主要特點。

從以上婚姻型態的發展變化，可以看出婚俗總是在向人類文明的高級階段發展，現代文明的民族必將隨著社會的前進不斷打破舊式婚俗，爲更完美的新式婚俗開啓光明的未來，這將是人類社會發展的一種強大趨勢。

貳、婚姻的形式

一、掠奪婚

即是所謂的搶婚，是一種古代婚姻形式。我國古代常有匪寇搶奪新娘的情況。隨著歷史的發展，搶婚也產生變異的形式。郎有情妹有意，也有搶婚俗，就是因爲沒有足夠的經濟能力可以辦婚宴，所以在雙方都情投意合的情況下，相互協議好，進行著這變調的「搶婚」活動，帶有喜劇色彩。

二、服役婚

服役婚是以男子到女方家服勞役爲結婚條件的。這種勞役等於男子向女方家支付妻子的身價，是對女方家失去一個女勞力的先期賠償。

三、買賣婚

買賣婚是古代氏族議婚的一種發展形式，它是男方用相當數量的財物爲代價，換取女方爲妻，因而結婚以後，妻子便成爲丈夫的附屬

物。

四、表親婚

通常又稱姑舅表親婚。這種婚俗形式是由兄弟的子女與姊妹的子女之間的婚姻關係組成。它的成立有三個民間傳統依據：(1)親上加親的觀念；(2)在財產繼承關係方面的某種聯繫；(3)古老的姑舅觀念。

五、童養媳

這是我國封建制度下的一種畸形婚姻，又稱「娃娃親」。它有兩種情況：一是家有子嗣後，又抱養或買進別家幼女，作為養女，長大後與本家子結婚，於是成為兒媳；二是沒有子嗣，先抱養別家幼女為養女，或買進養女，等有子嗣後再將養女轉嫁。

六、冥婚

就是人死後再婚，又稱作嫁殤婚，俗稱鬼婚或結陰親。

七、自願婚

自願婚是以雙方在經濟、生活、感情等方面保持著平衡與均等，不受其他外力或支配為特點的婚俗。

八、包辦婚

中華民族經歷了漫長的封建社會，封建家長制使包辦婚賴以產生和發展，給婦女帶來無盡的痛苦，是中國婚俗中又一種醜陋的習俗。

參、奇特的婚俗

一、傜族的「放牛出欄」

　　所謂的放牛出欄，是傜族地區在 1949 年以前還很流行的一種風俗，即春節前後，寨子舉行「耍歌堂」盛會，盡情歌舞歡樂。婦女們可以有一段短暫的「性自由」放縱期，大約為時三天。這期間無論婚寡，都可以和她喜愛的人唱歌調情，甚至幽會合歡。結婚時雙方只要拿個竹筒、柴刀，找幾個證婚人即可；離婚時則將竹筒剖開，各走各的。

二、屏東 Siraya 族的原居型婚姻居住法則

　　屏東的平埔族分成 Siraya 及 Tatsuo 二族（台灣總督府民政部蕃務本署， 1910 ；李亦園： 1957）。Siraya 有一種全台灣獨一無二的奇特婚俗，那就是女人在三十五歲之前必須把受孕的胎兒打掉。平均每個女人一生中有十五次左右的墮胎紀錄。伴隨這個風俗習慣的社會制度是原居型（nato-local）的婚姻居住法則。也就是說，女人在十五、十六歲結婚到三十五歲可以正式生下第一個小孩子的這段「墮胎期」，她並不和丈夫住在一起。男女在結婚後各自回原來的家住，雙方沒有任何經濟上的合作義務。夫妻關係中僅有的性行為義務，也只能在偷偷摸摸的情況下進行。男人不能公開的去見妻了，他只能在黑夜中像小偷一樣溜進女方家裡，不出聲地待到天亮前，在沒有人發現的情況下離去。 Siraya 人的性關係十分自由，夫妻之外的通姦行為十分普遍，社會道德規範並不強力禁止。男人一直到五十歲左右才搬去和太太住在一起，過著我們所謂的正常夫妻的生活。雖然這時候的婚姻居住法則似乎變成從妻居，但實際上還不如說是從新居（neo-local），因為他們通常這時候會搬到村外的園中小屋去住。有時候甚

至要有慶典，才會看到他們回到村中來。

三、納西族的走婚制

提到納西族，就讓人想起「女兒國」，因為部分地區所盛行的婚俗「阿注」（親密的朋友之謂），造成「只知有母，不知有父」的傳統，形成以女性為中心的母系社會。生活在寧蒗縣瀘沽湖畔的納西人，現在仍保存著母系社會的遺風（女性在家制度），實行走婚，雙方關係以感情來決定相處的時間的長短。通常女生在十七歲以後，就可以進行「阿注」的兩性生活了，直到不再相愛為止，可以隨時結束關係。

四、彝族的潑水搶親

彝族認為清水能驅除邪惡，送走妖魔，帶來幸福。因此，彝族新婚時一定要潑水。為能通過這個考驗，男方選派人去接親時，既要身體強壯、精明能幹，又要能招架潑水的受寒之苦，完成「搶走」新娘的艱鉅任務，因此在推薦人選時不但反覆審議，擇優錄用，有的甚至不惜長途跋涉，選拔良才。

彝族的迎親是透過「搶」的方式完成的。在「搶親」的頭一天晚上，女方向男方展開猛烈的水戰。女方用潑、淋、灌、射等各種方式攻擊男方小夥子，使來「搶親」的男方難以招架。於是男方便在天黑以前找到存水的地方，悄悄地倒掉一部分，以減輕「水」的襲擊。經過一晚上的被水潑，當早晨來臨時，「搶親」便開始了。這時，女方擁著新娘嚴格防守，嚴防男方前去「爭搶」，因此男方必須隨機應變，趁瞬間出現的漏洞，搶了新娘便跑，直跑出一、二里路才改為行走。可見，把新娘「搶」到男方家是多麼的不容易！但彝族卻認為，在這一潑一搶的婚禮中才會驅除邪惡而保證日後生活不受侵擾。

五、苗族的試婚禮俗

　　新婚女子不座夫家，這是流行在苗族的試婚禮俗。苗族女子結婚後，並不馬上與丈夫同住，而仍住娘家，直到第一個孩子出生後才到夫家長住。

肆、小結

　　在人類生命的繁衍中，家庭是一個重要的單位，由家庭的產生再繼續創造新生命，而婚姻則是在形成家庭前一種公認正規的儀式，它是過程。從遠古時代婚姻的雜交，到一夫一妻的制度間，它所呈現的內容是顯而易見的，可以從這些演進中看見人類知識的進步及人類繁衍後代的本能。從情愛的角度看婚姻，男女之間互相吸引，為了擁有對方而以婚姻的形式達成，在有家庭及小孩之後，對下一代進行新的教育，其小孩再成長也會有他的下一代，如此不斷循環，就產生了歷史的演進，因此家庭教育對人類教育而言是非常重要的一環。即使婚姻的形式是這麼多種，但是其原理卻都是雷同的。這是指較正常的情況下而言，同性戀、雙性戀、包二奶、同居等等的現代新名詞，仔細思考它是不是與古代婚姻的演進有類似的地方。

第三節　家庭

　　家庭是最基本的社會體系，而家庭最基本的特徵是具有共同居住、經濟合作及生育等特徵的社會群體。但並非所有的家庭都具有這樣的普同性，家庭在許多民族有不同的組合型態。如南印度納雅人（Nayar）行種姓制度（caste society），他們的家庭是母系繼承，孩童屬於母親的家庭，不屬於父親的家庭。女子在婚禮中的新郎只是她名

義上的丈夫，婚禮過後女子仍住在自己家，並且可以有許多愛人，這些愛人並不和她住在一起，但可能是她兒女的生父。生父與孩童關係很淺，孩童的監護人是母親的兄弟。在納雅社會，一個女子儀式上的丈夫、生活勞務的夥伴、性伴侶、子女監護人可以各有其人，互不相干。母親和子女共組核心家庭，母系親族合組的血親家族才是社會的重要單位。

壹、家庭的教養功能

一般文明社會家庭中的成年人，大都會負起教養家庭中幼小的責任。然人類社會仍存在著許多家庭不盡教養的責任，同時也存在著某些機制、機構或制度，在代替家庭負起教養的責任，可見家庭教養的功能不必然伴隨家庭生活形式發生，而教養有時發生在廣義的家庭如社區裡面。如台灣雙薪家庭越來越多，初生兒或學齡兒童送至保母家或托兒所代為照顧。此外家庭構成的法則涉及婚姻規則、居處法則、繼嗣原則，這些法則對家庭的形成、成員的地位、居住的安排都有關係，也間接影響兒童的教養。

蘇丹努爾人的寡婦與任何人再婚時，生下的子女仍以第一個丈夫為法定父親。富有的老夫可以「娶」一位少女為妻，而少女可以有異性男友，少女與她的情人所生的子女必須以老夫為法定父親，可以繼承老父的財產。努爾的男人可以有妻有妾，但他對妾所生的子女沒有合法的權利（Evans-Pritchard, 1940）。尼羅河三角洲的歐奎喀伊柔族（Okrikaijo）的婚姻有兩種形式，端視男方賦予女方監護人的聘金多寡而區別。丈夫若付一大筆錢，則他可擁有妻子及妻子所生子女的專有權；丈夫若付一小筆錢，則僅得到性關係的權利，妻子的監護人保有她的子女的法定權（Howard, 1993）。

在我們的一般認知中，家庭關係在婚姻關係之後。婚姻關係是一種協議和契約，其中規定婚姻雙方的性關係、子女關係、財產關係。

當然，婚姻制度相當程度的規範了父母子女的角色、權利與義務，父母或其他的教養者在扮演這些角色時，已把社會規範攝入，而兒童在學習這些關係的過程裡，也開始獲得社會化的經驗。家戶結成較大社區的一個重要關鍵就是居處法則，婚後新婚夫妻住在哪裡會對社群產生累積性影響。一對夫妻結婚後，妻子去和丈夫及其親人一起生活叫「從夫居」（virilocal residence），丈夫去和妻子親人一起生活叫「從妻居」（uxorilocal residence），和雙方家族分開居住叫「從新居」（neolocal residence）。從兒童社會化的角度而言，居所靠近某一方親屬則比較會受到這群人信念與價值觀的影響，若是從新居則可能受父母的影響較大。

　　繼嗣（descent）制度的形成，主要是人類為解決財產所有權的問題，於是透過結盟、交易、政治安定等策略，決定以祖先來界定社會的範疇。所以對土地、財產、地位的所有權加以制定規則，限定繼承權，只讓少數後代有繼承權。「繼嗣」用來規定該團體的成員所能獲得的地位、權利和義務。根據人類學資料顯示，繼嗣制度分為：(1)父系繼嗣制度（patrilineal descent），這是最常見的繼嗣原則，如漢人社會；(2)母系繼嗣制度（matrilineal descent），如荷皮（Hopi）印地安人；(3)兩可系（又稱並系，一個人也可加入父系，也可加入母系）繼嗣制度（cognatic descent），如西太平洋所羅門群島槐歐族（Kwiao）；(4)雙系繼嗣制度（bilateral descent），如奈及利亞的雅考族（Yako），從父系繼承不動產及祭祖的儀式，從母系繼承動產及豐收祭的儀式。繼嗣制度當然會影響人們對兒童的教養，如漢族傳統上以男子繼承宗祧，因此較容易出現重男輕女觀念，以致形成對女兒的教養較為偏忽。台灣的排灣族社會注重長嗣繼承，所以在教育期望或生命機會上，沒有因為性別而產生的差別待遇。

貳、中國的家庭

許烺光先生有關中國民族性的著作甚多，其中最重要的有《祖蔭之下》（*Under the Ancestor's Shadow: Chinese Culture and Personality*, 1948）、《美國人與中國人》（*Americans and Chinese*, 1965, 1972）、《氏族、階級與俱樂部》（*Clan, Caste and Club*, 1963）以及他所編的兩本書《心理人類學》（*Psychological Anthropology to Culture and Personality*, 1962）和《親屬與文化》（*Kinship and Culture*, 1971）所載的長文。

根據許先生的研究，中國的社會結構是以家庭為基礎，家庭中的成員關係是以父與子的關係為主軸，其他的人際關係都是以此主軸為出發點。父子的關係不但發生作用於家庭之中，而且擴及宗族，乃至於國家，中國古代的君臣關係，實是父子關係的投射。由於中國社會的背景所孕育，中國人的性格因素首先是服從權威和長上（父子關係的擴大），再則是各守本分。生存於宗族關係極濃的情況下，每一個人各有其一定的地位和關係，在這種關係中，個人不必也不能表現自己的才能，所以中國人的性格較趨向於保守和不喜變遷，不鼓勵個人表現；再進一步而言，由於個人始終生活於濃厚的親族關係圈中，因此就養成一種相對的宇宙觀，這也就是一般所說的中庸態度。

許先生所刻畫的是較早期傳統的中國人性格，最少他所根據的材料是較早時代的，李亦園、楊國樞也做了若干有關我國民族性的研究與討論（參看李亦園、楊國樞編，《中國人性格——科際綜合性的討論》, 1972），我們覺得許先生所描述的中國人性格中有些基本特點仍根深柢固地保存在現代化的過程中，有些是相當構成現代化阻礙力的（李亦園，1992a），有些則在長遠的過程可能成為最合適的因素。所謂權威性格（authoritarian personality）通常說來包括幾種特徵：

1.不加批評地服從權威。

2.相信命運。

3.嚴格遵從習俗，不輕易變遷。

4.認同於有權力的人。

5.沉溺自我想法，過分維護自我尊嚴。

6.二元價值判斷。

這些特徵顯然都不是能夠適應現代社會生活的，假如我們要把我們的社會很快地帶上現代化的路程，這種權威性格的特徵非努力加以改變不可。另一點關於家族觀念的特徵，也很明顯是值得考慮的。家族觀念本身並非一個不好的特徵，但是家族觀念的過分擴大，就妨礙到現代化社會的發展了。

第四節　家庭結構及其變化

家庭教育仍是教育主要的一環；即使學校教育發展如今日，學生入學以前相當長的一段期間完全在家庭接受家庭給予的社會化或教育，入學以後至少也有三分之二至二分之一的時間留在家裡，個人受家庭的影響不言可喻。因此家庭結構變遷不僅影響家庭份子之間的互動，以致影響家庭教育的意義，進一步也將影響家庭教育的進行。

壹、家庭結構及其類型區分

一、家庭結構

家庭是由於血統、婚姻或收養關係所構成的一種團體。就其結合而言，它是一個社會團體；就其結合的法則或體系來看，它又是一種

社會制度。構成家庭的一群人常以親屬關係（kin relations）、財產共有（ownership of property）和經濟需要（economic need）彼此相互聯繫著。

　　通常個人自出生至老死會經歷兩個家庭，一個是導育家庭（family of orientation），一個是生殖家庭（family of procreation），前者是個人出生所在的一個家庭，是由個人父母兄弟和他自己組成的；後者是個人成年結婚另外成立的一個新家庭，由個人自己、配偶及其子女所組成的。其情況如圖 14-1。

二、家庭結構的區分

　　家庭結構類型可以由若干觀點來區分：

(一)就組成份子來區分

　　1.人數多少是一個區分的依據，一般統計所說的平均戶量即指此而言，如父母和二個小孩，一戶共有四人。

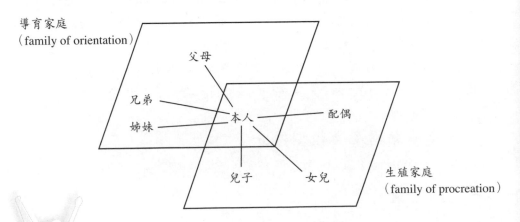

圖 14-1　導育家庭與生殖家庭圖

資料來源：林生傳（1999:164）。

2.份子淵源系脈也是一個區分的依據，單系家庭如父系家庭或是母系家庭；抑或雙系家庭。在我們社會以父系家庭爲主，母系家庭及雙系家庭較少。

六○年代有一群人類學家在印尼的爪哇島上從事社會人類學的調查，他們認爲爪哇人的基本親族構成原則是「雙系的」（bilateral），在這種雙系社會中缺乏較大、較固定的社群如大家族、宗族或氏族可作爲初期資本聚集的基礎（李亦園，1992a）。在東南亞各地的雙系社會中，到處可看到一個一個小家庭作爲一切經濟活動的單位；農作、販賣等等都是小家庭的小本經營。貨物的集散也都是零碎枝節，這種因社會基本結構原則而成的小規模經濟活動，很顯然與現代化經濟所必需的條件——機械化（mechanization）、標準化（standardization）和集中化（centralization）不能配合，這是印尼和其他東南亞國家在現代化過程中所遭遇到的一項困難。

「雙系社會」在社會人類學家的意義上與另一名詞——「單系社會」（unilineal）是相對的。單系的社會僅僅對父系一方或母系一方的親屬特別重視；例如中國社會是父系的單系社會，我們特別重視父親一方的親屬，而忽視母親一方的親屬；父系的親屬常構成一強有力的群體，一般稱之爲氏族或宗族。相對的，雙系社會的人並不單獨著重哪一方的親屬，而是同等對待父母雙方的親屬，因此不可能有像單系社會那種以一方親屬所組成的強有力親族團體存在，這也是使雙系社會的組織較鬆懈的原因。

在社會組織鬆懈的雙系社會裡，人與人關係的行爲法則也較鬆懈，尊長與卑輩之間的關係並不如單系社會那樣嚴格。換言之，單系的社會常組成各種不同的親族團體，團體內尊長的權威固定而有效，而雙系社會則適於自由發展競爭的經濟。以東南亞各國經濟發展的情形而論，印尼和緬甸兩國都趨向於政府集中控制的經濟，特別是印尼更爲明顯，但是這兩個國家的經濟情況都遠較以自由經濟政策爲主幹

的馬來西亞、菲律賓等國落後，從這種情形看來，一個社會的基本結構原則實是經濟發展的一個重要因素；同時，此一因素的作用並不限於經濟一方面，經常也對政治、教育型態等方面有相當大的影響。

(二)就整體結構來區分

　　國外家庭社會學家或社會人類學家慣常於將家庭區分爲核心家庭（nuclear family）、擴展家庭（extended family）、多個家庭（polygamous family）。核心家庭是指父母與其未成年子女住在一起的家庭，子女成婚之後又另闢新的核心家庭，由一個男性、一個女性和他們的小孩所組成。這種群體並不是那些實行一夫多妻制或一妻多夫制的社會中理想的狀態，而且在大部分的單線親屬群體中，核心家庭也不是一個正常的組織。一夫多妻的婚姻型態建立了一夫多妻制家庭（polygynous family group），其中包含一位男性、他的妻子們以及他們的小孩。在有些情況下，這樣的家庭群體成員會同住在一幢房子內，每個妻子可能有各自的領域並以掌管的火爐爲中心。然而，這樣的居住安排常會加劇彼此間的緊張情緒，故擁有共同丈夫的各個妻子常會分開居住。於是，便造成了許多以女性爲中心的住所，當中住著一個妻子和其所生的小孩。

　　至於一妻多夫制則建立了一妻多夫制家庭（polyandry family group）。這種家庭的成員包含一名女性、她的各個丈夫以及他們所生的小孩，這些成員可能同住在一個屋簷下，或是丈夫們聯合起來共同居住在另一個獨立的專屬男性的小木屋中。

　　擴展家庭是指包括兩個以上核心家庭組成的大家庭，其擴大是透過父子血統關係而來（圖 14-2）。擴展家庭（extended family group）有各種不同的形式，其中可能有兩個以上的家庭或至少兩代居住在一起。擴展家庭在一些游牧或農業社會中相當常見，因爲這種社會中家庭對勞力的要求遠超過一個男性和一個女性所能夠提供的量。從父居的擴展家庭包括一位男性、他的兒子與媳婦們以及再下來的孫子孫女；而從母居的擴展家庭則由一位女性、她的女兒與女婿們以及他們

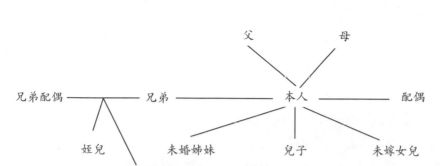

圖 14-2　擴展家庭圖

資料來源：Leslie（1967: 35）

所生的第三代子孫所組成；至於從舅居的擴展家庭則包含一位男性、他姐妹們的兒子，以及這些外甥輩的妻子及小孩。米德對薩摩亞擴展家庭的描述如下：「在一個成員高達十五至二十人的擴展家庭，沒有一個人會特別聲稱自己的小孩是哪位。在這裡，孩子屬於大家所共有，並不專屬於他自己的父母。在這種體制下，根本不會有哪個小孩不被雙親疼愛，或是產生溺愛的情況，如此對孩子不會造成不利的影響。」（Mead, 1928）

　　另外有一種家庭其擴大並非由父子血統關係建立的，而是由於多偶關係（polygamous marriage），或一夫多妻或一妻多夫造成的，列斯里（Leslie, 1967）將後兩者合稱為複合家庭（composite family）而與核心家庭並稱。在我國民法規定為一夫一妻制，故多偶家庭並非主要的類型，我國一般區分家庭為小家庭、大家庭、折衷家庭；所謂小家庭與核心家庭相當，折衷家庭與大家庭相當於列斯里所稱的混合家庭，不過折衷家庭只有擴大家庭的根幹，而無其枝葉，故又謂之「本幹家庭」，換言之，包括祖父母、父母及未婚子女。

(三)以外在結構關係為依據

　　家庭結構的區分也可兼顧其外在結構關係為依據。美國普查局

（U.S. Census Bureau, 1983）爲統計上的方便，將美國人口普查區分
爲：

1. 住戶（household）：凡居住在同一居住單位的所有人。
2. 家庭（family）：具有血統、婚姻、收養關係而住在一起的團
   體。家庭又可分爲：
   (1)主家庭（primary family）：主家庭係家庭成員有一個爲住戶
      的戶長之家庭。
   (2)二級家庭（secondary family）：一家庭與沒有關係的主家庭
      住在一起的家庭謂之，如與主人同住的佣人家庭，又如與教
      授家庭住一起的學生家庭。
   (3)次家庭（subfamily）：與一有關係的主家庭住在一起的家
      庭，如寡婦與未成年子女回娘家與父母同住一起之家庭爲次
      家庭。
   (4)夫婦（married couples）。
   (5)無關係的個人（unrelated individuals）。

(四)由結構的穩定狀態來觀察

　　家庭結構除上列區分方法之外，還可由結構的穩定狀態來觀察。
有些家庭結構是十分穩定的，有些搖搖欲墜，有些極爲完整無缺，有
些則是殘破缺漏的。因此可以分爲完整家庭（complete family）與殘
破家庭（broken family）。外國學者對結構作此區分的甚多，例如羅爾
西（J. W. Rolicik, 1965）將一萬名高中學生樣本家庭區分爲和諧完整
家庭（happy complete family）、不和諧完整家庭（unhappy complete
family）和破碎家庭（broken family）等三種類型。

　　家庭是個人社會環境的一種，是高度分化的大社會中的一個次級
系統。它在內部方面尚可分成較次級體系，在外部方面，有許多社會
體系與之銜接，學校即是與之銜接的一種社會體系。學童首先生活於
家庭，進行社會化，進入學校以後同時在學校進行社會化。隨著年齡

的增長，接觸到的社會環境越廣，其人格乃是歷經一系列的社會體系的社會化形成。

帕森思說「人類人格的基本結構是一個行動系統（a system of action），爲社會對象體系（systems of social objects）內在化（internalized）於個人組成的，社會對象是個人在生活史中所歷經的系列社會對象體系所出現的角色單位（role units）；所以他的人格的基本結構，如此觀之，可說是他所歷經的社會結構之映象（mirror image），其組織則是獨立於某一個特殊的社會體系，而依據其功能爲焦點來組織」（Parsons, 1966 ；林生傳， 1996）。家庭結構對學童的影響與他在學校班級中的適應是相互關聯無法分開的。

Murdock（1949）的《社會結構》一書中，比較二百五十個社會，認爲家庭是一種具有共同居住、經濟合作及生育等特徵的社會群體。家庭是一個內涵極爲多樣的概念。現代社會的家庭內涵更多變化，比方單親家庭、頂客、多次婚姻的複合式家庭、祖孫共同生活的隔代教養家庭，以及同志合組的家庭。雖然社會變遷，但人類群性使然，喜歡群居的生活，家庭生活方式仍然存在，然而家庭組織型態越加多元化。

貳、家庭結構對子女人格發展的影響

兒童的社會適應及個人適應在家庭社會化建立其基礎，然後引導至分化度較高的學校和其他團體。研究顯示家庭結構簡單、組成份子較少時，父母子女關係密切，父母對子女期望殷切，所以子女成就動機較高，班級上的實際表現可能較爲卓越。不少文獻發現小家庭子女具有較高的成就動機（林生傳， 1996）。且小家庭由於父母與子女接觸機會較多，語言發展較好，智力較高。擴展家庭組成份子較多，關係複雜，組織龐雜嚴密，母權較小，家長權力較大，成員互相依賴程度高，爲達到家庭和諧，彼此密切合作，並不太鼓勵追求個人的行

為，父母對子女期望不是很殷切。擴展家庭子女班級上的表現、成就動機、進取心可能不如家庭結構簡單、組成份子較少的家庭。

健全的家庭結構才能充分發生家庭功能，父母亡故或離婚分居，致使家庭破碎，子女缺乏家庭物質的提供，缺乏認同的目標，對人格發展會有影響，在學校的適應也會有影響。目前因父母離異而來自單親家庭的學生人數比，在世界各地有增加的趨勢，是社會價值觀的改變，或是潮流趨勢的影響，值得我們關切。教育對社會變遷的回應是給予全民教育，加強家政教育，強化家庭價值觀。

參、現代家庭父母角色衝突

隨著時代變遷，父母親在家庭制度中所扮演的父母角色，因著社會結構改變難免受影響。傳統的男主外女主內的家庭分工方式、女子三從四德的婦德觀已有改變。家庭各份子的角色已異於往昔。在這種變化中，常因角色的不夠明確清楚以致角色扮演困難，角色—角色衝突（role-role conflict）和角色—自我衝突（role-self conflict）因之而起。人類學家潘乃德（Benedict, 1928）發現社會的急遽變化，對角色期望影響很大，使現代社會中的婦女遭遇到實際的與潛在的困難，現代家庭中父親角色所遭遇的困難相似，理由相同。角色期望衝突是形成角色扮演困難的主要原因。父親或母親同時扮演傳統的「嚴父」與「慈母」可能含有某種程度的衝突；後者是兩種並行不悖，但由於時間與精力的限制可能無法兼籌並顧。母親同時扮演職業婦女與幼齡子女的母親可能難以周全、兩全其美。

在現代家庭中，作為一個父親或母親，到底應如何扮演其角色，才能滿足夥伴的期望，同時發揮家庭制度的功能。成人教育、社區教育、終身學習的觀念應大力推廣。兩性、家政教育、人權教育、生涯發展等議題應確實融入一般學科，使理論知識與生活經驗能統整並落實於初等、中等學程。

參考書目

Benedict, R.，黃道琳（譯）（1991）。《菊花與劍》（*The chrysanthemum and the sword*）。台北：桂冠。

Boas, F.，劉莎等（譯）（1999）。《人類學與現代生活》。北京：華夏出版社。

Campbell, J.，朱侃如（譯）（1995）。《神話》（*The power of myth*）。台北：立緒文化。

Centerwall, E. & Skolverket，劉慧君（譯）（1998）。《可以真實感受的愛：瑞典性教育教師手冊》（*Love! You can really feel it, you know!*）。台北：女書文化。

Engels, F.（1884/1979）。《家庭、私有制和國家的起源》。《馬克思恩格斯選集》，卷4。北京：人民出版社。

Eribon, D.，廖仁義（譯）（1993）。《咫尺天涯：李維史陀對話錄》（*De pres et de loin: par claude Levi-Strauss*）。台北：桂冠。

Keesing, R.，于嘉雲、張恭啓（譯）（1986）。《當代文化人類學》。台北：巨流。

Leach, E.，黃道琳（譯）（1994）。《李維斯陀——結構主義之父》（*Levi-Strauss*）。台北：桂冠。

Murdock, G. P.，許木柱等（譯）(1996)。《社會結構》（*Social structure*）。台北：洪葉文化。

王文科（1994）。《質的教育研究》。台北：師大書苑。

台灣總督府民政部蕃務本署（1910）。《熟番戶口及沿革調查綴》。台北：編者。

田培林（1985）。《教育與文化》（5版）。台北：五南。

白亦方（1996）。〈教育的人類學基礎〉。載於黃光雄（主編），《教育導論》（頁117-141）。台北：師大書苑。

任寅虎（1998）。《中國古代婚姻》。台北：台灣商務。

西雅圖的天空－印第安酋長的心靈。取自 http://hk.groups.yahoo.com/
　　group/lenyanTW/message/298/

何翠萍（1980）。〈原始藝術的研究〉。載於李亦園（編），《文化人類學選讀》
　　修訂 3 版（頁 309-328）。台北：食貨。

行政院原住民族委員會文化園區管理局網站，2006 年 2 月 3 日，取自
　　http://www.tacp.gov.tw/INTRO/FMINTRO.HTM

佚名（1979）。〈台灣土著民族的來源〉。《大陸雜誌》，59（1）。2006 年 2 月
　　3 日，取自 http://taiwanus.net/MediaVideoAudio/ books/history/b5/03.htm 。

吳天泰（2002）。《教育人類學》。台北：五南。

宋光宇（1991）。〈霞海城隍祭典與台北大稻埕商業發展的關係〉。《歷史語言
　　研究所集刊》，62（2），291-336。

李壬癸（1992）。〈台灣平埔族的種類及其相互關係〉。《台灣風物》，42（1），
　　211-238。

李壬癸（1997）。《台灣南島民族的族群與遷徙》。台北：常民文化。

李亦園（1957）。〈台灣南部平埔族平台屋的比較〉。《中研院民族所集刊》，
　　3，125-137。

李亦園（1992a）。《人類學與現代社會》。台北：水牛書局。

李亦園（1992b）。《文化的圖像》（上）。台北：允晨文化。

李亦園（1993）。〈人類學〉。載於沈君山（編），《社會科學概論》（頁 295-
　　358）。台北：東華。

李美慧（2004）。〈國小六年級學童個人背景、父母管教方式與自我概念對學業
　　成就之相關研究〉。長榮大學經營管理研究所碩士論文，台南。

周德禎（1999）。《教育人類學導論：文化觀點》。台北：五南。

林永豐（2000）。〈英國的多元文化教育〉。載於張建成（主編）。《多元文化教
　　育：我們的課題與別人的經驗》（中）（頁 147-198）。台北：師大書苑。

林生傳（1978）。《社會階層化及其影響教育成就的理論架構與例證》。台北：
　　偉文。

林生傳（1996）。《教育心理學》。台北：五南。

林生傳（1999）。《教育社會學》。高雄：復文。

林秀美（1995）。〈學校教育與文化傳承之探討：以烏來社區之教育民族誌研究為例〉。國立台灣大學人類學研究所碩士論文，台北。

林昱貞（2000，12月）。〈國中女教師的性別平等教育實踐經驗：一位女教師的經驗〉。論文發表於淡江大學主辦之「兩性平等教育課程與教學」國內學術研討會，台北。

林軍治（1985）。〈場地獨立／依賴、城鄉背景、性別及社經地位與國中生幾何推理能力關係之研究〉。《花師學報》，16，155-194。

林清江（1987）。《教育社會學新論》。台北：五南。

林清江（1997）。〈多元文化教育與教育改革〉。載於國立台灣師範大學教育學系（主編），《「多元文化教育的理論與實際」國際學術研討會論文集》（頁24-31）。

青木保（1984）。《象徵人類學》。東京都：至文堂。

洪久賢（2001）。〈性別教育課程改革之實踐：教師專業成長〉。論文發表於國立台北師院主辦之「第三屆課程與教學論壇：課程改革的反省與前瞻」學術研討會，台北。

胡幼慧（1996）。《質性研究》。台北：巨流。

唐鉞、朱經農、高覺敷（主編），孫邦正（修訂）（1964）。《教育大辭書》。台北：台灣商務。

孫志麟（1994）。〈台灣地區各縣市國民小學教育資源分配之比較〉。《教育與心理研究》，17，175-202。

高宣揚（1992）。〈李維斯陀〉。載於黃應貴（主編），《見證與詮釋》（頁250-281）。台北：正中。

高敬文（1999）。《質化研究方法論》。台北：師大書苑。

張建成（1997，4月）。〈政治與教育之間：論台灣地區的鄉土教育〉。論文發表於國立台灣師範大學歷史學系主辦之「鄉土史教育」國際學術研討會，台北。

張建成（主編）（2000）。《多元文化教育：我們的課題與別人的經驗》。台北：

師大書苑

張雯（2002）。《教育人類學：英美系統與德俄系統的教育人類學之比較初探》。台北：五南。

莊明貞（1999）。〈性別議題與九年一貫國民教育課程改革〉。《兩性平等教育季刊》，7，87-96。

許木柱（1987）。《阿美族社會文化變遷與青少年適應》。台北：中研院民族所。

許木柱（1994）。〈理論的發展〉。載於莊英章（主編），《文化人類學》（頁27-58）。台北：空大。

許木柱（1999）。〈教育政策〉。載於陳奎熹（主編），《現代教育社會學》（頁83-118）。台北：師大書苑。

許烺光（著），徐隆德（譯）（1988）。《中國人與美國人》（*Americans and Chinese*）。台北：巨流。

陳伯璋（1990）。《教育研究方法的新取向：質的研究方法》（增訂版）。台北：南宏。

陳伯璋（1991）。〈教育問題〉。載於楊國樞、葉啓政（主編），《台灣社會問題》。台北：巨流。

陳奎熹（1996）。《教育社會學導論》。台北：師大書苑。

陳美華（2003）。〈佛教的婚姻觀：以《阿含經》為主論佛教的婚姻觀〉。《中華佛學學報》，16，23-66。

陳惠邦（2000）。〈加拿大多元文化政策與教育作法〉。載於張建成（主編），《多元文化教育》。台北：師大書苑。

單文經（1996）。〈加拿大的公民教育〉。載於張秀雄（主編），《各國公民教育》（頁293-347）。台北：師大書苑。

單文經（1997）。〈美國多元文化教育落實於課程與教學的作法：以愛荷華州為例〉。《人文社會科學教學通訊》，8(4)，151-168。

單文經（2000）。〈加拿大的多元文化政策與教育作法〉。載於張建成（主編），《多元文化教育：我們的課題與別人的經驗》（頁375-423）。台北：師大書

苑。

彭寶瑩（1992）。〈一群「社會新貴」的崛起：談青少年的次文化〉。《學生輔導通訊》，21，88-90。

黃堅厚（1979）。《人格心理學》。台北：心理出版社。

楊佳羚（2000），〈從瑞典經驗看台灣的性教育〉。論文發表於淡江大學主辦之「兩性平等教育課程與教學」國內學術研討會，台北。

楊思偉（1995）。〈日本小學課程中的「鄉土教材」〉。《比較教育通訊》，37，57-66。

葉玉珠（1991）。〈小學生批判思考及其相關因素之研究〉。國立政治大學教育研究所碩士論文，未出版，台北。

詹茜如（1993）。〈日據時期台灣鄉土教育運動〉。國立台灣師範大學歷史研究所碩士論文，台北。

詹棟樑（1986）。《教育人類學》。台北：五南。

甄曉蘭（1990）。〈批判俗民誌及其在教育研究上的應用〉。載於中正大學教育研究所（主編），《質的研究方法》。高雄：麗文。

綾部恒雄（編），周濤（譯）（1991）。《文化人類學的十五種理論》。台北：淑馨。

劉玉玲（2005）。《組織行為》（2版）。台北：新文京。

劉其偉（編譯）（1991）。《文化人類學》（*Notes on cultural anthropology*）。台北：藝術家出版社。

劉蔚之（1992）。〈一個山地學校的多元文化教育之俗民誌研究〉。國立台灣師範大學教育研究所碩士論文，台北。

歐用生、楊慧文（1998）。〈邁向二十一世紀的課程改革〉。《課程研究》，4。

潘英海（1992）。〈教育人類學〉。載於莊英章（主編），《文化人類學》（頁295-318）。台北：空大。

潘進財（2005）。〈台北縣國小六年級學生自我概念、父母管教方式與學業成就之相關研究〉。銘傳大學教育研究所碩士論文，台北。

蔡文輝（1989）。《社會學理論》。台北：三民。

蔡志展（1995）。〈鄉土資料與鄉土教材之商榷〉。《教育資料與研究》，5，17-21。

鄭重信（1980）。《教育人類學導論》。台北：教育部。

鄧淑慧（1992）。〈學校圍牆外的教室：礁溪鄉桂村的「安親班」之教育人類學民族誌報告〉。國立清華大學社會人類學究所碩士論文，新竹。

魯潔（1991）。《教育學：試論文化選擇與教育》。南京：南京師大教科所。

澳大利亞商工辦事處（1998）。《澳洲簡介》。台北：澳大利亞商工辦事處。

盧欽銘（1993）。〈城市與鄉村國中生智力測驗結果的比較〉。《教育心理學報》，26，75-84。

蕭惠華（2004）。〈中學生網路使用現況問題：教師的知覺與輔導經驗初探〉。國立交通大學教育研究所碩士論文，新竹。

謝文全（1978）。〈系統的特性與其對教育人員的啓示〉。載於國立台灣師範大學教育系所（主編），《教育學研究》（頁 399-437）。台北：偉文。

謝臥龍（1998）。〈兩性平等教育的教材教法〉。論文發表於世新大學主辦之「大專院校兩性平等教育」教學觀摩研習會，台北。

謝繼昌（1996）。〈台灣原住民教育：文化的省思〉。載於《研究原住民教育學術研討會論文集》。屏東：屏東師院。

鍾蔚起（1981）。〈我國國中次級文化及其差異因素之調查分析〉。國立台灣師範大學教育研究所碩士論文，台北。

譚光鼎、浦忠成、高德義、湯仁燕、鄭勝耀（2000）。《原住民專門人才培育與運用中長程計畫之規劃（二）：需求評估及培用措施的研訂》。行政院原住民委員會專案研究計畫成果報告。台北市：國立台灣師範大學教育學系。

Alam, S. (1985). "Women and poverty in Bangladesh." *Women's Studies International Forum*, 8(4), 361-371.

Allan, R. & Hill, B. (1995). "Multicultural education in Australia: Historical development and current status." In J. A. Banks & C. A. Banks (Eds.), *Handbook of research on multicultural education* (pp.763-777). New York: Simon & Schuster Macmillan.

Apple, M. W. (1996). "Power, meaning and identity: Critical sociology of education in the United States." *British Journal of Sociology of Education*, 17(2), 125-144.

Ayanga, H. (1986). "Polygamy in the 80's." *Connexions*, 20(Spring), 8-10.

Ballantine, J. H. (1983). *The sociology of education.* Englewood Cliffs, NJ: Prentice Hall.

Banks, J. A. (1993). "Multicultural education: Characteristics and goals." In J. A. Banks & C. A. McGee Banks (Eds.), *Multicultural education: Issues and perspective* (2e) (pp.3-28.). Boston: Allyn & Bacon.

Bannerji, H. (1997). "Geography lessons: On being an insider/outsider to the Canadian Nation." In L. G. Roman & Eyre (Eds.), *Dangerous territories: Strategies for different and equity in education* (pp.2-41). New York: Routledge.

Barrett, L. E. (1977). *The Rastafarians: The dreadlocks of Jamaica.* Kingston: Sangsters's/Heinemana.

Basow, S. A. (1992). *Gender stereotypes and roles.* Pacific Grove, CA: Brooks/Cole Publishing.

Beane, J. A. (1996). *Curriculum integration: Designing the core of democratic education.* New York: Teachers College Press.

Becker, H. S. (1963). *Outsider.* NY: The Free Press.

Benedict, R. (1934). *Pattern of culture.* Boston: Houghton Mifflin Company.

Benedict, R. (1938). "Religion." In F. Boas (Ed.), *General anthropology.* NY: D. C. Heath.

Benedict, R. (1943). "Transmitting our democratic heritage in the schools." *American Journal of Sociology*, XLVIII, 94-99.

Bhatnagar, J. (1982). "Language and culture maintenance programs." In G. Veerma & C. Bagley (Eds.), *Self-concept and multicultural education* (pp.165-175). London: Macmillan.

Bloch, M. (1966). *Maxism and anthropology.* Oxford: The Clarendon Press.

Blumer, H. (1969). *Symbolic interaction.* Englewood Cliffs, NJ: Prentice-Hall.

Boas, F. (1955). *Race, language, and culture*. Chicago: University of Chicago Press.

Boethius, C. G. (1977). ＂Main thoughts of the State Commission on Teaching on Sexual and Personal Relationships.＂ In Duprez Leif (Ed.), SIDA＇s Seminar on Sex Education and Social Development. Stockholm, Sweden 3. 14-4, 1976. Stockholm: SIDA.

Brady, I. (Ed.). (1983). ＂Speaking in the name of the real: Freeman and Mead on Samoa.＂ *American Anthropologist*, 85(4), 908-947.

Brake, M. (1980). *The sociology of youth culture and youth subculture*. London: Routledge & Kegan Paul.

Brandt, G. L. (1986). *The realization of antiracist teaching*. Lewes: Falmer.

Brookfield, S. D. (1987). *Developing critical thinkers: Challenging adults to explore alternative ways of thinking and acting*. San Francisco: Jossey-Bass.

Bruner, E. M. (1956). ＂Primary group experience and the processes of acculturation.＂ *American Anthropology*, 58, 605-623.

Bullivant, B. M. (1987). *The ethnic encounter in the secondary school: Ethnocultural reproduction and resistance: Theory and case studies*. Sussex: Falmer.

Camilleri, C. (1986). *Cultural anthropology and education*. UN: Kohan Page.

Camilleri, C. (1992). ＂From multicultural to intercultural: How to more from one to the others?＂ (J. Clark, Trans.). In J. Lynch, C. Modgil, & S. Modgil (Eds.), *Cultural diversity and the schools (vl): Education for cultural diversity convergence and divergence*. London: Falmer.

Campbell, J. & Moyers, B. (1988). *The power of myth*. Aposrophe S. Production.

CCMIE (1993). From The Canadian Council for Multicultural & Intercultural Education Web site:http://www.culturescanada.ca/news.php?detail=n1061409833.news

Clifford, J. & Marcus, G. E. (1986). *Writing culture: The poetics and political of ethnography*. Berkeley, CA: University of California Press.

Cole, M. et al. (1971). *The cultural context of learning and thinking: An exploration in experimental anthropology*. New York: Basic Books.

Coleman, J. S. (1961). *The adolescent*. NY: The Free Press.

Columbia University et. al. (2002). *The Columbia encyclopedia*. Gale Group.

Cooley, C. H. (1902). *Human nature and the social order*. NY: Charles Scribner's Sons.

Craft, M. (1986). *Multicultural education in western societies*. London: Holt, Rinehart and Winston.

Crane, J & Angrosino, M. (1974). *Field projects in anthropology: A student handbook*. Glenview, IL: Scott Foresmen.

Creswell, J. W. (1998). *Qualitative inquiry and research design: Choosing among five traditions*. Thousands Oaks, CA: Sage.

Cummins, J. (1984). "Heritage language and Canadian school programs." In J. R. Mallea & K. C. Young (Eds.), *Cultural diversity and Canadian education* (pp.477-500). Ottawa: Carleton University Press.

Cusick, P. A. (1983) *The egalitarian ideal and the American high school*. New York: Longman.

Dahrendorf, R. (1964). "Recent changes in the class structure of European societies." *Daedalus*, 93(1), Winter.

Danish FPA (The Danish Family Planning Association) (1995). *Sexual rights of young women in Demark and Sweden*. Stockholm: RFSU.

Dei, G. J. S. (1996). *Anti-racism education: Theory and practice*. Halifax: Fernwood.

Denzin, N. K. (1997). *Interpretive ethnography: Ethnographic practice for the 21st century*. Thousand Oaks, CA: Sage.

Denzin, N. K. & Lincoln, Y. S. (1994). "Introduction: Entering the field of qualitative research." In N. K. Denzin & Y. S. Lincoln (Eds.), *Handbook of Qualitative Research* (pp.1-18). CA: Sage.

DES, Department of Education and Science (1975). *The education for immigration*. London: HMSO.

DES, Department of Education and Science (1981). *West Indian children in our schools: Interim report of the Committee of Inquiry into the Education of Children from Ethnic Minority Groups* (Rampton Report). London: HMSO.

DES, Department of Education and Science (1985). *Education for all: The report of the Committee of Inquiry into the Education of Children from Ethnic Minority Groups* (Swann Report). London: HMSO.

Douglas, M. (1966), *Purity and danger*. London: Routledge and Kegan Paul.

Douglas, M. (1970). *Natural symbols: Explanations in cosmology*. New York: Pantheon Books.

Dumont, L. (1970). *Homo hierarchicus: The caste system and its implication*. London: Weidenfield and Nicolson.

Dunkin, M. J. & Biddle, B. J. (1974). *The study of teaching*. NY: Holt, Rinehart & Winston.

Edwards, V. (1984). "Language issues in school." In M. Craft (Ed.), *Education and cultural pluralism*. London: Falmer.

Elkind, D. (1967). "Egocentrism in adolescence." *Child Development*, 38, 1025-1034.

Elkind, D. (1984). *All grown up and no place to go: Teenagers in crisis*. Massachusetts: Addison-Wesley.

Evans-Pritchard, E. E. (1940). *The nuer: A description of the modes of livelihood and political instruction of a Nilotic people*. Oxford: Clarendon Press.

Fetterman, D. M. (1998). *Ethnography: Step by step*. Sage Publications, Inc.

Figueroa, P. (1995). "Multicultural education in United Kingdom: Historical development and current status." In J. A. Banks (Ed.), *Handbook of research on multicultural education*. NY: Macmillan.

Fisher, D. & Echols, F. (1989). *Evaluation report and racial violence in school and community in metropolitan*. Toronto: Metropolitan Task Force on Human Relations.

Flanders, N. A. & Amidon, E. J. (1971). *The role of the teacher in the classroom* (Rev. ed.). St. Paul, MN: Association for Productive Teaching.

Fleras, A. & Elliott, J. L. (1992). *Multiculturalism in Canada*. Toronto: Nelson.

Fonow, M. M. & Cook, J. A. (Eds.). (1991). *Beyond methodology: Feminist scholarship as lived research*. Bloomington: Indiana University Press.

Frazer, J. G. (1922). *The golden bough: A study in magic and religion* (Abridged ed.).

Freeman, J. D. (1983). *Margaret Mead in Samoa*. Cambridge: Harvard University Press.

Freeman, J. G. (1996). "An exploratory study of a gender equity program for secondly school students." *Gendered and Education*, 8(3), 289-300.

Gardner, H. (1988). "Creative lives and creative works: A synthetic scientific approach." In R. J. Sternberg (Eds.), *The nature of creativity* (pp.298 320). NY: Cambridge University Press.

Geertz, C. (1973). *The interpretation of cultures*. New York: Basic Books.

Geertz, C. (1980). "Blurred genres." *American Scholar*, 49, 165-179.

Geertz, C. (1983). *Local knowledge: Further essay in interpretive anthropology*. New York: Basic Books.

Getzel, J. W. & Thelen, H. A. (1972). "A conceptual framework for the study of the classroom group as a social system." In A. Morrison & D. McIntyre (Eds.), *The social psychology of teaching*. Harmondsworth: Penguin.

Ghosh, R. (1996). *Redefining multicultural education*. Harcourt Brace & Co.

Gillborn, D. (1990). *Race, ethnicity and education*. London: Unwin Hymen.

Gillborn, D. (1997a). "Young, black and failed by school: The market, education reform and black students." *International Journal of Inclusive Education*, 1, 65-87.

Gillborn, D. (1997b). "Racism and reform: New ethnicities, old Inequalities?" *British Educational Research Journal*, 23(3), 345-360.

Gluckman, M. (1956). *Custom and conflict in Africa*. Oxford: Blackwell.

Gluckman, M. (1965). *Politics, law and ritual in tribal society*. Chicago: Aldine.

Goetz, J. P. & LeCompte, M. D. (1984). *Ethnography and qualitative design in educational research*. NY: Academic.

Gordon, M. M. (1970). "The subsociety of education." In R. K. Merton (Ed.), *Sociology today*. NY: Basic Books.

Gorman, A. H. (1969). *Teachers and learners: The interactive process of education*. Boston: Allyn & Bacon.

Gundara, J. (1997). *British perspective on intercultural policy and practice international symposium on multicultural education: Theories and practices*. Taipei: National Taiwan University.

Hammersley, M. & Atkinson, P. (1995). *Ethnography: Principles in practice* (2e). NY: Routledge.

Hargreaves, D. (1967). *Social relations in a secondary school*. London: Routledge & Kegan Paul.

Harris, M. (1983). *Cultural materialism: The struggle for a science of culture*. NY: Vintage Books

Herdt, G. (1984). *Ritualized homosexuality in Melanesia*. Berkeley: University of California Press.

Hocart, A. M. (1970). *Kings and councillors: An essay in the comparative anatomy of human society*. London.

Home Office (1964). Second Report of Commonwealth Immigrants Advisory Council. London: HMSO.

Honigman, J. J. (1970). "Sampling in ethnographic fieldwork." In R. Naroll & R. Cohen (Eds.), *Handbook of method in cultural anthropology*. NY: Columbia University Press.

Hooks, B. (1989). *Talking back*. Boston: South End Press.

Howard, M. C. (1977). *Political change in a Mayan village in Southern Belize*. Greeley: Katunob, University of Northern Colorado.

Howard, M. C. (1991). *Ming, politics, and development in the South Pacific*. Boulder, CO: Westview Press.

Howard, M. C. (1993). *Contemporary cultural anthropology*. HarperCollins College Publishes.

Inkeles, A. & Rossi, P. H. (1956). "National comparisons of occupational prestige." *American Journal of Sociology*, 61(4), 329-339.

Inkeles, A. & Smith, D. H. (1974). *Becoming modern*. Cambridge, MA: Harvard University Press.

James, C. (1998, April). "Multiculturalism, diversity, and education in the Canadian context: The search for an inclusive pedagogy." Paper presented at the 1998 American Educational Research Annual Meeting, San Diego, CA.

Janesick. V. J. (1991). "Ethnographic inquiry: Understanding culture and experience." In E. C. Short (Ed.), *Forms of curriculum inquiry*. New York: State University Press.

Jeffcoate, R. (1982). Ethnic minorities and education: Ethnic minorities and community relations, Blocks 4: units13-14. Milton Keynes: The Open University.

Kalantzis, M., Cope, B., Noble, G., & Poynting, S. (1990). *Cultures of schooling: Pedagogies for cultural difference and social access*. Basingstoke: Falmer.

Keddie, N. (1971). "Classroom knowledge." In M. F. D. Young (Ed.), *Knowledge and control: New directions for the sociology of education* (pp.133-160). London: Collier-Macmillan.

Kimball, S. T. (1974). *Culture and the educative process*. New York: Teacher College.

Kluckhohn, C. (1961). *Anthropology and the classics*. Providence: Brown University Press.

Kluckhohn, F. R. & Strodtbeck, F. L. (1961). *Variations in value orientations*. Evanston, IL: Row, Peterson and Company.

Kneller, G. F. (1965). *Educational anthropology: An introduction*. NY: John Wiley & Sons, Inc.

Kroeber, A. L. & Kluckholn, C. (1952). *Culture: A critical review of concepts and definitions*. Papers of the Peabody Museum of American Archaeology and Ethnology, Harvard University, Vol.47.

Lacey, C. (1970). *Hightown grammar: The school as a social system*. Manchester: Manchester University Press.

Larson, R. W. & Richard, M. H. (1991). "Boredom in the middle school years: Blaming schools versus blaming students." *American Journal of Education*, 99(4), 418-443.

Lauer, R. H. (1977). *Perspective on social change*. Boston: Ally & Bacon.

Leach, E. (1961). *Rethinking anthropology*. Athlone Press.

Leach, E. (1985). *Levi-Strauss*. London: HarperCollins Publishers.

Leacock, E. (1982). "Marxism and anthropology." In B. Ollman & E. Vernoff (Eds.), *The left academy* (pp.242-276). New York: McGraw-Hill.

LeCompte, M. D. & Goetz, J. P. (1993). *Ethnography and qualitative design in educational research*. San Diego: Academic Press.

Leif, D. (Ed.). (1977). SIDA's Seminar on Sex Education and Social Development. Stockholm, Sweden 3, 14-4, 1976. Stockholm: SIDA.

Leonetti, I. T. (1992). "From multicultural to intercultural: Is it necessary to move from one to the other?" (J. Lynch, Trans.). In J. Lynch, C. Modgil, & S. Modgi (Eds.), *Cultural diversity and schools (v1): Education for cultural diversity convergence and divergence*. London: Falmer.

Leslie, G. R. (1967). *The family in social context*. London: Oxford University Press.

Levi-Strauss, C. (1963). *Structural anthropology*. New York: Basic Books.

Levi-Strauss, C. (1978). *Myth and meaning*. University of Toronto Press.

Lienhardt, G. (1961). *Divinity and experience: The religion of the Dinka*. Oxford: Clarendon Press.

Linton, R. (1936). *The study of man*. NY: Appleton-Century-Crofts.

Linton, R. (1947). *The cultural background of personality*. NY: Appleton.

Malinowski, B. (1922). *Argonauts of the Western Pacific*. London: Routledge & Kegan Paul Ltd.

Malinowski, B. (1926). *Myth in primitive psychology*. (Reprinted in Magic, Science and Religion, 1954).

Mansfield, E. & Kehoe, J. W. (1994). "A critical examination of anti-racist education." *Canadian Journal of Education*, 19(4), 419-430.

Martin, J. I. (1978). *The migrant presence*. Sydney: George Allen & Unwin.

McLeod, K. A. (1984). "Multiculturalism and multicultural education: Policy and practice." In R. J. Samusa, J. W. Berry, & M. Laferiere (eds.), *Multiculturalism in Canada: Social and educational perspective* (pp.30-49). Boston: Allyn & Bacon.

Mead, G. H. (1934). *Mind, self, and society*. The University of Chicago Press.

Mead, M. (1928). *Coming of age in Samoa*. New York: William Morrow.

Mead, M. (1963). "Socialization and enculturation." *Current Anthropology*, IV(2).

Melotti, U. (1977). *Marx and the third world*. London: Macmillan.

Mink, B. (1989). "How modernization affects women." *Cornell Alumni News*, III(3), 10-11.

Moodley, K. A. (1995). "Multicultural education in Canada: Historical development and current status." In J. A. Banks & C. A. Banks (Eds.), *Handbook of research on multicultural education* (pp.801-820). New York: Macmillan.

Moores, S. (1993). *Interpreting audiences: The ethnography of media consumption*. London: Sage.

Moran, C. E. & Hakuta, K. (1995). "Bilingual education: Broadening research perspective." In J. A. Banks & C. A. M. Banks (Eds.), *Handbook of research on multicultural education* (pp.445-462). New York: Macmillan.

Morgan, L. H. (1877). *Ancient society*. New York: Harper & Brothers.

Murphy, Y. & Murphy, R. F. (1974). *Women of the forest*. New York: Columbia University Press.

Nash, R. (1973). *Classrooms observed*. London: Routledge & Kegan Paul.

Needham, R. (1954). "Siriono and Penan: A test of some hypotheses." *Southwestern Journal of Anthropology* (Albuquerque), 10(2), 228-232.

Needham, R. (1960). "A structural analysis of Aimol Society." *Bijdragen tot de Taal-, Land- en Volkenkunde* (Leiden), 116, 81-108.

New South Wales Department of Education (1978). *Multicultural education: A consultative document*. Sydney: Government Printer.

Ogbu, J. (1974). *The next generation: An ethnography of education in an urban neighborhood*. New York: Academic Press.

Opler, M. E. (1945). "Themes as dynamic forces in culture." *American Journal of Sociology*, 51, 198-206.

Parsons, T. (1966). *Societies*. Englewood Cliff, NJ: Prentice Hall.

Parsons, T. & Shis, E. A. (Eds.). (1951). *Toward a general theory of action*. Harvard University Press.

Partick, J. J. (1992). Heritage education in the school curriculum: Defining and avoiding the pitfalls. Heritage Education Monograph Series (Eric Document Reproduction Services No. ED365 600).

Pauline, J. (1911). *The legends of Vancouver*. Vancouver: David Spencer.

Polkinghorne, D. (1995). "Narrative configuration in qualitative analysis." In J. A. Hatch & R. Wisniewski (Eds.), *Life history and narrative* (pp.5-23). London: The Falmer Press.

Prichard, J. C. (1849). The natural history of man. Making of America (MOA), The Princeton Review, pp.159-174.

Pumfrey, P. D. (1994). "Cross-curriculum elements and the curriculum: Contexts, challengers and response." In G. K. Verma & P. D. Pumfrey (Eds.), *Cultural diversity and the curriculum (v4): Cross-curricular contexts, themes and dimensions in primary schools*. London: Falmer.

Radcliffe-Brown, R. A. (1922). *The Andaman islanders*. Cambridge: Cambridge

University Press.

Radcliffe-Brown. R. A. (1952). *Structure and function in primitive society*. Glencoe, IL: Free Press.

Redfield, R. (1957). *The primitive world and its transformations*. Ithaca, NY: Cornell University Press.

Robinson, P. E. D. (1974). "An ethnography of classrooms." In S. J. Eggleston (Ed.), *Contemporary research in the sociology of education*. London: A Modern Dictionary.

Rolicik, J. W. (1965). "Scholastic achievement of teenage and parental attitudes toward and interest school work." *Family Life Coordinator*, 14(4).

Rosser, E. & Harre, R. (1976). "The meaning of trouble." In M. Hammersley & P. Woods (Eds.), *The process of schooling* (pp.171-177). London: RKP & Open University,.

Runkel, P. J. (1963). "A brief model for pupil-teacher interaction." In N. L. Gage (Ed.), *Handbook of research on teaching* (pp.126-127). Chicago: Rand McNally.

Sadker, M. & Sadker, D. (1986). "Sexism in the classroom: From grade to school to graduate school." *Phi Delta Kappan*, 67(7), 512-515.

Sapir, E. (1934). "Emergence of a concept of personality in a study of cultures." *Journal of Social Psychology*, 5, 408-415.

Schneider, J. (1971). "Of vigilance and virgins: Honor, shame, and access to resources in Mediterranean societies." *Ethnology*, 10, 1-24.

Sebald, H. (1984). *Adolescence: A social psychological analysis*. Englewood Cliffs, NJ: Prentice-Hall.

Segall, M. H., Cambell, D. T., & Herskovits, M. J. (1966). *The influence of culture on visual perception*. Indianapolis, IN: Bobbs-Merri.

Sethia, N. K. & Glinow, M. A. V. (1985). "Arriving at four culture by managing the reward system." In R. H. Kilmann, M. J. Saxton, R. Serpa (Eds.), *Gaining control of the corporate culture*. San Francisco: Jossey Bass.

Shalvery, T. (1979). *Claude Levi-Strauss: Social psychotherapy and the collective unconscious*. Amherst: University of Massachusetts.

Shan, Wen-Jing (1998). An analysis of multicultural education in Taiwan. Paper presented in International Symposium of Multicultural Education in American Educational Research Association, April, 14-18, San Diego, CA.

Shankman, P. (1983). 〝Fear and loathing in Samoa.〞 *The Global Report*, 1(2), 12.

Shapson, S. & D'Oyley, V. (Eds.) (1984). *Bilingual and multicultural education: Canadian perspective*. Clevedon: Multilingual Matters.

Sherington, G. (1990). *Australia's immigrants 1788-1988* (2e). Sydney: Allen & Unwin.

Skutnabb-Kangas, T. (1984). *Bilingualism or not*. Clevedon: Multilingual Matters.

Smith (1994). School as community or school in community: Conflicting values in control and professional responsibility. UMI: Dissertation Abstract.

Solomos, J. (1992). 〝The political of immigrant since 1945.〞 In P. Braham, A. Rattansi, & R. Skellington (Eds.), *Racism and antiracism: Inequalities, opportunities and policies*. London: Sage.

Spengler, O. (1939). *The decline of the West* (C. F. Atkinson, Trans.). NY: Knopt.

Spindler, G. (1963). *Education and culture: Anthropological approaches*. NY: Holt, Rinehart & Winston.

Spindler, G. (1987). *Education and culture: Anthropological approaches* (2e). Prospect Heights, IL: Waveland Press.

Spindler, G. (1997). *Education and culture: Anthropological approaches* (3e). Prospect Heights, IL: Waveland Press.

Spindler, G. (Ed.) (1955). *Education and anthropology*. Stanford: Stanford University Press.

Spindler, G. (Ed.). (1974). *Education and cultural process: Toward an anthropology of education*. NY: Holt, Rinehart & Winston.

Spindler, G. (Ed.). (1982). *Doing the ethnography of schooling: Educational anthro-*

pology in action. NY: Holt, Rinehart & Winston.

Spindler, G. & Spindler, L. (1987). "Teaching and learning how to do the ethnography of education." In G. Spindler & L. Spindler (Eds.), *Interpretive ethnography of education: At home and abroad* (pp.17-26). NJ: Lawrence Erlbaum Associations, Inc.

Spindler, G. & Spindler, L. (1990). *The American cultural dialogue and its transmission*. Bristol, PA: The Falmer Press.

Spindler, G. & Spindler, L. (1994). *Paths to cultural awareness: Cultural therapy with teachers and students*. Thousand Oaks, CA: Corwin Press.

Sportt, W. J. H. (1963). *Social psychology*. London: Methuen.

Spradly, J. P. (1979). *The ethnographic Interview*. New York: Holt, Rinehart & Winston.

Spradly, J. P. (1980). *Participant observation*. New York: Holt, Rinehart & Winston.

Steward, J. H. (1955). *Theory of culture change: The methodology of Multilinear Evolution*. Urbana: University of Illinois Press.

Stewart, E. (1998). *The ethnographer's method*. Sage.

Stoetzel, J. (1963). *La Psychologie Socile*. Paris: Flammarion.

Storry, M. & Childs, P. (1997). *British cultural identities*. London: Routledge.

Tansley, P. & Craft, A. (1984). "Mother tongue teaching and support: A school council enquiry." *Journal of Multilingual and Multicultural Development*, 5(5), 367-384.

Tator, C. & Heney, F. (1991). *Multicultural education: Translating policy into practice*. Ottawa: Multiculturalism and Citizenship Canada.

Tax, S. (1973). "Self and society." In P. D. Macolm (Ed.), *Readings in education*. Columbus, OH: Chas, E. Merri.

Taylor, M. & Bagley, C. (1995). "The Lea and Tec Context." In S. Tomlinson & M. Craft (Eds.), *Ethnic relation and schooling: Policy and practice in the 1990s*. London: Athlone.

Theodorson, G. A. et al. (1969). *A modern dictionary of sociology*. Ty Crowell Co.

Thomas, D. R. (1973). *The schools next time: Explorations in educational sociology*. NY: McGraw-Hill.

Thomas, R. K. &Wahrhafting, A. L. (1971). 〝Indians, hillbillies, and the education problem.〞In M. L. Wax, S. Diamond, & F. D. Gearing (Eds.), *Anthropological perspective on education* (pp.230-251). New York: Basic Books.

Tomlinson, S. & Craft, M. (1995). 〝Education for all in the 1995.〞In S. Tomlinson & M. Craft (Eds.), *Ethnic relations and schooling: Policy and practice in the 1990s*. London: Athlone.

Tonkinson, R. (1974).*The Jigalong mob: Aboriginal victors of the desert crusade*. Menlo Park, CA: Cummings.

Tonnies, F. (1957). *Community and Society* (C. P. Loomis, Ed. and Trans.). East Langing, MI: Michigan State University Press.

Troyna, B. & Carrington, B. (1990). *Education, racism and reform*. London: Routledge.

Turner, R. T. (1967). *The forest of symbols*. Ithaca, NY: Cornell University Press.

Turner, R. T. (1969). *The ritual process*. Chicago: Aldine.

Tylor, E. B. (1891). *Primitive culture*. 2 Volumes. London: John Murray.

U. S. Census Bureau (1983). *Current population survey*. Washington, DC: U.S. Government Printing Office.

Van, C. M., Robert, L. C., Emanuel, H. J., & Cynthia, P. G. (1981). *The urban principal: Discretionary decision making in a large educational organization*. Unpublished manuscript, University of Illinois at Chicago.

Verma, G. K. (Ed.). (1989). *Education for all: A landmark in pluralism*. London: Falmer.

Verma, G. K. & Ashworth, B. (Eds.). (1986). *Ethnicity and educational achievement in British schools*. London: Macmillan.

Verma, G. K., Zec, P., & Skinner, G. (1994). *The ethnic crucible: Harmony and hostil-*

ity in multi-ethnic schools. London: Falmer.

Wallace, A. F. D. (1961). "Schools in revolutionary and conservative societies." In F. C. Gruber (Ed.), *Anthropology and education*. Philadelphia: University of Pennsylvania Press.

Waller, W. (1932). *The sociology of teaching*. NY: John Wiley.

Welch, A. (1996). *Australian education*. St. Leonards, NSW, Australia: Alley & Unwin.

Werner, W., Connors, B., Aoki, T., & Dahile, J. (1980). *Whose cultural? Whose heritage? Ethnicity within Canadian social studies curricula*. Vancouver: University of British Columbia.

Wessman, J. W. (1981). *Anthropology and Maxism*. Cambridge, MA: Schenkman.

White, L. (1949). *The science of culture*. New York: Grove Press.

Whiting, J. W. M. (1941). *Becoming a Kwoma: Teaching and learning in a new Guinea tribe*. New Haven, CT: Yale University Press.

Wills, P. (1977). *Learning to labor: How working-class kids get working-class jobs*. Farnborough: Saxon House.

Wissler, C. (1923). *Man and culture*. New York. Thomas Y. Crowell.

Woods, P. (1976). "Having a laugh: An antidote to schooling." In M. Hammersley & P. Woods (Ed.), *The process of schooling*. London: RKP & Open University.

國家圖書館出版品預行編目資料

教育人類學 / 劉玉玲著. -- 二版. -- 臺北市：揚智
文化, 2006 [民 95]
　　面；　公分. -- (Classroom 系列；18)

　　ISBN 957-818-773-4（平裝）

　　1. 教育人類學

520.18541　　　　　　　　　　　　　95001454

教育人類學　　　　　　　Classroom 系列 18

著　　　者／劉玉玲
出 版 者／揚智文化事業股份有限公司
發 行 人／葉忠賢
總 編 輯／林新倫
登 記 證／局版北市業字第 1117 號
地　　　址／台北市新生南路三段 88 號 5 樓之 6
電　　　話／(02)2366-0309
傳　　　眞／(02)2366-0310
E - m a i l ／ service@ycrc.com.tw
網　　　址／ http://www.ycrc.com.tw
郵撥帳號／ 19735365
戶　　　名／葉忠賢
印　　　刷／大象彩色印刷製版股份有限公司
法律顧問／北辰著作權事務所　蕭雄淋律師
初版一刷／ 2003 年 4 月
二版一刷／ 2006 年 5 月
定　　　價／新台幣 520 元
I S B N ／ 957-818-773-4